田村和之・古畑 淳 編

子ども・子育て支援ハンドブック

信 山 社

はしがき

　2012（平成24）年8月，これまでの乳幼児保育に関する法制度に大変革をもたらす3つの法律の制定・改正が行われた。
　①「子ども・子育て支援法」（平成24年法律第65号）
　②「就学前の子どもに関する教育，保育等の総合的な提供の推進に関する法律の一部を改正する法律」（平成24年法律第66号）
　③「子ども・子育て支援法及び就学前の子どもに関する教育，保育等の総合的な提供の推進に関する法律の一部を改正する法律の施行に伴う関係法律の整備等に関する法律」（平成24年法律第67号）
の3法律である（以上は「子ども・子育て関連3法」と呼ばれているようなので，本書でもこれにならう）。③の法律では，50を超える法律・政令の改正が行われているが，そのうち中心的なものは児童福祉法の改正である。簡単にいえば，新法である子ども・子育て支援法，改正認定こども園法および改正児童福祉法により，これまでの保育制度に大きな変革がもたらされるということである。
　乳幼児保育の在り方に大変革をもたらすものであるが，新保育制度がどのようなものになるのか，必ずしも十分に理解されていないのではないだろうか。そこで，本書では，新保育制度を形成する子ども・子育て関連3法および関連するいくつかの資料を収録し，提供することにした。
　それにしても複雑・難解な法律である。
　そのように言う理由を2つだけあげよう。
　1つは，3法律の条文を重ね合わせながら読まなければならないことである。3法律のあちらの条文を見，こちらの条文を見る，という動作を連続的に行わなければならない。大方の人は，これだけでまいってしまうだろう。率直にいうと編者も例外でない。
　もう1つは，独特に定義された文言が随所に使われていることである。その数は半端でない。そこで，本書では，収録した3法律に「用語の解説」を付けることにしたが，これらの文言の意味を正確に覚えるのは至難のわざである。これだけの新語を用いた法律はそうあるものではない。
　子ども・子育て関連3法を読みほどき，ひと通り理解できるように説明するには，おそらく1冊の書物を用意しなければならないだろう。だが，それは本書の目的とするところでない。本書は，子ども・子育て関連3法を読み解くために，

はしがき

いわばナマの資料を1冊にまとめて提供し，読者の便宜を図ろうとするものである。本書の解説は，これら3法を理解するうえでの糸口を提供するにとどめている。読者は，これを手がかりとして新保育制度の理解に挑んでほしい。

 2013年6月

田　村　和　之
古　畑　　　淳

目　次

I　解説編 ……………………………………………………………………… 1

解　説 ……………………………………………………………………… 3
【用語解説】
子ども・子育て支援法 ………………………………………………… 12
児童福祉法 …………………………………………………………… 19
認定こども園法 ……………………………………………………… 22

II　資料編 ……………………………………………………………………… 25

1　法　令 ……………………………………………………………………… 27
1　子ども・子育て支援法 ……………………………………………… 27
2　児童福祉法（抄）…………………………………………………… 78
3　認定こども園法 …………………………………………………… 104
4　子ども・子育て関係法律整備法により改正された法律（抄）…… 120
 (1)　教育公務員特例法 ……………………………………………… 120
 (2)　教育職員免許法 ………………………………………………… 122
 (3)　私立学校法 ……………………………………………………… 125
 (4)　社会福祉法 ……………………………………………………… 125
 (5)　国有財産特別措置法 …………………………………………… 126
 (6)　私立学校教職員共済法 ………………………………………… 127
 (7)　女子教職員の出産に際しての補助教職員の確保に関する法律 … 127
 (8)　地方教育行政の組織及び運営に関する法律 ………………… 127
 (9)　公立の学校の事務職員の休職の特例に関する法律 ………… 128
 (10)　社会福祉施設職員等退職手当共済法 ………………………… 129
 (11)　社会福祉施設職員等退職手当共済法の一部改正に伴う経過措置 … 129
 (12)　母子及び寡婦福祉法 …………………………………………… 130
 (13)　激甚災害に対処するための特別の財政援助等に関する法律 … 130
 (14)　児童手当法 ……………………………………………………… 130
 (15)　私立学校振興助成法 …………………………………………… 131
 (16)　日本私立学校振興・共済事業団法 …………………………… 133
 (17)　児童虐待の防止等に関する法律 ……………………………… 134
 (18)　独立行政法人日本スポーツ振興センター法 ………………… 134
 (19)　次世代育成支援対策推進法 …………………………………… 135

目　次

　　(20)　発達障害者支援法……………………………………………………………… 135
　　(21)　障害者虐待の防止，障害者の養護者に対する支援等に関する法律 ………… 136
　　(22)　内閣府設置法…………………………………………………………………… 136
② 立法資料 …………………………………………………………………………… 138
　　(1)　附帯決議（衆議院）…………………………………………………………… 138
　　(2)　附帯決議（参議院）…………………………………………………………… 138
　　(3)　社会保障・税一体改革に関する確認書（社会保障部分）………………… 140
　　(4)　子ども・子育て新システムに関する基本制度 ……………………………… 144
③ その他（通達など）……………………………………………………………… 172
　　(1)　平成24年8月31日通知（公布通達）………………………………………… 172
　　(2)　地方自治体職員向けQ＆A …………………………………………………… 199
　　(3)　子ども・子育て支援新制度に関するQ&A ………………………………… 212

I 解説編

解　説

制定・改正された法律

　2012(平成24)年8月10日，参議院本会議において子ども・子育て支援関連の次の3法律案が可決・成立し，同月22日に公布された。各法律の施行期日は2016(平成28)年4月1日までの間において政令が定める日となっている（現時点では未確定であるが，2015年4月1日が予定されていると伝えられている）。なお，一部の条文は既に施行されている。

① 　子ども・子育て支援法（平成24年法律第65号）
② 　就学前の子どもに関する教育，保育等の総合的な提供の推進に関する法律の一部を改正する法律（平成24年法律第66号。以下では「就学前の子どもに関する教育，保育等の総合的な提供の推進に関する法律」を「認定こども園法」，改正された同法を「改正認定こども園法」という。）
③ 　子ども・子育て支援法及び就学前の子どもに関する教育，保育等の総合的な提供の推進に関する法律の一部を改正する法律の施行に伴う関係法律の整備に関する法律（平成24年法律第67号。以下では「関係法律の整備等に関する法律」という。）

　①は新しく制定された法律であり，②は認定こども園法の改正法である。③の関係法律整備法は，①および②の制定に伴う，児童福祉法をはじめ関連する50余りの法律（政令を含む）の改正法である。これらの法律の制定・施行により，戦後実施されてきた子ども（とりわけ乳児，幼児）の保育制度は，大きく改革されることになる。

1　子ども・子育て支援関連3法制定・改正の経緯

(1)　乳幼児保育制度改革の背景

　戦後の1947(昭和22)年に制定された学校教育法により，幼稚園は学校の一種とされ，3歳以上の幼児を保育するものとされた（制定時の同法80条・77条，現在の同法26条・22条）。同年，児童福祉法が制定され，保育所は児童福祉施設の一種とされ，乳児・幼児（特に必要があるときはその他の児童）を保育するものとされた（児童福祉法39条）。こうして，この2つの法律により，幼稚園と保育所とは，3歳以上の幼児については「保育」施設と位置付けられ，利用されてきた。両者は，制度上区別されつつも，存在する地域の事情により，相互に代替的なものとして利用されてもきた。

　1948年の幼稚園数は1,529，保育所数は1,787であり，在籍児数は幼稚園19万

Ⅰ 解説編

8,949人，保育所15万8,904人であったが，幼稚園の数は2012年には1万3,171，園児の数は160万4,217人（2012年），保育所の数は2万1,751，在所者数は208万4,136人（2011年）となり，両施設は広く普及している。

幼稚園は，最近，減少傾向にある。園児数のピークは1978年の249万7895人であり，約90万人減少している。施設数のピークは1985年の1万5220であり，約2000減少している。これに対して保育所は，このところ増加傾向にあるが，待機児童や無認可保育施設の問題が社会問題化している。

この40年間，子どもの出生数の減少が続いているなかで，以上のように両「保育」施設は対象的な動きをみせている。

(2) 乳幼児保育制度改革の胎動

社会経済状態が変化し，いわゆる共働き世帯や1人親家庭が増大し，必然的に保育に対する要求（いわゆる保育需要）が拡大しているが，保育所の供給が追いついていない。

2000年代に入り政府は，保育所不足「対策」として，「民間活力」の利用・「規制緩和」という政策的観点から，PFI事業による保育所設置（民間資金等の活用による公共施設等の整備等の促進に関する法律の制定），民間の保育所設置主体を社会福祉法人に限るとする規制の撤廃，公立保育所の廃止・民営化及民間委託，公有財産貸付けなどによる民間保育所設置の促進（児童福祉法56条の7の新設），児童福祉施設最低基準による保育所経営規制の緩和（解釈運用の変更による乳児室・ほふく室面積基準の引き下げ，「分園」の新設，定員超過入所の拡大・定員超過制限の撤廃，最低基準改定による給食外部搬入の実施など），特定市町村による保育計画作成の義務化（児童福祉法56条の8の新設），認定こども園制度の導入（子ども・子育て支援法及び就学前の子どもに関する教育，保育等の総合的な提供の推進に関する法律の制定）児童福祉法改正による家庭的保育事業の法制化，地方自治体による無認可保育施設の制度化（例，東京都の認証保育所，横浜市の横浜型保育室など），児童福祉施設の設備及び運営に関する基準の条例委任などが行われてきているが，必ずしも必要を満たすに至っていない。

そのような状況のもとで政府による保育制度改革の動きが始まる。

(3) 法案の策定・成立

内閣官房長官のもとに設置された「『子どもと家族を応援する日本』重点戦略検討会議」の「とりまとめ」を受けて，2007(平成19)年12月，社会保障審議会に「少子化対策特別部会」が設置された。この特別部会の課題は，少子化の進行

のもとでの「包括的な次世代育成支援のための具体的な制度設計の検討」であったところ，同部会は2009年2月に「第一次報告 ― 次世代育成のための新たな制度体系の設計に向けて ―」を発表し，「新たな保育の仕組み」の実現を提案した。

2009年9月に民主党政権が発足すると，新たな保育制度の検討は内閣府のもとに置かれた少子化社会対策会議（少子化社会対策基本法に基づき，内閣府に設置された機関）の下で行われることになる。同年12月，同会議は，閣議決定「明日の安心と成長のための緊急経済対策」に基づき，「幼保一体化」を含む新たな次世代育成支援のための包括的・一元的なシステムの構築について検討を行うため，「子ども・子育て新システム検討会議」を開催し，その下に「作業グループ」を設置することにした（2010年1月）。

2012（平成24）年2月，「作業グループ」の検討の結果である「子ども・子育て新システムに関する基本制度とりまとめ」が公表され，これを踏まえて少子化社会対策会議は，同年3月2日に「子ども・子育て新制度に関する基本制度」を定めるとともに，これに基づき「子ども・子育て新システム法案骨子」を定めた。政府はこの法案骨子に基づき，①子ども・子育て支援法案，②総合こども園法案，③子ども・子育て支援法及び総合こども園の施行に伴う関係法律の整備等に関する法律案（関係法律整備法案）の3法案の作成作業にはいる。

2012（平成24）年3月30日，内閣は，前記の3法案を国会に提出した。3法案は，5月10日，衆議院の「社会保障と税の一体改革に関する特別委員会」に付託された。これらの法案については，野党だけでなく，関係の保育・幼児教育関係の団体に強い批判・反対意見があり，税制関係の法案とともに審議が難航していたところ，与党の民主党と野党の自民党・公明党の間で協議が行われ，6月15日，「社会保障・税一体改革に関する確認書（社会保障部分）」（資料編②立法資料(3)）が取り交わされ，これによって3法案は修正等が行われることになった。「確認書」の要点を記せば，次のようになる。

① 新たに認定こども園法の一部改正法案を提出し，幼保連携型認定こども園制度などを導入する。
② 子ども・子育て支援法案については修正案を提出し，幼稚園・保育所を通じた共通の給付（施設型給付）および小規模保育等への給付（地域型保育給付）の創設などを行う。
③ 関係法律整備法案については，児童福祉法24条などについて，市町村が保育の実施義務を引き続き担うことなどの修正を行う。

Ⅰ 解説編

　この3党確認に基づき，6月20日，①就学前の子どもに関する教育，保育等の総合的な提供の推進に関する法律の一部を改正する法律案（認定こども園法改正法案）が民主党・自民党・公明党の6人の議員により国会に提出された。この法案は，総合こども園法案を廃案とすることを前提として，総合こども園制度を幼保連携型認定こども園制度に代えることを主な内容とするものである。また，②子ども・子育て支援法案，③関係法律整備法案についても，3党の6人の議員による修正案が提出された。③の関係法律整備法案では50余りの法令が改正されることになっているが，その中でもっとも重要なのは児童福祉法の改正案である。この3法案（①の改正法案，②および③の修正された法案）の衆議院「社会保障と税の一体改革に関する特別委員会」および本会議での議決は6月26日であり，参議院の「社会保障と税の一体改革に関する特別委員会」および本会議での議決は8月10日である（法案成立）。なお，衆参両院の特別委員会は附帯決議（資料編②立法資料(1)(2)）を採択している。

2　制定・改正された3法のあらまし

(1)　子ども・子育て支援法

　子ども・子育て支援法は，新保育制度の基軸になっている法律である。

(a)　金銭給付

　現行の児童福祉法が定める保育給付は保育所保育（24条）という現物給付（サービスの給付）であるが，子ども・子育て支援法の定める保育給付は「子どものための教育・保育給付」（11条）とされ，具体的には施設型給付費（27条），特例施設型給付費（28条），地域型保育給付費（29条）および特例地域型保育給付費（30条）の支給とされている。つまり，これらは金銭の給付である。端的にいえば，子ども・子育て支援法は金銭の支給と受領に関する仕組みを定める法律である。

　施設型給付費や地域型保育給付費の受給の手順は，大まかにいえば次のようである。まず，保護者が市町村に申請して保育の必要性と保育必要量の認定を受ける（20条）。ついで，認定を受けた保護者は施設などに保育の利用を申し込み，利用契約を締結して保育を利用する。そして市町村は，保護者に対し施設型給付費や地域型保育給付費を支給する（27条1項，29条1項。ただし，実際には教育・保育施設などが代理受領する。27条条5項・6項，29条5項・6項）。なお，保育料は利用者が施設などに支払う。

(b)　利用する保育

　保育は「施設など」により提供されると述べたが，正確にいえば，子どもが利用する保育として，教育・保育施設（幼保連携型認定こども園を含む認定こども園，

幼稚園および保育所をいう。7条4項）が提供する保育と地域型保育（家庭的保育，小規模保育，居宅訪問型保育および事業所内保育をいう。7条5項）が提供する保育の2種類が用意されている。後者は，従来，無認可保育施設が提供する保育とされていたものである。

私立保育所を利用した場合の特例的な取扱い

子ども・子育て支援法附則6条によれば，市町村は，当分の間，認定を受けた子どもが私立保育所を利用した場合，保育所運営費をその私立保育所に委託費として支払うとする（1項）。この取扱いは，「（改正）児童福祉法第24条第1項の規定により保育所における保育を行うため」（1項）の例外的なものである。この場合，施設型給付費は支給されず（1項），現行児童福祉法のもとで保育所を利用したときと同じように，保育料は市町村が保護者などから徴収する（4項）。

(c) その他

子ども・子育て支援法では，特定教育・保育施設（市町村長が施設型給付費の支給に係る施設として確認する教育・保育施設をいう。27条1項）および特定地域型保育事業者（市町村長が地域型保育給付費の支給に係る事業を行う者として確認する地域型保育を行う事業者をいう。29条1項）が保育を給付する。これらの特定教育・保育施設と特定地域型保育事業者について，同法第3章（31条〜58条）が，その仕組みを詳細に規定している。

第5章（60条〜64条）は，市町村と都道府県が策定する子ども・子育て支援事業計画に関して規定している。第6章（65条〜71条）は費用等，第7章（72条〜77条。この章は施行済み）は，子ども・子育て会議等について定めている。国の子ども・子育て会議は内閣府に置かれ，内閣総理大臣の諮問に応じ，子ども・子育て支援法の施行に関する重要事項を調査審議する（73条）。また，市町村および都道府県は，条例の定めるところにより審議会などの合議制機関を置くよう努めなければならない（77条）ことになっている。

(2) 改正児童福祉法
(a) 事業の定義の修正・新設など

改正児童福祉法では，子ども・子育て支援法が定める各地域型保育事業の定義が定められている。家庭的保育事業の定義については修正がなされ，利用定員が5人以下に限られ（6条の3第9項），新たに小規模保育事業（同条10項），居宅訪問型保育事業（同条11項）および事業所内保育事業（同条12項）の定義規定が設けられた（以上の4種類の事業を「家庭的保育事業等」という。24条2項）。また，病児保育事業（同条13項）と子育て援助活動支援事業（同条14項）の定義規定が

Ⅰ　解説編

新設された。

　家庭的保育事業等の実施については，34条の15〜34条の17および58条2項に関係する規定が定められている。市町村は都道府県知事への届け出を要することなく家庭的保育事業等を行うことができる。対して民間の事業者は市町村長の認可を得てこれらの事業を行うことができる。市町村長は認可にあたり，これらの事業が条例で定める設備運営の基準に適合するかを審査する。

　放課後児童健全育成事業の定義から「おおむね10歳未満の児童」という対象児童の限定の文言が削除された（6条の3第2項）。その実施については，34条の8〜34条の8の3に関係する規定が定められ，民間の事業者は市町村長に届け出てこの事業を行うことができるとされている。市町村は，放課後児童健全育成事業の設備運営の基準を定め，事業者はこの基準を遵守しなければならない。

　病児保育事業の実施については34条の18および34条の18の2に，子育て援助活動支援事業の実施については34条の18の3に関係する規定が定められている。

(b) **保育所，幼保連携型認定こども園の新設**

　保育所の定義に修正がなされ，「利用定員が20人以上であるもの」が明記された（39条1項）。また，私立保育所の設置の認可にあたっての基準や手続が詳細に定められた（35条4項〜9項）。

　保育所設置の認可の申請があったとき，都道府県知事は，条例で定める基準等に適合すると認めるときは認可するとするが，認可すると地域の保育所の利用定員総数を超えることになるときは，認可をしないことができる（35条8項）。

　児童福祉施設の一種として新設された幼保連携型認定こども園は，義務教育およびその後の教育の基礎を培うものとしての満3歳以上の幼児に対する教育（この教育とは「教育基本法第6条第1項に規定する法律に定める学校において行われる教育をいう」旨が定められている。具体的には，それは幼稚園または特別支援学校幼稚部の幼児に対して行われる教育をいう）および保育を必要とする乳児・幼児に対する保育を一体的に行い，これらの乳児または幼児の健やかな成長が図られるよう適当な環境与えて，その心身の発達を助長することを目的とする施設である（39条の2第1項）。幼保連携型認定こども園については，児童福祉法に定めるもののほか，認定こども園法の定めるところによる（同条2項）。

　認定こども園法によれば，幼保連携型認定こども園は，学校であると同時に児童福祉施設としての性質を有するとされる。学校教育法の規定は適用されず，教育基本法6条に基づく「法律に定める学校」であるとされている（認定こども園法2条7項・8項，9条柱書）。

解　説

(c) 市町村による保育の実施

前述の3党確認により，現行児童福祉法24条1項の定める市町村の保育の実施義務は，改正法のもとでも維持されることになり，法案修正が行われた。その結果，改正児童福祉法24条1項は次のような条文となった。

「市町村は，この法律及び子ども・子育て支援法の定めるところにより，保護者の労働又は疾病その他の事由により，その監護すべき乳児，幼児その他の児童について保育を必要とする場合において，次項に定めるところによるほか，当該児童を保育所（認定こども園法第3条第1項の認定を受けたもの及び同条第9項の規定による公示がされたものを除く。）において保育しなければならない。」

修正法案の提出者は，この改正条文は市町村の保育の実施の根拠規定であると理解しているようであるが，その後の政府の説明は必ずしもそのような立場にたっていないようにも見え，この改正規定については問題が残るところである。

なお，市町村は，保育所，認定こども園または家庭的保育事業等の利用について調整を行うとともに，認定こども園の設置者又は家庭的保育事業等を行う者に対し利用の要請を行うとされているが（改正児童福祉法73条1項による読み替え後の同法24条3項），この調整・要請の法的性質については必ずしもはっきりしない（編者は行政指導と理解しているが，厚生労働省は法的効果を伴う行政処分ととらえているようである）。

(d) 公私連携型保育所

増大する保育需要に効率的に対応するには，市町村と民間法人との協働が有効であるという観点から，改正児童福祉法56条の8は，市町村長があらかじめ締結した協定に基づき，市町村から設備の貸付け・譲渡などの協力を得て，その市町村と連携のもとに保育および子育て支援事業を行う保育所という枠組みを設け，これを公私連携型保育所としている。この公私連携型保育所を設置・運営することを目的とする法人を公私連携保育法人というが，あらかじめ市町村と協定を締結し，市町村長から指定を受けなければならない（この指定を受けられるのは法人に限られる）。

公私連携型保育所の設置運営形態は，いわゆる公設民営および民設民営のいずれもあり得るが，期待されているのは後者であろう。

(3) 改正認定こども園法

(a) 認定こども園の拡充

認定こども園法の改正により，同法は本則16か条から39か条へと条文数が大

I　解説編

幅に増加した。新設された条文の多くは，幼保連携型認定こども園（新設）に関するものである（9条から27条）。この法律の改正の経緯からいえば，幼保連携型認定こども園は，3党確認により廃案とされた総合こども園法の「総合こども園」を衣替えしたものであり，子ども・子育て支援関連3法の定める中核的な教育・保育施設であるとみられる。

　幼保連携型認定こども園を含む認定こども園から教育・保育を受けたとき，子ども・子育て支援法27条により施設型給付費が支給される。改正認定こども園法では，このような認定こども園を大幅に整備・拡充している。

　(b)　幼保連携型認定こども園

　改正認定こども園法による幼保連携型認定こども園の定義（2条7項）は，改正児童福祉法のそれ（39条の2）と基本的には同じである（まったく同じではない）。

　幼保連携型認定こども園は，国，地方自治体，学校法人および社会福祉法人のみが設置でき（12条），学校法人および社会福祉法人が設置や廃止等を行おうとするときは，都道府県知事または指定都市等の長の認可を受けなければならない（17条1項）。都道府県知事または指定都市の長は条例で定める基準に適合する施設について，供給過剰による需給調整が必要な場合などを除き認可するものとしている（17条2項・6項）。

　幼保連携型認定こども園は，子どもに対する学校としての教育と児童福祉施設としての保育を行う（9条）。入園資格は満3歳以上のこどもおよび満3歳未満の保育を必要とする子どもとされている（11条）。設置・運営の基準は，都道府県または指定都市等が条例で定める（13条）。園長と園児の教育および保育をつかさどる保育教諭（14条10項）が必置である（14条1項）。副園長，教頭，主幹保育教諭，指導保育教諭その他の職員は任意設置である（14条2項）。保育教諭，主幹保育教諭，指導保育教諭は，幼稚園教諭の普通免許状と保育士資格を併有しなければならない（15条1項）。

　幼保連携型認定こども園には，学校教育法5条（設置者による管理・負担），6条本文（授業料の徴収），7条（校長，教員の配置），9条（校長，教員の欠格事由），10条（私立学校長の届出）などの規定および学校保健安全法の一部の規定が準用される（26条，27条）。

　市町村長が学校法人または社会福祉法人と締結した協定に基づき，市町村から設備の貸付けや譲渡その他の協力を受け，その市町村と連携のもとで教育および保育等を行う幼保連携型認定こども園を公私連携幼保連携型認定こども園といい，また，市町村長が公私連携幼保連携型認定こども園の設置および運営を目的とする法人（学校法人または社会福祉法人に限る）として指定したものを公私連携法人

といい，特例的な取扱いが定められている（34条）

　幼保連携型認定こども園は学校としての性格を有するとされたことに伴い，教育公務員特例法，教育職員免許法，私立学校法，私立学校教職員共済法などの教育関係法を中心にかなりの数の関連法律が改正されている。

(c)　幼保連携型認定こども園以外の認定こども園

　認定こども園法は，保育所として認可されたものや幼稚園として認可されたものなどについて都道府県知事等により認定されたものを「認定こども園」とするが，改正認定こども園法は，都道府県知事等は条例で定める要件に適合する施設について，供給過剰による需給調整が必要な場合などを除き，認定するものとしている（3条5項・7項）。

　改正認定こども園法6条では，認定こども園の設置者は，教育または保育を行うにあたって，「幼保連携型認定こども園の教育課程その他の教育及び保育の内容に関する事項を踏まえ」なければならない旨が定められている。

I　解説編

【用語解説】子ども・子育て支援法

か行

会議　72条
　会議とは,内閣府に置かれる,子ども・子育て会議をいう。

確認市町村長　56条2項
　確認市町村長とは,特定教育・保育提供者に係る確認を行った市町村長をいう。

家庭的保育　7条6項
　家庭的保育とは,児童福祉法第6条の3第9項に規定する家庭的保育事業として行われる保育をいう。

機構　71条3項
　機構とは,日本年金機構をいう。

基本指針　60条1項
　基本指針とは,教育・保育及び地域子ども・子育て支援事業の提供体制を整備し,子ども・子育て支援給付及び地域子ども・子育て支援事業の円滑な実施の確保その他子ども・子育て支援のための施策を総合的に推進するために,内閣総理大臣が定める基本的な指針をいう。

旧児童福祉法　附則7条
　旧児童福祉法とは,子ども・子育て支援法及び就学前の子どもに関する教育,保育等の総合的な提供の推進に関する法律の一部を改正する法律の施行に伴う関係法律の整備等に関する法律（平成24年法律第67号）第6条の規定による改正前の児童福祉法をいう。

教育　7条2項
　教育とは,満3歳以上の小学校就学前子どもに対して義務教育及びその後の教育の基礎を培うものとして教育基本法第6条第1項に規定する法律に定める学校において行われる教育をいう。

教育振興基本計画　61条6項
　教育振興基本計画とは,教育基本法第17条第2項の規定により,都道府県及び市町村が定める教育の振興のための施策に関する基本的な計画をいう。

教育・保育　14条1項
　教育・保育とは,子ども子育て支援法7条2項の教育又は同条3項の保育をいう。

教育・保育施設　7条4項
　教育・保育施設とは,就学前の子どもに関する教育,保育等の総合的な提供の推進に関する法律（認定こども園法）第2条第6項に規定する認定こども園,学校教育法第1条に規定する幼稚園（認定こども園法第3条第1項又は第3項の認定を受けたもの及び同条第9項の規定による公示がされたものを除く。）及び児童福祉法第39条第1項に規定する保育所（認定こども園法第3条第1項の認定を受けたもの及び同条第9項の規定による公示がされたものを除く。）をいう。

教育・保育施設の認可基準　34条1項柱書
　教育・保育施設の認可基準とは,教育・保育施設の区分に応じて,教育・保育施設ごとに定められている認可の基準をいう。認定こども園の基準は,認定こども園法第3条第1項の規定により都道府県の条例で定める要件,同条第3項の規定により都道府県の条例で定める要件,又は同法第13条第1項の規定により都道府県の条例で定める設備及び運営についての基準をいう。幼稚園の基準は,学校教育法第3条に規定する学校の設備,編制その他に関する設置基準をいう。保育所の基準は,児童福祉法第45条第1項の規定により都道府県の条例で定める児童福祉施設の設備及び運営についての基準をいう。

　特定教育・保育施設の設置者は,教育・保育施設の認可基準を遵守しなければならない。

教育・保育提供区域　61条2項
　教育・保育提供区域とは,市町村が,市町村子ども・子育て支援事業計画の策定において,地理的条件,人口,交通事情その他の社会的条件,教育・保育を提供するための施設の整備の状況その他の条件を総合的に勘案して定める区域のことをいう。

教育・保育に係る教育・保育情報　58条1

【用語解説】子ども・子育て支援法

項

教育・保育に係る教育・保育情報とは、教育・保育の内容及び教育・保育を提供する施設又は事業者の運営状況に関する情報であって、小学校就学前子どもに教育・保育を受けさせ、又は受けさせようとする小学校就学前子どもの保護者が適切かつ円滑に教育・保育を小学校就学前子どもに受けさせる機会を確保するために公表されることが必要なものとして内閣府令で定めるものをいう。

拠出金対象児童手当費用　69条1項柱書
拠出金対象児童手当費用とは、児童手当法第18条第1項に規定する児童手当の支給に要する費用をいう。

拠出金対象地域子ども・子育て支援事業費用　69条1項柱書
拠出金対象地域子ども・子育て支援事業費用とは、地域子ども・子育て支援事業（第59条第2号、第5号及び第11号に掲げるものに限る。）に要する費用をいう。

居宅訪問型保育　7条8号
居宅訪問型保育とは、児童福祉法第6条の3第11項に規定する居宅訪問型保育事業として行われる保育をいう。

子ども　6条1項
子どもとは、18才に達する日以後の最初の3月31日までの間にある者をいう。

子ども・子育て支援　7条1項
子ども・子育て支援とは、全ての子どもの健やかな成長のために適切な環境が等しく確保されるよう、国若しくは地方公共団体又は地域における子育ての支援を行う者が実施する子ども及び子どもの保護者に対する支援をいう。

子ども・子育て支援給付　8条
子ども・子育て支援給付とは、子どものための現金給付及び子どものための教育・保育給付をいう。

子どものための現金給付　9条
子どものための現金給付とは、児童手当法に規定する児童手当の支給をいう。
なお、子どものための現金給付については、子ども・子育て支援法に別段の定めがあるものを除き、児童手当法の定めるところによる（第10条参照）。

子どものための教育・保育給付　11条
子どものための教育・保育給付とは、施設型給付費、特例施設型給付費、地域型保育給付費及び特例地域型保育給付費の支給をいう。

さ行

支給認定　20条4項
支給認定とは、市町村が小学校就学前子どもの保護者の申請に対して行う、子どものための教育・保育給付を受ける資格を有すること及びその該当する第19条第1項各号に掲げる小学校就学前子どもの区分についての認定、並びに当該小学校就学前子どもが第19条第1項第2号又は第3号に掲げる小学校就学前子どもに該当すると認めるときに行う、当該小学校就学前子どもに係る保育必要量の認定をいう。

支給認定教育・保育　27条1項
支給認定教育・保育とは、支給認定子どもが支給認定の有効期間内において、特定教育・保育施設から受けた特定教育・保育（保育にあっては、保育必要量の範囲内のものに限る。）をいう。この場合、市町村は、当該支給認定子どもに係る支給認定保護者に対して、支給認定教育・保育に要した費用について、施設型給付費を支給する。

支給認定こども　20条4項
支給認定子どもとは、支給認定に係る小学校就学前子どもをいう。

支給認定証　20条4項
支給認定証とは、市町村が支給認定を行ったときに、支給認定に係る保護者（支給認定保護者）に交付する認定証をいう。支給認定証には、当該支給認定に係る小学校就学前子ども（支給認定子ども）の該当する第19条第1項各号に掲げる小学校就学前子どもの区分、保育必要量その他の内閣府令で定める事項が記載される。

支給認定の有効期間　21条
支給認定の有効期間とは、内閣府令により定められる支給認定の有効期間をいう。

支給認定保育　附則6条1項
支給認定保育とは、保育認定子どもが特定

Ⅰ　解説編

保育所から受けた特定教育・保育（保育必要量の範囲内の保育に限る。）をいう。この場合，市町村は，特定保育所に対して，支給認定保育に要した費用について，委託費として保育費用を支払う。

支給認定保護者　20条4項

支給認定保護者とは，支給認定に係る保護者をいう。支給認定の申請は，子ども・子育て支援法第19条第1項各号に掲げる小学校就学前子どもの保護者が，子どものための教育・保育給付を受けようとするときに行う。

事業所内保育　7条9項

事業所内保育とは，児童福祉法第6条の3第12項に規定する事業所内保育事業として行われる保育をいう。

事業所内保育事業所　43条1項

事業所内保育事業所とは，事業所内保育の事業を行う事業所をいう。

事業実施市町村　附則10条2項

事業実施市町村とは，特定市町村以外の市町村をいう。

施設型給付費　27条（11条）

施設型給付費とは，支給認定子どもが，支給認定の有効期間内において，特定教育・保育施設から特定教育・保育を受けたときに，当該支給認定子どもに係る支給認定保護者に対して，当該特定教育・保育（支給認定教育・保育）に要した費用について給付金を給付する子どものための教育・保育給付の一つである。

施設型給付費等負担対象額　67条1項

施設型給付費等負担対象額とは，第65条の規定により市町村が支弁する同条第2号に掲げる費用（都道府県及び市町村以外の者が設置する特定教育・保育施設に係る施設型給付費及び特例施設型給付費並びに地域型保育給付費及び特例地域型保育給付費の支給に要する費用をいう。）のうち，国及び都道府県が負担すべきものとして政令で定めるところにより算定した額をいう。

市町村合議制機関　附則1条1号

市町村合議制機関とは，第77条第1項の審議会その他の合議制の機関をいう。

市町村子ども・子育て支援事業計画　61条1項

市町村子ども・子育て支援事業計画とは，市町村が基本指針に即して定める，教育・保育及び地域子ども・子育て支援事業の提供体制の確保その他この法律に基づく業務の円滑な実施に関する計画をいう。市町村子ども・子育て支援事業計画は，五年を一期として定められる。

市町村長等　55条3項

市町村長等とは，市町村長，内閣総理大臣又は都道府県知事をいう。特定教育・保育提供者は，第55条第2項の各号に掲げる区分に応じ，市町村長等に対し，内閣府令で定めるところにより，業務管理体制の整備に関する事項を届け出なければならない。また，届け出た事項に変更があったときは，内閣府令で定めるところにより，遅滞なく，その旨を当該届出を行った市町村長等に届け出なければならない。

指定都市等　34条1項1号

指定都市等とは，地方自治法第252条の19第1項の指定都市又は同法第252条の22第1項の中核市をいう。

指定都市等所在保育所　34条1項3号

指定都市等所在保育所とは，指定都市等又は児童福祉法第59条の4第1項に規定する児童相談所設置市の区域内に所在する保育所をいう。

指定都市等所在幼保連携型認定こども園　34条1項1号

指定都市等所在幼保連携型認定こども園とは，指定都市等の区域内に所在する認定こども園法第2条第7項に規定する幼保連携型認定こども園をいう。

小学校就学前子ども　6条1項

小学校就学前子どもとは，子どものうち小学校就学の始期に達するまでの者をいう。第19条第1項は，小学校就学前子どもを以下の3つに区分している。①満3歳以上の小学校就学前子ども（次号に掲げる小学校就学前子どもに該当するものを除く。）（第1号），②満3歳以上の小学校就学前子どもであって，保護者の労働又は疾病その他の内

閣府令で定める事由により家庭において必要な保育を受けることが困難であるもの（第2号），③満3歳未満の小学校就学前子どもであって，前号の内閣府令で定める事由により家庭において必要な保育を受けることが困難であるもの（第3号），の3つである。

小規模保育　7条7項

小規模保育とは，児童福祉法第6条の3第10項に規定する小規模保育事業として行われる保育をいう。

所在地市町村長　43条4項

所在地市町村長とは，地域型保育事業所の所在地のある市町村の長をいう。

処理見込期間　20条6項

処理見込期間とは，第20条第1項の規定による支給認定の申請について，当該申請に対する処分をするためになお要する期間のことをいう。

第20条第1項の規定による申請に対する処分は，当該申請のあった日から30日以内にしなければならないが，当該申請に係る保護者の労働又は疾病の状況の調査に日時を要することその他の特別な理由がある場合には，当該申請のあった日から30日以内に，当該保護者に対し，当該申請に対する処分をするためになお要する期間（処理見込期間）及びその理由を通知して，これを延期することができることになっている。

た行

地域型保育　7条5項

地域型保育とは，家庭的保育，小規模保育，居宅訪問型保育及び事業所内保育をいう。

地域型保育給付費　29条（11条）

地域型保育給付費とは，満3歳未満保育認定子どもが，支給認定の有効期間内において，特定地域型保育事業者から特定地域型保育を受けたときに，当該満3歳未満保育認定子どもに係る支給認定保護者に対して，当該特定地域型保育（満3歳未満保育認定地域型保育）に要した費用について給付金を給付する子どものための教育・保育給付の一つである。

地域型保育事業　7条5項

地域型保育事業とは，地域型保育を行う事業をいう。

地域型保育事業所　43条1項

地域型保育事業所とは，地域型保育事業を行う事業所をいう。

地域型保育事業の認可基準　46条1項

地域型保育事業の認可基準とは，児童福祉法第34条の16第1項の規定により市町村が条例で定める家庭的保育事業等（家庭的保育事業，小規模保育事業，居宅訪問型保育事業又は事業所内保育事業をいう。）の設備及び運営についての基準をいう。

地域子ども・子育て支援事業　59条1項

地域子ども・子育て支援事業とは，第59条第1号から第13号に掲げる事業をいう。
地域子ども・子育て支援事業は，市町村子ども・子育て支援事業計画に従って市町村が行う。

特別利用保育　28条1項2号

特別利用保育とは，満3歳以上の小学校就学前子ども（第19条第1項第1号に掲げる小学校就学前子ども）に該当する支給認定子どもが，特定教育・保育施設（保育所に限る。）から受ける保育（第19条第1項第1号に掲げる小学校就学前子どもに該当する支給認定子どもに対して提供される教育に係る標準的な1日当たりの時間及び期間を勘案して内閣府令で定める1日当たりの時間及び期間の範囲内において行われる保育（地域型保育を除く。）をいう。）をいう。

特別利用保育を受けることが地域における教育の体制の整備の状況その他の事情を勘案して必要があると市町村が認めるときは，市町村は，特別利用保育に要した費用について特例施設型給付費を支給することができる。

特別利用教育　28条1項3号

特別利用教育とは，第19条第1項第2号に掲げる小学校就学前子どもに該当する支給認定子どもが，特定教育・保育施設（幼稚園に限る。）から受ける教育（教育のうち第19条第1項第2号に掲げる小学校就学前子どもに該当する支給認定子どもに対して提供され

るものをいう。)をいう。
　特別利用教育を受けることが必要であると市町村が認めるときは,市町村は,特別利用教育に要した費用について特例施設型給付費を支給することができる。

特別利用地域型保育　30条1項2号
　特別利用地域型保育とは,第19条第1項第1号に掲げる小学校就学前子どもに該当する支給認定子どもが,特定地域型保育事業者から受ける特定地域型保育(同号に掲げる小学校就学前子どもに該当する支給認定子どもに対して提供される教育に係る標準的な1日当たりの時間及び期間を勘案して内閣府令で定める1日当たりの時間及び期間の範囲内において行われるものに限る。)をいう。

特定教育・保育　27条1項
　特定教育・保育とは,特定教育・保育施設において行われる教育・保育をいう。施設型給付費の支給の対象となる教育・保育をいう。

特定教育・保育施設　27条1項
　特定教育・保育施設とは,市町村長(特別区の区長を含む。)が施設型給付費の支給に係る施設として確認する教育・保育施設をいう。

特定教育・保育提供者　55条1項
　特定教育・保育提供者とは,特定教育・保育施設の設置者及び特定地域型保育事業者をいう。

特定教育・保育施設等　58条1項
　特定教育・保育施設等とは,特定教育・保育施設又は特定地域型保育事業者をいう。

特定教育・保育施設に係る教育・保育施設の認可等　39条2項
　特定教育・保育施設に係る教育・保育施設の認可等とは,教育・保育施設に係る認定こども園法第17条第1項,学校教育法第4条第1項若しくは児童福祉法第35条第4項の認可又は認定こども園法第3条第1項若しくは第3項の認定をいう。

特定教育・保育施設の設置者であった者等　38条1項
　特定教育・保育施設の設置者であった者等とは,特定教育・保育施設の設置者であった者若しくは特定教育・保育施設の職員であった者をいう。

特定市町村　附則10条1項
　特定市町村とは,旧児童福祉法第56条の8第1項に規定する特定市町村をいう。旧児童福祉法第56条の8第1項に規定する特定市町村とは,保育の実施への需要が増大している市町村(厚生労働省令で定める要件に該当するものに限る。)をいう。

特定地域型保育　29条1項
　特定地域型保育とは,特定地域型保育事業者が行う地域型保育をいう。地域型保育給付費の支給の対象となる地域型保育をいう。

特定地域型保育事業　43条3項
　特定地域型保育事業とは,特定地域型保育を行う事業をいう。

特定地域型保育事業者　29条1項
　特定地域型保育事業者とは,市町村の長が地域型保育給付費の支給に係る事業を行う者として確認する地域型保育を行う事業者をいう。

特定地域型保育事業者であった者等　50条1項
　特定地域型保育事業者であった者等とは,特定地域型保育事業者であった者若しくは特定地域型保育事業所の職員であった者をいう。

特定地域型保育事業所　29条3項
　特定地域型保育事業所とは,特定地域型保育の事業を行う事業所をいう。

特定保育所　附則6条1項
　特定保育所とは,特定教育・保育施設のうち,都道府県及び市町村以外の者が設置する保育所をいう。

特定利用地域型保育　30条1項3号
　特定利用地域型保育とは,特定地域型保育のうち第19条第1項第2号に掲げる小学校就学前子どもに該当する支給認定子どもに対して提供されるものをいう。

特例施設型給付費　28条(11条)
　特例施設型給付費とは,第28条第1項第1号から第3号までに掲げる場合において,市町村が必要があると認めるときに,支給認定子どもに係る支給認定保護者に対して,第28条第1項第1号に規定する特定教育・

【用語解説】子ども・子育て支援法

保育に要した費用，第2号に規定する特別利用保育に要した費用又は第3号に規定する特別利用教育に要した費用について給付する給付金をいう。第11条に規定する子どものための教育・保育給付の1つである。
特例施設型給付費が支給されるのは次の場合である。①支給認定子どもが，当該支給認定子どもに係る支給認定保護者が第20条第1項の規定による申請をした日から当該支給認定の効力が生じた日の前日までの間に，緊急その他やむを得ない理由により特定教育・保育を受けたとき（第28条第1項第1号），②第19条第1項第1号に掲げる小学校就学前子どもに該当する支給認定子どもが，特定教育・保育施設（保育所に限る。）から特別利用保育を受けたとき（地域における教育の体制の整備の状況その他の事情を勘案して必要があると市町村が認めるときに限る。）（第2号），③第19条第1項第2号に掲げる小学校就学前子どもに該当する支給認定子どもが，特定教育・保育施設（幼稚園に限る。）から特別利用教育を受けたとき（第3号）である。

特例地域型保育給付費　30条（11条）
特例地域型保育給付費とは，第30条第1項第1号から第4号までに掲げる場合において，市町村が必要があると認めるときに，支給認定子どもに係る支給認定保護者に対して，特定地域型保育に要した費用又は特例保育に要した費用について給付する給付金をいう。第11条に規定する子どものための教育・保育給付の1つである。
特例地域型保育給付費が支給されるのは次の場合である。①満3歳未満保育認定子どもが，当該満3歳未満保育認定子どもに係る支給認定保護者が第20条第1項の規定による申請をした日から当該支給認定の効力が生じた日の前日までの間に，緊急その他やむを得ない理由により特定地域型保育を受けたとき（第30条第1項第1号），②第19条第1項第1号に掲げる小学校就学前子どもに該当する支給認定子どもが，特定地域型保育事業者から特定地域型保育を受けたとき（地域における教育の体制の整備の状況その他の事情を勘案して必要があると市町村が認めるときに限る。）（第2号），③第19条第1項第2号に掲げる小学校就学前子どもに該当する支給認定子どもが，特定地域型保育事業者から特定利用地域型保育を受けたとき（地域における同号に掲げる小学校就学前子どもに該当する支給認定子どもに係る教育・保育の体制の整備の状況その他の事情を勘案して必要があると市町村が認めるときに限る。）（第3号），④特定教育・保育及び特定地域型保育の確保が著しく困難である離島その他の地域であって内閣総理大臣が定める基準に該当するものに居住地を有する支給認定保護者に係る支給認定子どもが，特例保育を受けたとき（第4号）である。

特例保育　30条1項4号
特例保育とは，特定教育・保育及び特定地域型保育以外の保育をいう。
特定教育・保育及び特定地域型保育の確保が著しく困難である離島その他の地域であって内閣総理大臣が定める基準に該当するものに居住地を有する支給認定保護者に係る支給認定子どもが，特例保育を受けた場合には，市町村は，必要があると認めるときは，特例地域型保育給付費を支給することができる。

都道府県合議制機関　附則1条1号
都道府県合議制機関とは，第77条第4項の審議会その他の合議制の機関をいう。

都道府県子ども・子育て支援事業支援計画　62条1項
都道府県子ども・子育て支援事業支援計画とは，都道府県が基本指針に即して定める，教育・保育及び地域子ども・子育て支援事業の提供体制の確保その他この法律に基づく業務の円滑な実施に関する計画をいう。都道府県子ども・子育て支援事業支援計画は，五年を一期として定められる。

な行

認定こども園　7条4項
認定子ども園とは，就学前の子どもに関する教育，保育等の総合的な提供の推進に関する法律（認定こども園法）第2条第6項

I 解説編

に規定する認定こども園（以下「認定こども園」という。）をいう。

は行

被申請市町村長　43条4項
被申請市町村長とは,地域型保育事業を行う者から,第29条第1項の確認についての申請を受けた市町村長をいう。

賦課基準　70条1項
賦課標準とは,厚生年金保険法に基づく保険料の計算の基礎となる標準報酬月額及び標準賞与額をいう。
政府が,拠出金対象児童手当費用及び拠出金対象地域子ども・子育て支援事業費用に充てるために一般事業主から徴収する拠出金の額は,賦課標準に拠出金率を乗じて得た額の総額とされている。

保育　7条3項
保育とは,児童福祉法第6条の3第7項に規定する保育をいう。

保育緊急確保事業　附則10条1項
保育緊急確保事業とは,小学校就学前子どもの保育その他の子ども・子育て支援に関する事業であって内閣府令で定めるものをいう。特定市町村は,市町村子ども・子育て支援事業計画に基づく子どものための教育・保育給付及び地域子ども・子育て支援事業の実施への円滑な移行を図るため,施行日の前日までの間,保育緊急確保事業のうち必要と認めるものを旧児童福祉法第56条の8第2項に規定する市町村保育計画に定め,当該市町村保育計画に従って当該保育緊急確保事業を行う。

保育認定子ども　59条2号
保育認定子どもとは,支給認定子どものうち,第19条第1項第1号に掲げる小学校就学前子どもに該当するものを除いた支給認定子どもをいう。

保育必要量　20条3項
保育必要量とは,月を単位として内閣府令で定める期間において,施設型給付費,特例施設型給付費,地域型保育給付費又は特例地域型保育給付費を支給する保育の量をいう。

保護者　6条2項
保護者とは,親権を行う者,未成年後見人その他の者で,子どもを現に監護する者をいう。

保育所　7条4項
保育所とは,児童福祉法第39条第1項に規定する保育所をいう。
子ども・子育て支援法において保育所とは,認定こども園法第3条第1項の認定を受けたもの及び同条第9項の規定による公示がされたものを除く。

ま行

満三歳未満保育認定子ども　29条1項
満三歳未満保育認定子どもとは,第19条第1項第3号に掲げる小学校就学前子どもに該当する支給認定子どもをいう。

満三歳未満保育認定地域型保育　29条1項
満三歳未満保育認定地域型保育とは,満三歳未満保育認定子どもが,保育必要量の範囲内において,特定地域型保育事業者から受ける特定地域型保育をいう。

や行

幼稚園　7条4項
幼稚園とは,学校教育法第1条に規定する幼稚園をいう。
子ども・子育て支援法において幼稚園とは,認定こども園法第3条第1項又は第3項の認定を受けたもの及び同条第9項の規定による公示がされたものを除く。

幼保連携型認定こども園　34条1項1号
幼保連携型認定こども園とは,認定こども園法第2条第7項に規定する幼保連携型認定こども園をいう。

ら行

利用定員　46条3項1号
利用定員とは,第29条第1項の確認において定める特定地域型保育事業に係る利用定員をいう。

【用語解説】児童福祉法

＊印　2012年の法改正により，意味が変わった文言
＊＊印　2012年の法改正により，新しく使われることになった文言

あ行

一時預かり事業＊　6条の3第7項，34条の12～34条の14
　一時預かり事業とは，家庭において保育（養護及び教育（幼稚園または特別支援学校幼稚部の幼児に対して行われる教育を除く）を行うことをいう）を受けることが一時的に困難となった乳児又は幼児を，主として昼間，保育所，認定こども園などにおいて，一時的に預かり，必要な保護を行う事業をいう。

か行

家庭的保育者＊　6条の3第9項1号
　家庭的保育者とは，市町村長が行う研修を修了した保育士その他の厚生労働省令で定める者で，保育を必要とする乳児・幼児の保育を行う者として市町村長が適当と認めるものをいう

家庭的保育事業＊　6条の3第9項，34条の15～34条の17
　家庭的保育事業とは，次の2つの事業をいう。
①満3歳未満の乳児・幼児で家庭において必要な保育を受けることが困難であるもの（保育を必要とする乳児・幼児）について，家庭的保育者が居宅その他の場所（当該保育を必要とする乳児・幼児の居宅を除く）において保育を行う事業（利用定員が5人以下であるものに限る）
②満3歳以上の幼児の保育体制の整備状況などから，保育が必要と認められる満3歳以上の幼児について，家庭的保育者が居宅その他の場所（保育が必要と認められる児童の居宅を除く）で保育を行う事業（利用定員が5人以下であるものに限る）
　市町村は，家庭的保育事業を行うことができる。国，都道府県，市町村以外の者は，市町村長の認可を得て家庭的保育事業を行うことができる（以上，34条の15第1項・2項）。家庭的保育事業は，子ども・子育て支援法では地域型保育事業の一種とされる。
　認可の手続などにつき，34条の15第3項以下，34条16，第34条の17，58条2項を参照。

居宅訪問型保育事業＊＊　6条の3第11項
　居宅訪問型保育事業とは，次の2つの事業をいう。
①保育を必要とする乳児および3歳未満の幼児を，乳幼児の居宅で家庭的保育者が保育を行う事業。
②満3歳以上の幼児の保育体制の整備状況などから，保育が必要と認められる満3歳以上の幼児について，家庭的保育者が幼児の居宅で保育を行う事業。
　居宅訪問型保育事業は，子ども・子育て支援法では地域型保育事業の一種とされる。

公私連携型保育所＊＊　56条の8第1項
　公私連携型保育所とは，市町村長があらかじめ締結した協定に基づき，市町村から設備の貸付け・譲渡などの協力を得て，その市町村と連携のもとに保育および子育て支援事業を行う保育所をいう。

公私連携保育法人＊＊　56条の8
　公私連携保育法人とは，公私連携型保育所を設置・運営することを目的とする法人をいう。公私連携保育法人は，あらかじめ市町村と協定を締結し，市町村長からの指定を受けなければならない。

さ行

市町村整備計画＊＊　56条の4の2
　市町村整備計画とは，市町村長が定める保育所および幼保連携型認定こども園の整備に関する計画をいう。この計画では，保育提供区域（別項参照）における保育所および

I　解説編

幼保連携型認定こども園の整備の目標と計画期間などについて定める。

児童　4条1項
児童とは満18歳未満の者をいい, 満1歳に満たないものを乳児, 満1歳から小学校に入学するまでの者を幼児, これ以上で満18歳に達するまでの者を少年と区分する。

障害児　4条2項
障害児とは, 身体に障害のある児童, 知的障害のある児童, 精神に障害のある児童などをいう。

小規模保育事業**　6条の3第10項
小規模保育事業とは, 次の2つの事業をいう。
①保育を必要とする乳児および3歳未満の幼児について, 保育することを目的とする施設（利用定員が6人以上19人以下のもの）において, 保育を行う事業
②満3歳以上の幼児の保育体制の整備状況などから保育が必要と認められる満3歳以上の幼児について, ①で述べた施設において, 保育を行う事業
小規模保育事業は, 子ども・子育て支援法では地域型保育事業の一種とされる。

事業所内保育事業**　6条の3第12項
事業所内保育事業とは, 次の2つの事業をいう。
①保育を必要とする満3歳未満の乳児・幼児について, 事業主が雇用する労働者の監護する乳児・幼児その他の乳児・幼児を保育するために自らまたは事業主から委託を受けて設置する施設, あるいは, 事業主団体が同様の趣旨で設けた施設などにおいて, 保育を行う事業。
②満3歳以上の幼児の保育体制の整備状況などから保育が必要と認められる満3歳以上の幼児について, ①で述べた施設において, 保育を行う事業。
事業所内保育事業は, 子ども・子育て支援法では地域型保育事業の一種とされる。

少年　4条1項3号
少年とは, 小学校入学就学の始期から満18歳に達するまでの児童をいう。

な行

乳児　4条1項1号
乳児とは, 満1歳に満たない児童をいう。

認定こども園　6条の3第7項
認定こども園とは, 認定こども園法2条6項に規定する認定こども園をいう（保育所であるものを除く。ただし24条2項を除く）

妊産婦　5条
妊産婦とは, 妊娠中または出産後1年以内の女子をいう。

は行

病児保育事業**　6条の3第13項
病児保育事業とは, 保育を必要とする乳児・幼児または家庭において保育を受けることが困難になった小学校に就学している児童で, 疾病にかかっているものについて, 保育所などで保育を行う事業をいう。
国および都道府県以外の者は, 都道府県知事に届け出て, 病児保育事業を行うことができる（34条の18第1項）
認可の手続きなどにつき, 34条の18の2を参照

保育所*　39条
保育所は, 保育を必要とする乳児・幼児を, 日々保護者の下から通わせて保育を行うことを目的とする施設をいう（利用定員が20人以上であるものに限り, 幼保連携型認定こども園を除く）。また, 保育所は, 特に必要があるときは, 保育を必要とする少年を保育することができる。
保育所は, 児童福祉施設の一種である（7条）。

保育提供区域**　56条の4の2第2項1号
保育提供区域とは, 市町村が, 地理的条件, 人口, 交通事情その他の社会的条件, 保育施設の整備状況などなどを考慮して定める区域をいう。

保育の利用**　24条4項
24条4項およびこれ以下の条文において, 保育所もしくは幼保連携型認定こども園において保育を受けること, または, 家庭的保育事業, 小規模保育事業, 居宅訪問型保育事

【用語解説】児童福祉法

業,事業所内保育事業による保育を受けることをいう。

保育を必要とする乳児・幼児＊＊　6条の3第9項1号
　子ども・子育て支援法19条1項2号の内閣府令（未制定）の定める事由により,家庭において必要な保育を受けることが困難である乳児・幼児をいう。

放課後児童健全育成事業＊　6条の3第2項
　放課後児童健全育成事業とは,小学校に修学している児童で,保護者が労働等により昼間家庭にいないものに,授業終了後に児童厚生施設等を利用して遊びおよび生活の場を与えて,健全な育成を図る事業をいう。

保護者　6条
　保護者とは,親権を行うもの,未成年者後見人など児童を現に監護するものをいう。

や行

幼児　4条1項2号
　幼児とは,満1歳から小学校に入学するまでの児童をいう。

幼保連携型認定こども園＊＊　39条の2
　幼保連携型認定こども園とは,義務教育およびその後の教育の基礎を培うものとしての満3歳以上の幼児に対する教育（幼稚園または特別支援学校幼稚部の幼児に対して行われる教育をいう）および保育を必要とする乳児・幼児に対する保育を一体的に行い,これらの乳児または幼児の健やかな成長が図られるよう適当な環境与えて,その心身の発達を助長することを目的とする施設をいう。
　幼保連携型認定こども園は,児童福祉施設の一種である（7条）。
　幼保連携型認定こども園については,児童福祉法に定めるもののほか,認定こども園法による。認定こども園法によれば,幼保連携型認定こども園は,学校であると同時に児童福祉施設としての性質を有するとされるが,学校教育法の規定は適用されず,教育基本法6条に基づく「法律に定める学校」であるとされている（認定こども園法2条7項・8項,9条柱書）。

21

I　解説編

【用語解説】認定こども園法

＊印　2012年の法改正により，意味が変わった文言
＊＊印　2012年の法改正により，新しく使われることになった文言

か行

教育＊＊　2条8項
　教育とは，教育基本法6条1項に規定する法律に定める学校において行われる教育をいう。

公私連携幼保連携型認定こども園＊＊　34条1項
　公私連携幼保連携型認定こども園とは，市町村長が学校法人または社会福祉法人と締結した協定に基づき，市町村から設備の貸付けや譲渡その他の協力を受け，その市町村と連携のもとで教育および保育等を行う幼保連携型認定こども園をいう。

公私連携法人＊＊　34条1項
　公私連携法人とは，公私連携幼保連携型認定こども園の設置および運営を目的とする法人（学校法人または社会福祉法人に限る）として，市町村長が指定したものをいう。

子育て支援事業　2条12項
　子育て支援事業は認定こども園法2条12項に定める事業であるが，具体的には同法施行規則2条（現行の規定）に規定される以下のものをいう。
①地域の子ども及びその保護者が相互の交流を行う場所を開設する等により，子どもの養育に関して保護者からの相談に応じ，必要な情報の提供，助言などの援助を行う事業
②地域の家庭において，家庭の子どもの養育に関する問題について，保護者からの相談に応じ，必要な情報の提供，助言などの援助を行う事業
③保護者の疾病などの理由により，家庭において保育されることが一時的に困難となった子どもについて，認定こども園またはその家庭において保育を行う事業
④子育て支援を希望する保護者と子育て支援を行う者との間の連絡・調整を行う事業
⑤子育て支援を行う者に対する必要な情報の提供，助言を行う事業

子ども　2条1項
　子どもとは，小学校就学の始期に達するまでの者をいう。

た行

特定教育・保育施設　3条7項1号
　特定教育・保育施設とは，子ども・子育て支援法27条1項に規定する特定教育・保育施設（市町村長が施設型給付費の支給に係る施設として確認した教育・保育施設）をいう。

な行

認定こども園＊＊　2条6項
　認定こども園とは，①都道府県知事から認定を受けた幼稚園または保育所等（認定こども園法3条1項。いわゆる幼稚園型，保育所型，地方裁量型），②幼稚園および保育機能施設の建物や付属施設が一体的に設置されているとして都道府県知事から認定を受けた幼稚園および保育機能施設（認定こども園法3条3項，いわゆる幼保連携型），③都道府県が設置する施設について都道府県知事が公示するもの（認定こども園3条9項）をいう。都道府県知事の認定・公示の要件は都道府県の条例で定められる。

は行

保育　2条9項
　保育とは，児童福祉法6条の3第7項に規定する保育をいう。同項には，保育は「養護及び教育（幼稚園または特別支援学校幼稚部の幼児に対して行われる教育を除く）を行うことをいう」と定められている。

保育機能施設＊＊　2条4項
　保育機能施設とは，家庭的保育事業，小規模

【用語解説】認定こども園法

保育事業，居宅訪問型保育事業，事業所内保育事業（以上，児童福祉法6条の3第9項〜12項）もしくは児童福祉法にいう児童福祉施設（幼保連携型認定こども園および児童家庭支援センターを除く）と同じ業務を目的とする施設で，各事業の認可もしくは各児童福祉施設の届出をしていないもの・認可を受けていないもののうち，保育所の業務（児童福祉法39条2項の業務を除く）を目的とするものをいう。

保育所等＊　2条5項

保育所等とは，保育所または保育機能施設をいう。

保育を必要とする子ども＊＊　2条10項

子ども・子育て支援法19条1項2号の内閣府令（未制定）の定める事由により，家庭において必要な保育を受けることが困難である乳児・幼児をいう。

保護者　2条11項

保護者は児童福祉法6条と同じで，親権を行うもの，未成年者後見人など児童を現に監護するものをいう。

や行

幼保連携型認定こども園＊＊　2条7項

幼保連携型認定こども園とは，義務教育およびその後の教育の基礎を培うものとしての満3歳以上の幼児に対する教育並びに保育を必要とする満3歳以上の幼児に対する保育を一体的に行い，これらの幼児の健やかな成長が図られるよう適当な環境を与えて，その心身の発達を助長するとともに，保護者に対する子育て支援を行うことを目的とする施設をいう。

幼保連携型認定こども園は，児童福祉施設としての性質を有すると同時に教育基本法6条に基づく「法律に定める学校」の教育を行う施設である。

幼保連携型認定こども園を設置しようとするときは，国・地方自治体以外の者（学校法人および社会福祉法人に限る）は都道府県知事による認可を受けなければならない（17条。市町村が設置しようとする場合は都道府県知事への届出でよい（16条））。

ら行

連携施設＊＊　3条3項

連携施設とは，幼稚園および保育機能施設のそれぞれの用に供される建物や付属施設が一体的に設置されている場合における幼稚園と保育機能施設をいう。認定こども園法3条3項により都道府県知事の認定を受けた連携施設は，認定こども園である。

Ⅱ　資料編

1 子ども・子育て支援法

① 子ども・子育て支援法

平成24年8月22日法律第65号
最終改正：平成24年11月26日法律第98号

◆第1章 総則

> ＿＿は用語の定義を定める条文箇所。
> ＿＿は，＿＿に準じたもの。
> （網かけ）は，子ども・子育て支援法の施工日による。

（目的）

第1条 この法律は，我が国における急速な少子化の進行並びに家庭及び地域を取り巻く環境の変化に鑑み，児童福祉法（昭和22年法律第164号）その他の子ども[1]に関する法律による施策と相まって，子ども・子育て支援給付[2]その他の子ども及び子どもを養育している者に必要な支援を行い，もって一人一人の子どもが健やかに成長することができる社会の実現に寄与することを目的とする。

（基本理念）

第2条 ① 子ども・子育て支援[3]は，父母その他の保護者が子育てについての第一義的責任を有するという基本的認識の下に，家庭，学校，地域，職域その他の社会のあらゆる分野における全ての構成員が，各々の役割を果たすとともに，相互に協力して行われなければならない。

② 子ども・子育て支援給付[4]その他の子ども・子育て支援の内容及び水準は，全ての子ども[5]が健やかに成長するように支援するものであって，良質かつ適切なものでなければならない。

③ 子ども・子育て支援給付その他の子ども・子育て支援は，地域の実情に応じて，総合的かつ効率的に提供されるよう配慮して行われなければならない。

（市町村等の責務）

第3条 ① 市町村（特別区を含む。以下同じ。）は，この法律の実施に関し，次に掲げる責務を有する。

一　子ども[6]の健やかな成長のために適切な環境が等しく確保されるよう，子ども及びその保護者[7]に必要な子ども・子育て支援給付[8]及び地域子ども・子育て支援事業[9]を総合的かつ計画的に行うこと。

二　子ども及びその保護者が，確実に子ども・子育て支援給付を受け，及び地域子ども・子育て支援事業その他の子ども・子育て支援[10]を

---

1) ⇒ 6条1項【18歳に達する日以後の最初の3月31日までの間にある者をいい，「小学校就学前子ども」とは，子どものうち小学校就学の始期に達するまでの者をいう。】

2) ⇒ 8条【子どものための現金給付及び子どものための教育・保育給付をいう。】

3) ⇒ 7条1項【全ての子どもの健やかな成長のために適切な環境が等しく確保されるよう，国若しくは地方公共団体又は地域における子育ての支援を行う者が実施する子ども及び子どもの保護者に対する支援をいう。】

4) ⇒ 8条

5) ⇒ 6条1項

6) ⇒ 6条1項

7) ⇒ 6条2項【親権を行う者，未成年後見人その他の者で，子どもを現に監護する者をいう。】

8) ⇒ 6条1項

9) ⇒ 59条【第59条第1号から第13号に掲げる事業をいう。】

10) ⇒ 7条1項

円滑に利用するために必要な援助を行うとともに，関係機関との連絡調整その他の便宜の提供を行うこと。
三　子ども及びその保護者が置かれている環境に応じて，子どもの保護者の選択に基づき，多様な施設又は事業８条者から，良質かつ適切な<u>教育</u>[11]及び<u>保育</u>[12]その他の<u>子ども・子育て支援</u>[13]が総合的かつ効率的に提供されるよう，その提供体制を確保すること。

② 都道府県は，市町村が行う<u>子ども・子育て支援給付</u>[14]及び<u>地域子ども・子育て支援事業</u>[15]が適正かつ円滑に行われるよう，市町村に対する必要な助言及び適切な援助を行うとともに，子ども・子育て支援のうち，特に専門性の高い施策及び各市町村の区域を超えた広域的な対応が必要な施策を講じなければならない。

③ 国は，市町村が行う子ども・子育て支援給付及び地域子ども・子育て支援事業その他この法律に基づく業務が適正かつ円滑に行われるよう，市町村及び都道府県と相互に連携を図りながら，子ども・子育て支援の提供体制の確保に関する施策その他の必要な各般の措置を講じなければならない。

（事業主の責務）
第4条　事業主は，その雇用する労働者に係る多様な労働条件の整備その他の労働者の職業生活と家庭生活との両立が図られるようにするために必要な雇用環境の整備を行うことにより当該労働者の子育ての支援に努めるとともに，国又は地方公共団体が講ずる<u>子ども・子育て支援</u>[16]に協力しなければならない。

（国民の責務）
第5条　国民は，<u>子ども・子育て支援</u>[17]の重要性に対する関心と理解を深めるとともに，国又は地方公共団体が講ずる子ども・子育て支援に協力しなければならない。

（定　義）
第6条　① この法律において「子ども」とは，18歳に達する日以後の最初の3月31日までの間にある者をいい，「小学校就学前子ども」とは，子どものうち小学校就学の始期に達するまでの者をいう。
② この法律において「保護者」とは，親権を行う者，未成年後見人その他の者で，子どもを現に監護する者をいう。

第7条　① この法律において「子ども・子育て支援」とは，全ての子どもの健やかな成長のために適切な環境が等しく確保されるよう，国若しくは地方公共団体又は地域における子育ての支援を行う者が実施する子ども及び子どもの保護者に対する支援をいう。
② この法律において「教育」とは，満3歳以上の小学校就学前子どもに対して義務教育及びその後の教育の基礎を培うものとして教育基本法（平成18年法律第120号）第6条第1項に規定する法律に定め

---

11) ⇒7条2項【満3歳以上の小学校就学前子どもに対して義務教育及びその後の教育の基礎を培うものとして教育基本法第6条第1項に規定する法律に定める学校において行われる教育をいう。】
12) ⇒7条3項【児童福祉法第6条の3第7項に規定する保育をいう。】
13) ⇒7条1項
14) ⇒8条
15) ⇒59条

16) ⇒7条1項

17) ⇒7条1項

③ この法律において「保育」とは,児童福祉法第6条の3第7項に規定する保育をいう。
④ この法律において「教育・保育施設」とは,就学前の子どもに関する教育,保育等の総合的な提供の推進に関する法律(平成18年法律第77号。以下「認定こども園法」という。)第2条第6項に規定する認定こども園(以下「認定こども園」という。),学校教育法(昭和22年法律第26号)第1条に規定する幼稚園(認定こども園法第3条第1項又は第3項の認定を受けたもの及び同条第9項の規定による公示がされたものを除く。以下「幼稚園」という。)及び児童福祉法第39条第1項に規定する保育所(認定こども園法第3条第1項の認定を受けたもの及び同条第九項の規定による公示がされたものを除く。以下「保育所」という。)をいう。
⑤ この法律において「地域型保育」とは,家庭的保育,小規模保育,居宅訪問型保育及び事業所内保育をいい,「地域型保育事業」とは,地域型保育を行う事業をいう。
⑥ この法律において「家庭的保育」とは,児童福祉法第6条の3第9項に規定する家庭的保育事業として行われる保育[18]をいう。

18) ⇒7条3項

⑦ この法律において「小規模保育」とは,児童福祉法第六条の3第10項に規定する小規模保育事業として行われる保育をいう。
⑧ この法律において「居宅訪問型保育」とは,児童福祉法第6条の3第11項に規定する居宅訪問型保育事業として行われる保育をいう。
⑨ この法律において「事業所内保育」とは,児童福祉法第6条の3第12項に規定する事業所内保育事業として行われる保育をいう。

◆第2章 子ども・子育て支援給付

◆第1節 通則

(子ども・子育て支援給付の種類)
第8条 子ども・子育て支援給付は,子どものための現金給付及び子どものための教育・保育給付とする。

第2節 子どものための現金給付

第9条 子どものための現金給付は,児童手当(児童手当法(昭和46年法律第73号)に規定する児童手当をいう。以下同じ。)の支給とする。
第10条 子どものための現金給付[1]については,この法律に別段の定めがあるものを除き,児童手当法の定めるところによる。

1) ⇒9条【児童手当法に規定する児童手当の支給をいう。】

第3節 子どものための教育・保育給付

第1款 通則

(子どものための教育・保育給付)

第11条　子どものための教育・保育給付[2]は,施設型給付費[3],特例施設型給付費[4],地域型保育給付費[5]及び特例地域型保育給付費[6]の支給とする。

（不正利得の徴収）

第12条　① 市町村は,偽りその他不正の手段により子どものための教育・保育給付[7]を受けた者があるときは,その者から,その子どものための教育・保育給付の額に相当する金額の全部又は一部を徴収することができる。

② 市町村は,第27条第1項に規定する特定教育・保育施設[8]又は第29条第1項に規定する特定地域型保育事業者[9]が,偽りその他不正の行為により第27条第5項（第28条第4項において準用する場合を含む。）又は第29条第5項（第30条第4項において準用する場合を含む。）の規定による支払を受けたときは,当該特定教育・保育施設又は特定地域型保育事業者から,その支払った額につき返還させるべき額を徴収するほか,その返還させるべき額に100分の40を乗じて得た額を徴収することができる。

③ 前2項の規定による徴収金は,地方自治法（昭和22年法律第67号）第231条の3第3項に規定する法律で定める歳入とする[10]。

（報告等）

第13条　① 市町村は,子どものための教育・保育給付[11]に関して必要があると認めるときは,この法律の施行に必要な限度において,小学校就学前子ども[12],小学校就学前子どもの保護者[13]若しくは小学校就学前子どもの属する世帯の世帯主その他その世帯に属する者又はこれらの者であった者に対し,報告若しくは文書その他の物件の提出若しくは提示を命じ,又は当該職員に質問させることができる。

② 前項の規定による質問を行う場合においては,当該職員は,その身分を示す証明書を携帯し,かつ,関係人の請求があるときは,これを提示しなければならない。

③ 第1項の規定による権限は,犯罪捜査のために認められたものと解釈してはならない。

第14条　① 市町村は,子どものための教育・保育給付[14]に関して必要があると認めるときは,この法律の施行に必要な限度において,当該子どものための教育・保育給付に係る教育・保育（教育又は保育をいう。以下同じ。）を行う者若しくはこれを使用する者若しくはこれらの者であった者に対し,報告若しくは文書その他の物件の提出若しくは提示を命じ,又は当該職員に関係者に対して質問させ,若しくは当該教育・保育[15]を行う施設若しくは事業所に立ち入り,その設備若しくは帳簿書類その他の物件を検査させることができる。

② 前条第2項の規定は前項の規定による質問又は検査について,同条

---

[2] ⇒ 8条【施設型給付費,特例施設型給付費,地域型保育給付費及び特例地域型保育給付費の支給をいう。】

[3] ⇒ 27条【支給認定子どもが,支給認定の有効期間内において,特定教育・保育施設から特定教育・保育を受けたときに,当該支給認定子どもに係る支給認定保護者に対して,当該特定教育・保育（支給認定教育・保育）に要した費用について給付金を給付する子どものための教育・保育給付の一つである。】

[4] ⇒ 28条【第28条第1項第1号から第4号までに掲げる場合において,市町村が必要があると認めるときに,支給認定子どもに係る支給認定保護者に対して,第28条第1項第1号に規定する特定教育・保育に要した費用,第2号に規定する特別利用保育に要した費用又は第3号に規定する特別利用教育に要した費用について給付する給付金をいう。】

[5] ⇒ 29条【満3歳未満保育認定子どもが,支給認定の有効期間内において,特定地域型保育事業者から特定地域型保育を受けたときに,当該満3歳未満保育認定子どもに係る支給認定保護者に対して,当該特定地域型保育（満3歳未満保育認定地域型保育）に要した費用について給付金を給付する子どものための教育・保育給付の一つである。】

[6] ⇒ 30条【第30条第1項第1号から第4号までに掲げる場合において,市町村が必要があると認めるときに,支給認定子どもに係る支給認定保護者に対して,特定地域型保育に要した費用又は特例保育に要した費用について給付する給付金をいう。】

第3項の規定は前項の規定による権限について準用する。
（内閣総理大臣又は都道府県知事の教育・保育に関する調査等）
第15条 ① 内閣総理大臣又は都道府県知事は、子どものための教育・保育給付[16]に関して必要があると認めるときは、この法律の施行に必要な限度において、子どものための教育・保育給付に係る小学校就学前子ども[17]若しくは小学校就学前子どもの保護者[18]又はこれらの者であった者に対し、当該子どものための教育・保育給付に係る教育・保育[19]の内容に関し、報告若しくは文書その他の物件の提出若しくは提示を命じ、又は当該職員に質問させることができる。

② 内閣総理大臣又は都道府県知事は、子どものための教育・保育給付に関して必要があると認めるときは、この法律の施行に必要な限度において、教育・保育を行った者若しくはこれを使用した者に対し、その行った教育・保育に関し、報告若しくは当該教育・保育の提供の記録、帳簿書類その他の物件の提出若しくは提示を命じ、又は当該職員に関係者に対して質問させることができる。

③ 第13条第2項の規定は前2項の規定による質問について、同条第3項の規定は前2項の規定による権限について準用する。

（資料の提供等）
第16条 市町村は、子どものための教育・保育給付[20]に関して必要があると認めるときは、この法律の施行に必要な限度において、小学校就学前子ども[21]、小学校就学前子どもの保護者[22]又は小学校就学前子どもの扶養義務者（民法（明治29年法律第89号）に規定する扶養義務者をいう。附則第6条において同じ。）の資産又は収入の状況につき、官公署に対し必要な文書の閲覧若しくは資料の提供を求め、又は銀行、信託会社その他の機関若しくは小学校就学前子どもの保護者の雇用主その他の関係人に報告を求めることができる。

（受給権の保護）
第17条 子どものための教育・保育給付[23]を受ける権利は、譲り渡し、担保に供し、又は差し押さえることができない。

（租税その他の公課の禁止）
第18条 租税その他の公課は、子どものための教育・保育給付[24]として支給を受けた金品を標準として、課することができない。

第2款 支給認定等
（支給要件）
第19条 ① 子どものための教育・保育給付[25]は、次に掲げる小学校就学前子ども[26]の保護者[27]に対し、その小学校就学前子どもの第27条第1項に規定する特定教育・保育[28]、第28条第1項第2号に規定する特別利用保育[29]、同項第3号に規定する特別利用教育[30]、第29条第1項に規定する特定地域型保育[31]又は第30条第1項第4号

---

7) ⇒11条（8条）【施設型給付費、特例施設型給付費、地域型保育給付費及び特例地域型保育給付費の支給をいう。】
8) ⇒27条1項【市町村長（特別区の区長を含む。）が施設型給付費の支給に係る施設として確認する教育・保育施設をいう。】
9) ⇒29条1項【市町村の長が地域型保育給付費の支給に係る事業を行う者として確認する地域型保育を行う事業者をいう。】
10) 市町村による強制徴収ができる金銭債権であるという意味である。
11) ⇒11条（8条）
12) ⇒6条1項【子どものうち小学校就学の始期に達するまでの者をいう。】
13) ⇒6条2項【親権を行う者、未成年後見人その他の者で、子どもを現に監護する者をいう。】
14) ⇒11条（8条）
15) ⇒本条【子ども子育て支援法7条2項の教育又は同条3項の保育をいう。】
16) ⇒11条（8条）
17) ⇒6条1項
18) ⇒6条2項
19) ⇒14条1項
20) ⇒11条（8条）
21) ⇒6条1項
22) ⇒6条2項
23) ⇒11条（8条）
24) ⇒11条（8条）
25) ⇒11条（8条）
26) ⇒6条1項
27) ⇒6条2項
28) ⇒27条1項【特定教育・保育施設において行われる教育・保育をいう。施設型給付費の支給の対象となる教育・保育をいう。】
29) ⇒28条1項2号
30) ⇒28条1項3号
31) ⇒29条1項

に規定する特例保育[32]の利用について行う。
一　満3歳以上の小学校就学前子ども（次号に掲げる小学校就学前子どもに該当するものを除く。）
二　満3歳以上の小学校就学前子どもであって，保護者の労働又は疾病その他の内閣府令で定める事由により家庭において必要な保育[33]を受けることが困難であるもの
三　満3歳未満の小学校就学前子どもであって，前号の内閣府令で定める事由により家庭において必要な保育を受けることが困難であるもの
② 内閣総理大臣は，前項第2号の内閣府令を定め，又は変更しようとするときは，あらかじめ，厚生労働大臣に協議しなければならない。

（市町村の認定等）

第20条　① 前条第1項各号に掲げる小学校就学前子ども[34]の保護者は，子どものための教育・保育給付[35]を受けようとするときは，内閣府令で定めるところにより，市町村に対し，その小学校就学前子どもごとに，子どものための教育・保育給付を受ける資格を有すること及びその該当する同項各号に掲げる小学校就学前子どもの区分についての認定を申請し，その認定を受けなければならない。
② 前項の認定は，小学校就学前子どもの保護者の居住地の市町村が行うものとする。ただし，小学校就学前子どもの保護者[36]が居住地を有しないとき，又は明らかでないときは，その小学校就学前子どもの保護者の現在地の市町村が行うものとする。
③ 市町村は，第1項の規定による申請があった場合において，当該申請に係る小学校就学前子どもが前条第1項第2号又は第3号に掲げる小学校就学前子どもに該当すると認めるときは，政令で定めるところにより，当該小学校就学前子どもに係る保育必要量（月を単位として内閣府令で定める期間において施設型給付費[37]，特例施設型給付費[38]，地域型保育給付費[39]又は特例地域型保育給付費[40]を支給する保育[41]の量をいう。以下同じ。）の認定を行うものとする。
④ 市町村は，第1項及び前項の認定（以下「支給認定」という。）を行ったときは，その結果を当該支給認定に係る保護者（以下「支給認定保護者」という。）に通知しなければならない。この場合において，市町村は，内閣府令で定めるところにより，当該支給認定に係る小学校就学前子ども（以下「支給認定子ども」という。）の該当する前条第1項各号に掲げる小学校就学前子どもの区分，保育必要量[42]その他の内閣府令で定める事項を記載した認定証（以下「支給認定証」という。）を交付するものとする。
⑤ 市町村は，第1項の規定による申請について，当該保護者が子どものための教育・保育給付を受ける資格を有すると認められないとき

---

[32] ⇒30条1項4号【特定教育・保育及び特定地域型保育以外の保育をいう。】

[33] ⇒7条3項【児童福祉法第6条の3第7項に規定する保育をいう。】

[34] ⇒6条1項

[35] ⇒11条（8条）

[36] ⇒6条2項

[37] ⇒27条
[38] ⇒28条
[39] ⇒29条
[40] ⇒30条
[41] ⇒7条3項

[42] ⇒本条3項

1 子ども・子育て支援法

は，理由を付して，その旨を当該申請に係る保護者に通知するものとする。

⑥ 第1項の規定による申請に対する処分は，当該申請のあった日から30日以内にしなければならない。ただし，当該申請に係る保護者の労働又は疾病の状況の調査に日時を要することその他の特別な理由がある場合には，当該申請のあった日から30日以内に，当該保護者に対し，当該申請に対する処分をするためになお要する期間（次項において「処理見込期間」という。）及びその理由を通知し，これを延期することができる。

⑦ 第1項の規定による申請をした日から30日以内に当該申請に対する処分がされないとき，若しくは前項ただし書の通知がないとき，又は処理見込期間[43]が経過した日までに当該申請に対する処分がされないときは，当該申請に係る保護者は，市町村が当該申請を却下したものとみなすことができる。

（支給認定の有効期間）

第21条 支給認定[44]は，内閣府令で定める期間（以下「支給認定の有効期間」という。）内に限り，その効力を有する。

（届 出）

第22条 支給認定保護者[45]は，支給認定の有効期間[46]内において，内閣府令で定めるところにより，市町村に対し，その労働又は疾病の状況その他の内閣府令で定める事項を届け出，かつ，内閣府令で定める書類その他の物件を提出しなければならない。

（支給認定の変更）

第23条 ① 支給認定保護者[47]は，現に受けている支給認定[48]に係る当該支給認定子ども[49]の該当する第19条第1項各号に掲げる小学校就学前子ども[50]の区分，保育必要量[51]その他の内閣府令で定める事項を変更する必要があるときは，内閣府令で定めるところにより，市町村に対し，支給認定の変更の認定を申請することができる。

② 市町村は，前項の規定による申請により，支給認定保護者につき，必要があると認めるときは，支給認定の変更の認定を行うことができる。この場合において，市町村は，当該変更の認定に係る支給認定保護者に対し，支給認定証[52]の提出を求めるものとする。

③ 第20条第2項，第3項，第4項前段及び第5項から第7項までの規定は，前項の支給認定の変更の認定について準用する。この場合において，必要な技術的読替えは，政令で定める。

④ 市町村は，職権により，支給認定保護者につき，第19条第1項第3号に掲げる小学校就学前子どもに該当する支給認定子どもが満3歳に達したときその他必要があると認めるときは，内閣府令で定めるところにより，支給認定の変更の認定を行うことができる。この場合

---

43) ⇒ 本条6項
44) ⇒ 20条4項【市町村が小学校就学前子どもの保護者の申請に対して行う，子どものための教育・保育給付を受ける資格を有すること及びその該当する第19条第1項各号に掲げる小学校就学前子どもの区分についての認定，並びに当該小学校就学前子どもが第19条第1項第2号又は第3号に掲げる小学校就学前子どもに該当すると認めるときに行う，当該小学校就学前子どもに係る保育必要量の認定をいう。】
45) ⇒ 20条4項
46) ⇒ 21条【内閣府令により定められる支給認定の有効期間をいう。】

47) ⇒ 20条4項
48) ⇒ 20条4項
49) ⇒ 20条4項
50) ⇒ 6条1項
51) ⇒ 20条3項

52) ⇒ 20条4項

において,市町村は,内閣府令で定めるところにより,当該変更の認定に係る支給認定保護者に対し,支給認定証の提出を求めるものとする。
⑤ 第20条第2項,第3項及び第4項前段の規定は,前項の支給認定の変更の認定について準用する。この場合において,必要な技術的読替えは,政令で定める。
⑥ 市町村は,第2項又は第4項の支給認定の変更の認定を行った場合には,内閣府令で定めるところにより,支給認定証に当該変更の認定に係る事項を記載し,これを返還するものとする。

(支給認定の取消し)

第24条 ① 支給認定[53]を行った市町村は,次に掲げる場合には,当該支給認定を取り消すことができる。
一 当該支給認定に係る満3歳未満の小学校就学前子ども[54]が,支給認定の有効期間[55]内に,第19条第1項第3号に掲げる小学校就学前子どもに該当しなくなったとき。
二 当該支給認定保護者[56]が,支給認定の有効期間内に,当該市町村以外の市町村の区域内に居住地を有するに至ったと認めるとき。
三 その他政令で定めるとき。
② 前項の規定により支給認定の取消しを行った市町村は,内閣府令で定めるところにより,当該取消しに係る支給認定保護者に対し支給認定証[57]の返還を求めるものとする。

(都道府県による援助等)

第25条 都道府県は,市町村が行う第20条,第23条及び前条の規定による業務に関し,その設置する福祉事務所(社会福祉法(昭和26年法律第45号)に定める福祉に関する事務所をいう。),児童相談所又は保健所による技術的事項についての協力その他市町村に対する必要な援助を行うことができる。

(内閣府令への委任)

第26条 この款に定めるもののほか,支給認定[58]の申請その他の手続に関し必要な事項は,内閣府令で定める。

第3款 施設型給付費及び地域型保育給付費等の支給

(施設型給付費の支給)

第27条 ① 市町村は,支給認定子ども[59]が,支給認定の有効期間[60]内において,市町村長(特別区の区長を含む。以下同じ。)が施設型給付費[61]の支給に係る施設として確認する教育・保育施設[62](以下「特定教育・保育施設」という。)から当該確認に係る教育・保育[63](地域型保育[64]を除き,第19条第1項第1号に掲げる小学校就学前子ども[65]に該当する支給認定子どもにあっては認定こども園[66]において受ける教育・保育(保育[67])にあっては,同号に掲げる小学校就学前子どもに該当する

53) ⇒20条4項

54) ⇒6条1項
55) ⇒21条

56) ⇒20条4項

57) ⇒20条4項

58) ⇒20条4項

59) ⇒20条4項
60) ⇒21条
61) ⇒11条
62) ⇒7条4項
63) ⇒14条1項
64) ⇒7条5項【家庭的保育,小規模保育,居宅訪問型保育及び事業所内保育をいう。】
65) ⇒6条1個
66) ⇒7条4項
67) ⇒7条3項

支給認定子どもに対して提供される教育[68]に係る標準的な1日当たりの時間及び期間を勘案して内閣府令で定める1日当たりの時間及び期間の範囲内において行われるものに限る。）又は幼稚園[69]において受ける教育に限り，同項第2号に掲げる小学校就学前子どもに該当する支給認定子どもにあっては認定こども園において受ける教育・保育又は保育所[70]において受ける保育に限り，同項第3号に掲げる小学校就学前子どもに該当する支給認定子どもにあっては認定こども園又は保育所において受ける保育に限る。以下「特定教育・保育」という。）を受けたときは，内閣府令で定めるところにより，当該支給認定子どもに係る支給認定保護者[71]に対し，当該特定教育・保育（保育にあっては，保育必要量[72]の範囲内のものに限る。以下「支給認定教育・保育」という。）に要した費用について，施設型給付費を支給する。	68) ⇒7条2項 69) ⇒7条4項 70) ⇒7条4項 71) ⇒20条4項 72) ⇒20条3項
② 特定教育・保育施設[73]から支給認定教育・保育[74]を受けようとする支給認定子どもに係る支給認定保護者は，内閣府令で定めるところにより，特定教育・保育施設に支給認定証[75]を提示して当該支給認定教育・保育を当該支給認定子どもに受けさせるものとする。ただし，緊急の場合その他やむを得ない事由のある場合については，この限りでない。	73) ⇒本条1項 74) ⇒本条1項 75) ⇒20条4項
③ 施設型給付費[76]の額は，1月につき，第1号に掲げる額から第2号に掲げる額を控除して得た額（当該額が零を下回る場合には，零とする。）とする。	76) ⇒本条1項（11条）

　一　第19条第1項各号に掲げる小学校就学前子どもの区分，保育必要量，当該特定教育・保育施設の所在する地域等を勘案して算定される特定教育・保育に通常要する費用の額を勘案して内閣総理大臣が定める基準により算定した費用の額（その額が現に当該支給認定教育・保育に要した費用の額を超えるときは，当該現に支給認定教育・保育に要した費用の額）

　二　政令で定める額を限度として当該支給認定保護者の属する世帯の所得の状況その他の事情を勘案して市町村が定める額

④ 内閣総理大臣は，第1項の1日当たりの時間及び期間を定める内閣府令を定め，又は変更しようとするとき，及び前項第1号の基準を定め，又は変更しようとするときは，あらかじめ，第1項の1日当たりの時間及び期間を定める内閣府令については文部科学大臣に，前項第1号の基準については文部科学大臣及び厚生労働大臣に協議するとともに，第72条に規定する子ども・子育て会議の意見を聴かなければならない。

⑤ 支給認定子どもが特定教育・保育施設から支給認定教育・保育を受けたときは，市町村は，当該支給認定子どもに係る支給認定保護者が当該特定教育・保育施設に支払うべき当該支給認定教育・保育に要し

た費用について,施設型給付費として当該支給認定保護者に支給すべき額の限度において,当該支給認定保護者に代わり,当該特定教育・保育施設に払うことができる。

⑥ 前項の規定による支払があったときは,支給認定保護者に対し施設型給付費の支給があったものとみなす。

⑦ 市町村は,特定教育・保育施設から施設型給付費の請求があったときは,第3項第1号の内閣総理大臣が定める基準及び第34条第2項の市町村の条例で定める特定教育・保育施設の運営に関する基準(特定教育・保育の取扱いに関する部分に限る。)に照らして審査の上,支払うものとする。

⑧ 前各項に定めるもののほか,施設型給付費の支給及び特定教育・保育施設の施設型給付費の請求に関し必要な事項は,内閣府令で定める。

(特例施設型給付費の支給)

第28条 ① 市町村は,次に掲げる場合において,必要があると認めるときは,内閣府令で定めるところにより,第1号に規定する特定教育・保育[77]に要した費用,第2号に規定する特別利用保育[78]に要した費用又は第3号に規定する特別利用教育[79]に要した費用について,特例施設型給付費[80]を支給することができる。

一 支給認定子ども[81]が,当該支給認定子どもに係る支給認定保護者[82]が第20条第1項の規定による申請をした日から当該支給認定[83]の効力が生じた日の前日までの間に,緊急その他やむを得ない理由により特定教育・保育を受けたとき。

二 第19条第1項第1号に掲げる小学校就学前子ども[84]に該当する支給認定子どもが,特定教育・保育施設[85](保育所に限る。)から特別利用保育(同号に掲げる小学校就学前子どもに該当する支給認定子どもに対して提供される教育[86]に係る標準的な一日当たりの時間及び期間を勘案して内閣府令で定める一日当たりの時間及び期間の範囲内において行われる保育[87](地域型保育[88]を除く。)をいう。以下同じ。)を受けたとき(地域における教育の体制の整備の状況その他の事情を勘案して必要があると市町村が認めるときに限る。)。

三 第19条第1項第2号に掲げる小学校就学前子どもに該当する支給認定子どもが,特定教育・保育施設(幼稚園に限る。)から特別利用教育(教育のうち同号に掲げる小学校就学前子どもに該当する支給認定子どもに対して提供されるものをいい,特定教育・保育を除く。以下同じ。)を受けたとき。

② 特例施設型給付費[89]の額は,一月につき,次の各号に掲げる区分に応じ,当該各号に定める額とする。

一 特定教育・保育 前条第3項第1号の内閣総理大臣が定める基

77) ⇒27条1項
78) ⇒本項2号
79) ⇒本項3号
80) ⇒11条
81) ⇒20条4項
82) ⇒20条4項
83) ⇒20条4項
84) ⇒6条1項
85) ⇒27条1項
86) ⇒7条2項
87) ⇒7条3項
88) ⇒7条5項
89) ⇒本条1項(11条)

準により算定した費用の額（その額が現に当該特定教育・保育に要した費用の額を超えるときは，当該現に特定教育・保育に要した費用の額）から政令で定める額を限度として当該支給認定保護者の属する世帯の所得の状況その他の事情を勘案して市町村が定める額を控除して得た額（当該額が零を下回る場合には，零とする。）を基準として市町村が定める額

二　特別利用保育[90]　特別利用保育に通常要する費用の額を勘案して内閣総理大臣が定める基準により算定した費用の額（その額が現に当該特別利用保育に要した費用の額を超えるときは，当該現に特別利用保育に要した費用の額）から政令で定める額を限度として当該支給認定保護者の属する世帯の所得の状況その他の事情を勘案して市町村が定める額を控除して得た額（当該額が零を下回る場合には，零とする。）

三　特別利用教育[91]　特別利用教育に通常要する費用の額を勘案して内閣総理大臣が定める基準により算定した費用の額（その額が現に当該特別利用教育に要した費用の額を超えるときは，当該現に特別利用教育に要した費用の額）から政令で定める額を限度として当該支給認定保護者の属する世帯の所得の状況その他の事情を勘案して市町村が定める額を控除して得た額（当該額が零を下回る場合には，零とする。）

③　内閣総理大臣は，第1項第2号の内閣府令を定め，又は変更しようとするとき，並びに前項第2号及び第3号の基準を定め，又は変更しようとするときは，あらかじめ，第1項第2号の内閣府令については文部科学大臣に，前項第2号及び第3号の基準については文部科学大臣及び厚生労働大臣に協議するとともに，第72条に規定する子ども・子育て会議の意見を聴かなければならない。

④　前条第2項及び第5項から第7項までの規定は，特例施設型給付費（第1項第1号に係るものを除く。第40条第1項第4号において同じ。）の支給について準用する。この場合において，必要な技術的読替えは，政令で定める。

⑤　前各項に定めるもののほか，特例施設型給付費の支給及び特定教育・保育施設の特例施設型給付費の請求に関し必要な事項は，内閣府令で定める。

（地域型保育給付費の支給）

第29条　①　市町村は，支給認定子ども[92]（第19条第1項第3号に掲げる小学校就学前子ども[93]に該当する支給認定子どもに限る。以下「満3歳未満保育認定子ども」という。）が，支給認定の有効期間[94]内において，当該市町村の長が地域型保育給付費[95]の支給に係る事業を行う者として確認する地域型保育[96]を行う事業者（以下「特定地域型保

[90] ⇒本条1項2号

[91] ⇒本条1項3号

[92] ⇒20条4項
[93] ⇒6条1項
[94] ⇒21条
[95] ⇒11条
[96] ⇒7条5項

育事業者」という。）から当該確認に係る地域型保育（以下「特定地域型保育」という。）を受けたときは，内閣府令で定めるところにより，当該満3歳未満保育認定子どもに係る支給認定保護者[97]に対し，当該特定地域型保育（保育必要量[98]）の範囲内のものに限る。以下「満3歳未満保育認定地域型保育」という。）に要した費用について，地域型保育給付費を支給する。

② 特定地域型保育事業者[99]から満3歳未満保育認定地域型保育[100]を受けようとする満3歳未満保育認定子どもに係る支給認定保護者は，内閣府令で定めるところにより，特定地域型保育事業者に支給認定証[101]を提示して当該満3歳未満保育認定地域型保育を当該満3歳未満保育認定子どもに受けさせるものとする。ただし，緊急の場合その他やむを得ない事由のある場合については，この限りでない。

③ 地域型保育給付費[102]の額は，1月につき，第1号に掲げる額から第2号に掲げる額を控除して得た額（当該額が零を下回る場合には，零とする。）とする。

一 地域型保育の種類ごとに，保育必要量，当該地域型保育の種類に係る特定地域型保育[103]の事業を行う事業所（以下「特定地域型保育事業所」という。）の所在する地域等を勘案して算定される当該特定地域型保育に通常要する費用の額を勘案して内閣総理大臣が定める基準により算定した費用の額（その額が現に当該満3歳未満保育認定地域型保育に要した費用の額を超えるときは，当該現に満2歳未満保育認定地域型保育に要した費用の額）

二 政令で定める額を限度として当該支給認定保護者の属する世帯の所得の状況その他の事情を勘案して市町村が定める額

④ 内閣総理大臣は，前項第1号の基準を定め，又は変更しようとするときは，あらかじめ，厚生労働大臣に協議するとともに，第72条に規定する子ども・子育て会議の意見を聴かなければならない。

⑤ 満3歳未満保育認定子ども[104]が特定地域型保育事業者[105]から満3歳未満保育認定地域型保育を受けたときは，市町村は，当該満3歳未満保育認定子どもに係る支給認定保護者が当該特定地域型保育事業者に支払うべき当該満3歳未満保育認定地域型保育に要した費用について，地域型保育給付費として当該支給認定保護者に支給すべき額の限度において，当該支給認定保護者に代わり，当該特定地域型保育事業者に支払うことができる。

⑥ 前項の規定による支払があったときは，支給認定保護者に対し地域型保育給付費の支給があったものとみなす。

⑦ 市町村は，特定地域型保育事業者から地域型保育給付費の請求があったときは，第3項第1号の内閣総理大臣が定める基準及び第46条第2項の市町村の条例で定める特定地域型保育事業の運営に関す

---

97) ⇒ 20条4項

98) ⇒ 20条3項

99) ⇒ 本条1項
100) ⇒ 本条1項
101) ⇒ 20条4項【市町村が支給認定を行ったときに，支給認定に係る保護者（支給認定保護者）に交付する認定証をいう。】
102) ⇒ 本条1項

103) ⇒ 本条1項

104) ⇒ 本条1項
105) ⇒ 本条1項

る基準（特定地域型保育の取扱いに関する部分に限る。）に照らして審査の上，支払うものとする。

⑧ 前各項に定めるもののほか，地域型保育給付費の支給及び特定地域型保育事業者の地域型保育給付費の請求に関し必要な事項は，内閣府令で定める。

（特例地域型保育給付費の支給）

第30条 市町村は，次に掲げる場合において，必要があると認めるときは，内閣府令で定めるところにより，当該特定地域型保育[106]（第3号に規定する特定利用地域型保育[107]）にあっては，保育必要量[108]の範囲内のものに限る。）に要した費用又は第4号に規定する特例保育[109]（第19条第1項第2号又は第3号に掲げる小学校就学前子ども[110]に該当する支給認定子ども[111]に係るものにあっては，保育必要量の範囲内のものに限る。）に要した費用について，特例地域型保育給付費[112]を支給することができる。

一　満3歳未満保育認定子ども[113]が，当該満3歳未満保育認定子どもに係る支給認定保護者[114]が第20条第1項の規定による申請をした日から当該支給認定[115]の効力が生じた日の前日までの間に，緊急その他やむを得ない理由により特定地域型保育を受けたとき。

二　第19条第1項第1号に掲げる小学校就学前子どもに該当する支給認定子どもが，特定地域型保育事業者[116]から特定地域型保育（同号に掲げる小学校就学前子どもに該当する支給認定子どもに対して提供される教育[117]に係る標準的な一日当たりの時間及び期間を勘案して内閣府令で定める一日当たりの時間及び期間の範囲内において行われるものに限る。次項及び附則第9条第1項第3号イにおいて「特別利用地域型保育」という。）を受けたとき（地域における教育の体制の整備の状況その他の事情を勘案して必要があると市町村が認めるときに限る。）。

三　第19条第1項第2号に掲げる小学校就学前子どもに該当する支給認定子どもが，特定地域型保育事業者から特定利用地域型保育（特定地域型保育のうち同号に掲げる小学校就学前子どもに該当する支給認定子どもに対して提供されるものをいう。次項において同じ。）を受けたとき（地域における同号に掲げる小学校就学前子どもに該当する支給認定子どもに係る教育・保育[118]の体制の整備の状況その他の事情を勘案して必要があると市町村が認めるときに限る。）。

四　特定教育・保育[119]及び特定地域型保育の確保が著しく困難である離島その他の地域であって内閣総理大臣が定める基準に該当するものに居住地を有する支給認定保護者に係る支給認定子どもが，特例保育（特定教育・保育及び特定地域型保育以外の保育をいい，第19条第1項第1号に掲げる小学校就学前子どもに該当する支給認定子どもに係るものにあっては，同号に掲げる小学校就学前子どもに該当する支

106) ⇒本条1項
107) ⇒本項3号
108) ⇒20条3項
109) ⇒本項4号
110) ⇒6条1項
111) ⇒20条4項
112) ⇒11条

113) ⇒29条1項
114) ⇒20条4項
115) ⇒20条4項

116) ⇒29条1項

117) ⇒7条2項

118) ⇒14条1項

119) ⇒27条1項

認定子どもに対して提供される教育に係る標準的な一日当たりの時間及び期間を勘案して内閣府令で定める一日当たりの時間及び期間の範囲内において行われるものに限る。以下同じ。）を受けたとき。

② 特例地域型保育給付費[120]の額は，1月につき，次の各号に掲げる区分に応じ，当該各号に定める額とする。　　　　　　　　　　[120] ⇒本条1項

一　特定地域型保育（特別利用地域型保育[121]及び特定利用地域型保育[122]を除く。以下この号において同じ。）　前条第3項第1号の内閣総理大臣が定める基準により算定した費用の額（その額が現に当該特定地域型保育に要した費用の額を超えるときは，当該現に特定地域型保育に要した費用の額）から政令で定める額を限度として当該支給認定保護者の属する世帯の所得の状況その他の事情を勘案して市町村が定める額を控除して得た額（当該額が零を下回る場合には，零とする。）を基準として市町村が定める額

[121] ⇒本条1項2号
[122] ⇒本条3号

二　特別利用地域型保育　特別利用地域型保育に通常要する費用の額を勘案して内閣総理大臣が定める基準により算定した費用の額（その額が現に当該特別利用地域型保育に要した費用の額を超えるときは，当該現に特別利用地域型保育に要した費用の額）から政令で定める額を限度として当該支給認定保護者の属する世帯の所得の状況その他の事情を勘案して市町村が定める額を控除して得た額（当該額が零を下回る場合には，零とする。）

三　特定利用地域型保育　特定利用地域型保育に通常要する費用の額を勘案して内閣総理大臣が定める基準により算定した費用の額（その額が現に当該特定利用地域型保育に要した費用の額を超えるときは，当該現に特定利用地域型保育に要した費用の額）から政令で定める額を限度として当該支給認定保護者の属する世帯の所得の状況その他の事情を勘案して市町村が定める額を控除して得た額（当該額が零を下回る場合には，零とする。）

四　特例保育[123]　特例保育に通常要する費用の額を勘案して内閣総理大臣が定める基準により算定した費用の額（その額が現に当該特例保育に要した費用の額を超えるときは，当該現に特例保育に要した費用の額）から政令で定める額を限度として当該支給認定保護者の属する世帯の所得の状況その他の事情を勘案して市町村が定める額を控除して得た額（当該額が零を下回る場合には，零とする。）を基準として市町村が定める額　　　　　　　　　[123] ⇒本条1項4号

③ 内閣総理大臣は，第1項第2号及び第4号の内閣府令を定め，又は変更しようとするとき，並びに前項第2号から第4号までの基準を定め，又は変更しようとするときは，あらかじめ，第1項第2号及び第4号の内閣府令については文部科学大臣に，前項第3号の基準については厚生労働大臣に，同項第2号及び第4号の基準については

文部科学大臣及び厚生労働大臣に協議するとともに, 第72条に規定する子ども・子育て会議の意見を聴かなければならない。
④ 前条第2項及び第5項から第7項までの規定は, 特例地域型保育給付費（第1項第2号及び第3号に係るものに限る。第52条第1項第4号において同じ。）の支給について準用する。この場合において, 必要な技術的読替えは, 政令で定める。
⑤ 前各項に定めるもののほか, 特例地域型保育給付費の支給及び特定地域型保育事業者の特例地域型保育給付費の請求に関し必要な事項は, 内閣府令で定める。

◆第3章　特定教育・保育施設及び特定地域型保育事業者

第1節　特定教育・保育施設

（特定教育・保育施設の確認）

第31条　① 第27条第1項の確認は, 内閣府令で定めるところにより, 教育・保育施設[1]の設置者（国（国立大学法人法（平成15年法律第112号）第2条第1項に規定する国立大学法人を含む。附則第7条において同じ。）を除き, 法人に限る。以下同じ。）の申請により, 次の各号に掲げる教育・保育施設の区分に応じ, 当該各号に定める小学校就学前子ども[2]の区分ごとの利用定員を定めて, 市町村長が行う。
　一　認定こども園[3]　第19条第1項各号に掲げる小学校就学前子どもの区分
　二　幼稚園[4]　第19条第1項第1号に掲げる小学校就学前子どもの区分
　三　保育所[5]　第十九条第1項第2号に掲げる小学校就学前子どもの区分及び同項第3号に掲げる小学校就学前子どもの区分
② 市町村長は, 前項の規定により特定教育・保育施設[6]の利用定員を定めようとするときは, あらかじめ, 第77条第1項の審議会その他の合議制の機関を設置している場合にあってはその意見を, その他の場合にあっては子ども[7]の保護者[8]その他子ども・子育て支援に係る当事者の意見を聴かなければならない。
③ 市町村長は, 第1項の規定により特定教育・保育施設の利用定員を定めようとするときは, 内閣府令で定めるところにより, あらかじめ, 都道府県知事に協議しなければならない。

（特定教育・保育施設の確認の変更）

第32条　① 特定教育・保育施設[9]の設置者は, 第27条第1項の確認において定められた利用定員を増加しようとするときは, あらかじめ, 内閣府令で定めるところにより, 当該特定教育・保育施設に係る同項の確認の変更を申請することができる。

---

1) ⇒7条4項【就学前の子どもに関する教育, 保育等の総合的な提供の推進に関する法律（認定こども園法）第2条第6項に規定する認定こども園, 学校教育法第1条に規定する幼稚園（認定こども園法第3条第1項又は第3項の認定を受けたもの及び同条第9項の規定による公示がされたものを除く。）及び児童福祉法第39条第1項に規定する保育所（認定こども園法第3条第1項の認定を受けたもの及び同条第9項の規定による公示がされたものを除く。）をいう。】
2) ⇒6条1項【子どものうち小学校就学の始期に達するまでの者をいう。】
3) ⇒7条4項【就学前の子どもに関する教育, 保育等の総合的な提供の推進に関する法律（認定こども園法）第2条第6項に規定する認定こども園（以下「認定こども園」という。）をいう。】
4) ⇒7条4項【学校教育法第1条に規定する幼稚園をいう。】
5) ⇒7条4項【児童福祉法第39条第1項に規定する保育所をいう。】
6) ⇒27条1項【市町村長（特別区の区長を含む。）が施設型給付費の支給に係る施設として確認する教育・保育施設をいう。】

② 前条第3項の規定は, 前項の確認の変更の申請があった場合について準用する。この場合において, 必要な技術的読替えは, 政令で定める。

③ 市町村長は, 前項の規定により前条第3項の規定を準用する場合のほか, 第27条第1項の確認において定めた利用定員を変更しようとするときは, あらかじめ, 内閣府令で定めるところにより, 都道府県知事に協議しなければならない。

（特定教育・保育施設の設置者の責務）

第33条 ① 特定教育・保育施設[10]の設置者は, 支給認定保護者[11]から利用の申込みを受けたときは, 正当な理由がなければ, これを拒んではならない。

② 特定教育・保育施設の設置者は, 第19条第1項各号に掲げる小学校就学前子ども[12]の区分ごとの当該特定教育・保育施設における前項の申込みに係る支給認定子ども[13]及び当該特定教育・保育施設を現に利用している支給認定子どもの総数が, 当該区分に応ずる当該特定教育・保育施設の第27条第1項の確認において定められた利用定員の総数を超える場合においては, 内閣府令で定めるところにより, 前項の申込みに係る支給認定子どもを公正な方法で選考しなければならない。

③ 内閣総理大臣は, 前項の内閣府令を定め, 又は変更しようとするときは, あらかじめ, 文部科学大臣及び厚生労働大臣に協議しなければならない。

④ 特定教育・保育施設の設置者は, 支給認定子どもに対し適切な教育・保育[14]（地域型保育[15]を除く。以下この項及び次項において同じ。）を提供するとともに, 市町村, 児童相談所, 児童福祉法第7条第1項に規定する児童福祉施設（第45条第4項において「児童福祉施設」という。）, 教育機関その他の関係機関との緊密な連携を図りつつ, 良質な教育・保育を小学校就学前子どもの置かれている状況その他の事情に応じ, 効果的に行うように努めなければならない。

⑤ 特定教育・保育施設の設置者は, その提供する教育・保育の質の評価を行うことその他の措置を講ずることにより, 教育・保育の質の向上に努めなければならない。

⑥ 特定教育・保育施設の設置者は, 小学校就学前子どもの人格を尊重するとともに, この法律又はこの法律に基づく命令を遵守し, 誠実にその職務を遂行しなければならない。

（特定教育・保育施設の基準）

第34条 ① 特定教育・保育施設[16]の設置者は, 次の各号に掲げる教育・保育施設[17]の区分に応じ, 当該各号に定める基準（以下「教育・保育施設の認可基準」という。）を遵守しなければならない。

---

7) ⇒ 6条1項
8) ⇒ 6条2項
9) ⇒ 27条1項

10) ⇒ 27条1項
11) ⇒ 20条4項【支給認定保護者とは, 支給認定に係る保護者をいう。】

12) ⇒ 6条1項
13) ⇒ 20条4項【支給認定に係る小学校就学前子どもをいう。】

14) ⇒ 14条1項【子ども・子育て支援法7条2項の教育又は同条3項の保育をいう。】
15) ⇒ 7条5項【家庭的保育, 小規模保育, 居宅訪問型保育及び事業所内保育をいう。】

16) ⇒ 27条1項
17) ⇒ 7条4項

一　認定こども園[18]　認定こども園法[19]第3条第1項の規定により都道府県の条例で定める要件（当該認定こども園が同項の認定を受けたものである場合又は同項の条例で定める要件に適合しているものとして同条第9項の規定による公示がされたものである場合に限る。），同条第3項の規定により都道府県の条例で定める要件（当該認定こども園が同項の認定を受けたものである場合又は同項の条例で定める要件に適合しているものとして同条第9項の規定による公示がされたものである場合に限る。）又は同法第13条第1項の規定により都道府県（地方自治法第252条の19第1項の指定都市又は同法第252条の22第1項の中核市（以下「指定都市等」という。）の区域内に所在する幼保連携型認定こども園（認定こども園法第2条第7項に規定する幼保連携型認定こども園をいう。以下同じ。）（都道府県が設置するものを除く。第39条第2項及び第40条第1項第2号において「指定都市等所在幼保連携型認定こども園」という。）については，当該指定都市等[20]）の条例で定める設備及び運営についての基準（当該認定こども園が幼保連携型認定こども園である場合に限る。）	[18] ⇒7条4項 [19] ⇒7条4項 [20] ⇒本号【地方自治法第252条の19第1項の指定都市又は同法第252条の22第1項の中核市をいう。】
二　幼稚園[21]　学校教育法第3条に規定する学校の設備，編制その他に関する設置基準（幼稚園に係るものに限る。）	[21] ⇒7条4項
三　保育所[22]　児童福祉法第45条第1項の規定により都道府県（指定都市等[23]又は同法第59条の四第1項に規定する児童相談所設置市（以下「児童相談所設置市」という。）の区域内に所在する保育所（都道府県が設置するものを除く。第39条第2項及び第40条第1項第2号において「指定都市等所在保育所」という。）については，当該指定都市等又は児童相談所設置市[24]）の条例で定める児童福祉施設[25]の設備及び運営についての基準（保育所に係るものに限る。）	[22] ⇒7条4項 [23] ⇒本項1号 [24] ⇒本号 [25] ⇒33条4項
②　特定教育・保育施設の設置者は，市町村の条例で定める特定教育・保育施設の運営に関する基準に従い，特定教育・保育[26]（特定教育・保育施設が特別利用保育[27]又は特別利用教育[28]を行う場合にあっては，特別利用保育又は特別利用教育を含む。以下この節において同じ。）を提供しなければならない。	[26] ⇒27条1項 [27] ⇒28条1項2号 [28] ⇒28条1項3号
③　市町村が前項の条例を定めるに当たっては，次に掲げる事項については内閣府令で定める基準に従い定めるものとし，その他の事項については内閣府令で定める基準を参酌するものとする。	
一　特定教育・保育施設に係る利用定員（第27条第1項の確認において定めるものに限る。第5項及び次条第2項において「利用定員」という。）	
二　特定教育・保育施設の運営に関する事項であって，小学校就学前子ども[29]の適切な処遇の確保及び秘密の保持並びに小学校就学前子どもの健全な発達に密接に関連するものとして内閣府令で定めるもの	[29] ⇒6条1項

④ 内閣総理大臣は，前項に規定する内閣府令で定める基準を定め，又は変更しようとするとき，及び同項第2号の内閣府令を定め，又は変更しようとするときは，あらかじめ，文部科学大臣及び厚生労働大臣に協議するとともに，特定教育・保育の取扱いに関する部分について第72条に規定する子ども・子育て会議の意見を聴かなければならない。

⑤ 特定教育・保育施設の設置者は，次条第2項の規定による利用定員の減少の届出をしたとき又は第36条の規定による確認の辞退をするときは，当該届出の日又は同条に規定する予告期間の開始日の前1月以内に当該特定教育・保育を受けていた者であって，当該利用定員の減少又は確認の辞退の日以後においても引き続き当該特定教育・保育に相当する教育・保育[30]の提供を希望する者に対し，必要な教育・保育が継続的に提供されるよう，他の特定教育・保育施設の設置者その他関係者との連絡調整その他の便宜の提供を行わなければならない。

[30] ⇒ 14条1項

（変更の届出等）

第35条 ① 特定教育・保育施設[31]の設置者は，設置者の住所その他の内閣府令で定める事項に変更があったときは，内閣府令で定めるところにより，10日以内に，その旨を市町村長に届け出なければならない。

[31] ⇒ 27条1項

② 特定教育・保育施設の設置者は，当該利用定員の減少をしようとするときは，内閣府令で定めるところにより，その利用定員の減少の日の3月前までに，その旨を市町村長に届け出なければならない。

（確認の辞退）

第36条 特定教育・保育施設[32]は，3月以上の予告期間を設けて，その確認を辞退することができる。

[32] ⇒ 27条1項

（市町村長等による連絡調整又は援助）

第37条 ① 市町村長は，特定教育・保育施設[33]の設置者による第34条第5項に規定する便宜の提供が円滑に行われるため必要があると認めるときは，当該特定教育・保育施設の設置者及び他の特定教育・保育施設の設置者その他の関係者相互間の連絡調整又は当該特定教育・保育施設の設置者及び当該関係者に対する助言その他の援助を行うことができる。

[33] ⇒ 27条1項

② 都道府県知事は，同一の特定教育・保育施設の設置者について二以上の市町村長が前項の規定による連絡調整又は援助を行う場合において，当該特定教育・保育施設の設置者による第34条第5項に規定する便宜の提供が円滑に行われるため必要があると認めるときは，当該市町村長相互間の連絡調整又は当該特定教育・保育施設の設置者に対する市町村の区域を超えた広域的な見地からの助言その他の

援助を行うことができる。
③　内閣総理大臣は，同一の<u>特定教育・保育施設</u>の設置者について2以上の都道府県知事が前項の規定による連絡調整又は援助を行う場合において，当該特定教育・保育施設の設置者による第34条第5項に規定する便宜の提供が円滑に行われるため必要があると認めるときは，当該都道府県知事相互間の連絡調整又は当該<u>特定教育・保育施設の設置者に対する都道府県の区域を超えた広域的な見地からの助言その他の援助を行うことができる。</u>
（報告等）
第38条　①　市町村長は，必要があると認めるときは，この法律の施行に必要な限度において，<u>特定教育・保育施設</u>[34]又は<u>特定教育・保育施設の設置者若しくは特定教育・保育施設の設置者であった者若しくは特定教育・保育施設の職員であった者（以下この項において「特定教育・保育施設の設置者であった者等」という。）</u>に対し，報告若しくは帳簿書類その他の物件の提出若しくは提示を命じ，<u>特定教育・保育施設の設置者若しくは特定教育・保育施設の職員若しくは特定教育・保育施設の設置者であった者等</u>に対し出頭を求め，又は当該市町村の職員に関係者に対して質問させ，若しくは<u>特定教育・保育施設，特定教育・保育施設の設置者の事務所その他特定教育・保育施設の運営に関係のある場所</u>に立ち入り，その設備若しくは帳簿書類その他の物件を検査させることができる。

34）⇒27条1項

②　第13条第2項の規定は前項の規定による質問又は検査について，同条第3項の規定は前項の規定による権限について準用する。
（勧告，命令等）
第39条　①　市町村長は，<u>特定教育・保育施設</u>[35]の設置者が，次の各号に掲げる場合に該当すると認めるときは，当該特定教育・保育施設の設置者に対し，期限を定めて，当該各号に定める措置をとるべきことを勧告することができる。

35）⇒27条1項

一　第34条第2項の市町村の条例で定める<u>特定教育・保育施設の運営に関する基準に従って</u><u>施設型給付費</u>[36]の支給に係る施設として適正な特定教育・保育施設の運営をしていない場合　当該基準を遵守すること。

36）⇒27条（11条）

二　第34条第5項に規定する便宜の提供を施設型給付費の支給に係る施設として適正に行っていない場合　当該便宜の提供を適正に行うこと。
②　市町村長（<u>指定都市等所在幼保連携型認定こども園</u>[37]については当該<u>指定都市等</u>[38]の長を除き，<u>指定都市等所在保育所</u>[39]については当該指定都市等又は<u>児童相談所設置市</u>[40]の長を除く。第5項において同じ。）は，特定教育・保育施設（指定都市等所在幼保連携型認定こども園及び指定

37）⇒34条1項1号
38）⇒34条1項1号
39）⇒34条1項3号
40）⇒34条1項3号

都市等所在保育所を除く。以下この項及び第5項において同じ。）の設置者が教育・保育施設の認可基準[41]に従って施設型給付費の支給に係る施設として適正な教育・保育施設[42]の運営をしていないと認めるときは，遅滞なく，その旨を，当該特定教育・保育施設に係る教育・保育施設の認可等（教育・保育施設に係る認定こども園法第17条第1項，学校教育法第4条第1項若しくは児童福祉法第35条第4項の認可又は認定こども園法第3条第1項若しくは第3項の認定をいう。第5項及び次条第1項第2号において同じ。）を行った都道府県知事に通知しなければならない。

③ 市町村長は，第1項の規定による勧告をした場合において，その勧告を受けた特定教育・保育施設の設置者が，同項の期限内にこれに従わなかったときは，その旨を公表することができる。

④ 市町村長は，第1項の規定による勧告を受けた特定教育・保育施設の設置者が，正当な理由がなくてその勧告に係る措置をとらなかったときは，当該特定教育・保育施設の設置者に対し，期限を定めて，その勧告に係る措置をとるべきことを命ずることができる。

⑤ 市町村長は，前項の規定による命令をしたときは，その旨を公示するとともに，遅滞なく，その旨を，当該特定教育・保育施設に係る教育・保育施設の認可等[43]を行った都道府県知事に通知しなければならない。

（確認の取消し等）

第40条 ① 市町村長は，次の各号のいずれかに該当する場合においては，当該特定教育・保育施設[44]に係る第27条第1項の確認を取り消し，又は期間を定めてその確認の全部若しくは一部の効力を停止することができる。

一 特定教育・保育施設の設置者が，第33条第6項の規定に違反したと認められるとき。

二 特定教育・保育施設の設置者が，教育・保育施設の認可基準[45]に従って施設型給付費[46]の支給に係る施設として適正な教育・保育施設[47]の運営をすることができなくなったと当該特定教育・保育施設に係る教育・保育施設の認可等[48]を行った都道府県知事（指定都市等所在幼保連携型認定こども園[49]については当該指定都市等[50]の長とし，指定都市等所在保育所[51]については当該指定都市等又は児童相談所設置市[52]の長とする。）が認めたとき。

三 特定教育・保育施設の設置者が，第34条第2項の市町村の条例で定める特定教育・保育施設の運営に関する基準に従って施設型給付費の支給に係る施設として適正な特定教育・保育施設の運営をすることができなくなったとき。

四 施設型給付費又は特例施設型給付費[53]の請求に関し不正が

---

41) ⇒ 34条1項【教育・保育施設の区分に応じて，教育・保育施設ごとに定められている認可の基準をいう。】
42) ⇒ 7条4項

43) ⇒本条2項

44) ⇒ 27条1項

45) ⇒ 34条1項
46) ⇒ 27条（11条）
47) ⇒ 7条4項
48) ⇒ 39条2項
49) ⇒ 34条1項1号
50) ⇒ 34条1項1号
51) ⇒ 34条1項3号
52) ⇒ 34条1項3号

53) ⇒ 28条（11条）

あったとき。
五　特定教育・保育施設の設置者が,第38条第1項の規定により報告又は帳簿書類その他の物件の提出若しくは提示を命ぜられてこれに従わず,又は虚偽の報告をしたとき。
六　特定教育・保育施設の設置者又はその職員が,第38条第1項の規定により出頭を求められてこれに応ぜず,同項の規定による質問に対して答弁せず,若しくは虚偽の答弁をし,又は同項の規定による検査を拒み,妨げ,若しくは忌避したとき。ただし,当該特定教育・保育施設の職員がその行為をした場合において,その行為を防止するため,当該特定教育・保育施設の設置者が相当の注意及び監督を尽くしたときを除く。
七　特定教育・保育施設の設置者が,不正の手段により第27条第1項の確認を受けたとき。
八　前各号に掲げる場合のほか,特定教育・保育施設の設置者が,この法律その他国民の福祉若しくは学校教育に関する法律で政令で定めるもの又はこれらの法律に基づく命令若しくは処分に違反したとき。
九　前各号に掲げる場合のほか,特定教育・保育施設の設置者が,教育・保育[54]に関し不正又は著しく不当な行為をしたとき。 ⇒ 14条1項
十　特定教育・保育施設の設置者の役員（業務を執行する社員,取締役,執行役又はこれらに準ずる者をいい,相談役,顧問その他いかなる名称を有する者であるかを問わず,法人に対し業務を執行する社員,取締役,執行役又はこれらに準ずる者と同等以上の支配力を有するものと認められる者を含む。以下同じ。）又はその長のうちに過去五年以内に教育・保育に関し不正又は著しく不当な行為をした者があるとき。
② 前項の規定により第27条第1項の確認を取り消された教育・保育施設の設置者（政令で定める者を除く。）及びこれに準ずる者として政令で定める者は,その取消しの日又はこれに準ずる日として政令で定める日から起算して五年を経過するまでの間は,第31条第1項の申請をすることができない。

（公　示）
第41条　市町村長は,次に掲げる場合には,遅滞なく,当該特定教育・保育施設[55]の設置者の名称,当該特定教育・保育施設の所在地その他の内閣府令で定める事項を都道府県知事に届け出るとともに,これを公示しなければならない。 ⇒ 27条1項
一　第27条第1項の確認をしたとき。
二　第36条の規定による第27条第1項の確認の辞退があったとき。
三　前条第1項の規定により第27条第1項の確認を取り消し,又は確認の全部若しくは一部の効力を停止したとき。

（市町村によるあっせん及び要請）

第42条 ① 市町村は、特定教育・保育施設[56]に関し必要な情報の提供を行うとともに、支給認定保護者[57]から求めがあった場合その他必要と認められる場合には、特定教育・保育施設を利用しようとする支給認定子ども[58]に係る支給認定保護者の教育・保育[59]に係る希望、当該支給認定子どもの養育の状況、当該支給認定保護者に必要な支援の内容その他の事情を勘案し、当該支給認定子どもが適切に特定教育・保育施設を利用できるよう、相談に応じ、必要な助言又は特定教育・保育施設の利用についてのあっせんを行うとともに、必要に応じて、特定教育・保育施設の設置者に対し、当該支給認定子どもの利用の要請を行うものとする。

② 特定教育・保育施設の設置者は、前項の規定により行われるあっせん及び要請に対し、協力しなければならない。

第2節　特定地域型保育事業者

（特定地域型保育事業者の確認）

第43条 ① 第29条第1項の確認は、内閣府令で定めるところにより、地域型保育事業[60]を行う者の申請により、地域型保育[61]の種類及び当該地域型保育の種類に係る地域型保育事業を行う事業所（以下「地域型保育事業所」という。）ごとに、第19条第1項第3号に掲げる小学校就学前子ども[62]に係る利用定員（事業所内保育[63]の事業を行う事業所（以下「事業所内保育事業所」という。）にあっては、その雇用する労働者の監護する小学校就学前子どもを保育[64]するため当該事業所内保育の事業を自ら施設を設置し、又は委託して行う事業主に係る当該小学校就学前子ども（当該事業所内保育の事業が、事業主団体に係るものにあっては事業主団体の構成員である事業主の雇用する労働者の監護する小学校就学前子どもとし、共済組合等（児童福祉法第6条の3第12項第1号ハに規定する共済組合等をいう。）に係るものにあっては共済組合等の構成員（同号ハに規定する共済組合等の構成員をいう。）の監護する小学校就学前子どもとする。以下「労働者等の監護する小学校就学前子ども」という。）及びその他の小学校就学前子どもごとに定める第19条第1項第3号に掲げる小学校就学前子どもに係る利用定員とする。）を定めて、市町村長が行う。

② 前項の確認は、当該確認をする市町村長がその長である市町村の区域に居住地を有する者に対する地域型保育給付費[65]及び特例地域型保育給付費[66]の支給について、その効力を有する。

③ 市町村長は、第1項の規定により特定地域型保育事業（特定地域型保育[67]を行う事業をいう。以下同じ。）の利用定員を定めようとするときは、あらかじめ、第77条第1項の審議会その他の合議制の機関を設置している場合にあってはその意見を、その他の場合にあっては

56) ⇒27条1項
57) ⇒20条4項
58) ⇒20条4項
59) ⇒14条1項

60) ⇒7条5項
61) ⇒7条5項

62) ⇒6条1項
63) ⇒7条9項【児童福祉法第6条の3第12項に規定する事業所内保育事業として行われる保育をいう。】
64) ⇒7条3項

65) ⇒29条（11条）
66) ⇒30条（11条）

67) ⇒29条1項

子ども[68]の保護者[69]その他子ども・子育て支援に係る当事者の意見を聴かなければならない。

④ 市町村長は，第1項の申請があった場合において，当該申請に係る地域型保育事業所[70]が当該市町村の区域の外にある場合であって，その所在地の市町村長（以下この条において「所在地市町村長」という。）の同意を得ていないときは，第29条第1項の確認をしてはならない。ただし，第1項の申請を受けた市町村長（以下この条において「被申請市町村長」という。）と所在地市町村長[71]との協議により，この項本文の規定による同意を要しないことについて所在地市町村長の同意があるときは，この限りでない。

⑤ 前項ただし書の規定により同項本文の規定が適用されない場合であって，第1項の申請に係る地域型保育事業所（所在地市町村長の管轄する区域にあるものに限る。）について，次の各号に掲げるときは，それぞれ当該各号に定める時に，当該申請者について，被申請市町村長[72]による第29条第1項の確認があったものとみなす。

一 所在地市町村長が第29条第1項の確認をしたとき 当該確認がされた時

二 所在地市町村長による第29条第1項の確認がされているとき 被申請市町村長が当該地域型保育事業所に係る地域型保育事業を行う者から第1項の申請を受けた時

⑥ 所在地市町村長による第29条第1項の確認についての第52条第1項の規定による取消し又は効力の停止は，前項の規定により受けたものとみなされた被申請市町村長による第29条第1項の確認の効力に影響を及ぼさない。

（特定地域型保育事業者の確認の変更）

第44条 ① 特定地域型保育事業者[73]は，第29条第1項の確認において定められた利用定員を増加しようとするときは，あらかじめ，内閣府令で定めるところにより，当該特定地域型保育事業者に係る同項の確認の変更を申請することができる。

② 前条第4項から第6項までの規定は，前項の確認の変更の申請があった場合について準用する。この場合において，必要な技術的読替えは，政令で定める。

（特定地域型保育事業者の責務）

第45条 ① 特定地域型保育事業者[74]は，支給認定保護者[75]から利用の申込みを受けたときは，正当な理由がなければ，これを拒んではならない。

② 特定地域型保育事業者は，前項の申込みに係る満3歳未満保育認定子ども[76]及び当該特定地域型保育事業者に係る特定地域型保育事業[77]を現に利用している満3歳未満保育認定子どもの総数が，その

68) ⇒ 6条1項
69) ⇒ 6条2項

70) ⇒ 本条1項

71) ⇒ 本項

72) ⇒ 前項

73) ⇒ 29条1項【市町村の長が地域型保育給付費の支給に係る事業を行う者として確認する地域型保育を行う事業者をいう。】

74) ⇒ 29条1項
75) ⇒ 20条4項

76) ⇒ 29条1項
77) ⇒ 43条3項【特定地域型保育を行う事業をいう。】

利用定員（第29条第1項の確認において定められた第19条第1項第3号に掲げる小学校就学前子ども[78]に係る利用定員をいう。）の総数を超える場合においては，内閣府令で定めるところにより，前項の申込みに係る満3歳未満保育認定子どもを公正な方法で選考しなければならない。

③ 内閣総理大臣は，前項の内閣府令を定め，又は変更しようとするときは，あらかじめ，厚生労働大臣に協議しなければならない。

④ 特定地域型保育事業者は，満3歳未満保育認定子どもに対し適切な地域型保育[79]を提供するとともに，市町村，教育・保育施設[80]，児童相談所，児童福祉施設[81]，教育機関その他の関係機関との緊密な連携を図りつつ，良質な地域型保育を小学校就学前子どもの置かれている状況その他の事情に応じ，効果的に行うように努めなければならない。

⑤ 特定地域型保育事業者は，その提供する地域型保育の質の評価を行うことその他の措置を講ずることにより，地域型保育の質の向上に努めなければならない。

⑥ 特定地域型保育事業者は，小学校就学前子どもの人格を尊重するとともに，この法律又はこの法律に基づく命令を遵守し，誠実にその職務を遂行しなければならない。

（特定地域型保育事業の基準）

第46条　① 特定地域型保育事業者[82]は，地域型保育[83]の種類に応じ，児童福祉法第34条の16第1項の規定により市町村の条例で定める設備及び運営についての基準（以下「地域型保育事業の認可基準」という。）を遵守しなければならない。

② 特定地域型保育事業者は，市町村の条例で定める特定地域型保育事業[84]の運営に関する基準に従い，特定地域型保育[85]を提供しなければならない。

③ 市町村が前項の条例を定めるに当たっては，次に掲げる事項については内閣府令で定める基準に従い定めるものとし，その他の事項については内閣府令で定める基準を参酌するものとする。

一　特定地域型保育事業に係る利用定員（第29条第1項の確認において定めるものに限る。第5項及び次条第2項において「利用定員」という。）

二　特定地域型保育事業の運営に関する事項であって，小学校就学前子ども[86]の適切な処遇の確保及び秘密の保持等並びに小学校就学前子どもの健全な発達に密接に関連するものとして内閣府令で定めるもの

④ 内閣総理大臣は，前項に規定する内閣府令で定める基準を定め，又は変更しようとするとき及び同項第2号の内閣府令を定め，又は変

78) ⇒ 6条1項

79) ⇒ 7条5項
80) ⇒ 7条4項
81) ⇒ 33条4項

82) ⇒ 29条1項
83) ⇒ 7条5項

84) ⇒ 43条3項
85) ⇒ 30条1項2号

86) ⇒ 6条1項

更しようとするときは,あらかじめ,厚生労働大臣に協議するとともに,特定地域型保育の取扱いに関する部分について第72条に規定する子ども・子育て会議の意見を聴かなければならない。

⑤ 特定地域型保育事業者は,次条第2項の規定による利用定員[87]の減少の届出をしたとき又は第48条の規定による確認の辞退をするときは,当該届出の日又は同条に規定する予告期間の開始日の前一月以内に当該特定地域型保育を受けていた者であって,当該利用定員の減少又は確認の辞退の日以後においても引き続き当該特定地域型保育に相当する地域型保育の提供を希望する者に対し,必要な地域型保育が継続的に提供されるよう,他の特定地域型保育事業者その他関係者との連絡調整その他の便宜の提供を行わなければならない。

[87] ⇒ 本条3項1号

(変更の届出等)

第47条 ① 特定地域型保育事業者[88]は,当該29条の名称及び所在地その他内閣府令で定める事項に変更があったときは,内閣府令で定めるところにより,10日以内に,その旨を市町村長に届け出なければならない。

[88] ⇒ 29条1項

② 特定地域型保育事業者は,当該特定地域型保育事業[89]の利用定員[90]の減少をしようとするときは,内閣府令で定めるところにより,その利用定員の減少の日の3月前までに,その旨を市町村長に届け出なければならない。

[89] ⇒ 43条3項
[90] ⇒ 46条3項1号

(確認の辞退)

第48条 特定地域型保育事業者[91]は,3月以上の予告期間を設けて,その確認を辞退することができる。

[91] ⇒ 29条1項

(市町村長等による連絡調整又は援助)

第49条 ① 市町村長は,特定地域型保育事業者[92]による第46条第5項に規定する便宜の提供が円滑に行われるため必要があると認めるときは,当該特定地域型保育事業者及び他の特定地域型保育事業者その他の関係者相互間の連絡調整又は当該特定地域型保育事業者及び当該関係者に対する助言その他の援助を行うことができる。

[92] ⇒ 29条1項

② 都道府県知事は,同一の特定地域型保育事業者について2以上の市町村長が前項の規定による連絡調整又は援助を行う場合において,当該特定地域型保育事業者による第46条第5項に規定する便宜の提供が円滑に行われるため必要があると認めるときは,当該市町村長相互間の連絡調整又は当該特定地域型保育事業者に対する市町村の区域を超えた広域的な見地からの助言その他の援助を行うことができる。

③ 内閣総理大臣は,同一の特定地域型保育事業者について2以上の都道府県知事が前項の規定による連絡調整又は援助を行う場合におい

て，当該特定地域型保育事業者による第46条第5項に規定する便宜の提供が円滑に行われるため必要があると認めるときは，当該都道府県知事相互間の連絡調整又は当該特定地域型保育事業者に対する都道府県の区域を超えた広域的な見地からの助言その他の援助を行うことができる。

（報告等）

第50条 ① 市町村長は，必要があると認めるときは，この法律の施行に必要な限度において，特定地域型保育事業者[93]又は特定地域型保育事業者であった者若しくは特定地域型保育事業所[94]の職員であった者（以下この項において「特定地域型保育事業者であった者等」という。）に対し，報告若しくは帳簿書類その他の物件の提出若しくは提示を命じ，特定地域型保育事業者若しくは特定地域型保育事業所の職員若しくは特定地域型保育事業者であった者等[95]に対し出頭を求め，又は当該市町村の職員に関係者に対して質問させ，若しくは特定地域型保育事業者の特定地域型保育事業所，事務所その他特定地域型保育事業[96]に関係のある場所に立ち入り，その設備若しくは帳簿書類その他の物件を検査させることができる。

② 第13条第2項の規定は前項の規定による質問又は検査について，同条第3項の規定は前項の規定による権限について準用する。

93) ⇒ 29条1項
94) ⇒ 29条3項
95) ⇒本項
96) ⇒ 43条3項

（勧告，命令等）

第51条 ① 市町村長は，特定地域型保育事業者[97]が，次の各号に掲げる場合に該当すると認めるときは，当該特定地域型保育事業者に対し，期限を定めて，当該各号に定める措置をとるべきことを勧告することができる。

一　地域型保育事業の認可基準[98]に従って地域型保育給付費[99]の支給に係る事業を行う者として適正な地域型保育事業[100]の運営をしていない場合　当該基準を遵守すること。

二　第46条第2項の市町村の条例で定める特定地域型保育事業[101]の運営に関する基準に従って地域型保育給付費の支給に係る事業を行う者として適正な特定地域型保育事業の運営をしていない場合　当該基準を遵守すること。

三　第46条第5項に規定する便宜の提供を地域型保育給付費の支給に係る事業を行う者として適正に行っていない場合　当該便宜の提供を適正に行うこと。

② 市町村長は，前項の規定による勧告をした場合において，その勧告を受けた特定地域型保育事業者が，同項の期限内にこれに従わなかったときは，その旨を公表することができる。

③ 市町村長は，第1項の規定による勧告を受けた特定地域型保育事業者が，正当な理由がなくてその勧告に係る措置をとらなかったとき

97) ⇒ 29条1項
98) ⇒ 46条1項
99) ⇒ 29条（11条）
100) ⇒ 7条5項
101) ⇒ 43条3項

は，当該特定地域型保育事業者に対し，期限を定めて，その勧告に係る措置をとるべきことを命ずることができる。

④ 市町村長は，前項の規定による命令をしたときは，その旨を公示しなければならない。

（確認の取消し等）

第 52 条 ① 市町村長は，次の各号のいずれかに該当する場合においては，当該特定地域型保育事業者[102]に係る第 29 条第 1 項の確認を取り消し，又は期間を定めてその確認の全部若しくは一部の効力を停止することができる。

一 特定地域型保育事業者が，第 45 条第 6 項の規定に違反したと認められるとき。

二 特定地域型保育事業者が，地域型保育事業の認可基準[103]に従って地域型保育給付費[104]の支給に係る事業を行う者として適正な地域型保育事業[105]の運営をすることができなくなったとき。

三 特定地域型保育事業者が，第 46 条第 2 項の市町村の条例で定める特定地域型保育事業の運営に関する基準に従って地域型保育給付費の支給に係る事業を行う者として適正な特定地域型保育事業[106]の運営をすることができなくなったとき。

四 地域型保育給付費又は特例地域型保育給付費[107]の請求に関し不正があったとき。

五 特定地域型保育事業者が，第 50 条第 1 項の規定により報告又は帳簿書類その他の物件の提出若しくは提示を命ぜられてこれに従わず，又は虚偽の報告をしたとき。

六 特定地域型保育事業者又はその特定地域型保育事業所[108]の職員が，第 50 条第 1 項の規定により出頭を求められてこれに応ぜず，同項の規定による質問に対して答弁せず，若しくは虚偽の答弁をし，又は同項の規定による検査を拒み，妨げ，若しくは忌避したとき。ただし，当該特定地域型保育事業所の職員がその行為をした場合において，その行為を防止するため，当該特定地域型保育事業者が相当の注意及び監督を尽くしたときを除く。

七 特定地域型保育事業者が，不正の手段により第 29 条第 1 項の確認を受けたとき。

八 前各号に掲げる場合のほか，特定地域型保育事業者が，この法律その他国民の福祉に関する法律で政令で定めるもの又はこれらの法律に基づく命令若しくは処分に違反したとき。

九 前各号に掲げる場合のほか，特定地域型保育事業者が，保育[109]に関し不正又は著しく不当な行為をしたとき。

十 特定地域型保育事業者が法人である場合において，当該法人の役員又はその事業所を管理する者その他の政令で定める使用人のう

102) ⇒ 29 条 1 項

103) ⇒ 46 条 1 項

104) ⇒ 29 条（11 条）
105) ⇒ 7 条 5 項

106) ⇒ 43 条 3 項

107) ⇒ 30 条（11 条）

108) ⇒ 29 条 3 項 1 号

109) ⇒ 7 条 3 項

ちに過去5年以内に保育に関し不正又は著しく不当な行為をした者があるとき。
十一　特定地域型保育事業者が法人でない場合において，その管理者が過去5年以内に保育に関し不正又は著しく不当な行為をした者であるとき。

② 前項の規定により第29条第1項の確認を取り消された地域型保育事業を行う者（政令で定める者を除く。）及びこれに準ずる者として政令で定める者は，その取消しの日又はこれに準ずる日として政令で定める日から起算して5年を経過するまでの間は，第43条第1項の申請をすることができない。

（公　示）

第53条　市町村長は，次に掲げる場合には，遅滞なく，当該特定地域型保育事業者[110]の名称，当該特定地域型保育事業所[111]の所在地その他の内閣府令で定める事項を都道府県知事に届け出るとともに，これを公示しなければならない。
一　第29条第1項の確認をしたとき。
二　第48条の規定による第29条第1項の確認の辞退があったとき。
三　前条第1項の規定により第29条第1項の確認を取り消し，又は確認の全部若しくは一部の効力を停止したとき。

110)　⇒29条1項
111)　⇒29条3項1号

（市町村によるあっせん及び要請）

第54条　① 市町村は，特定地域型保育事業[112]に関し必要な情報の提供を行うとともに，支給認定保護者[113]から求めがあった場合その他必要と認められる場合には，特定地域型保育事業を利用しようとする満3歳未満保育認定子ども[114]に係る支給認定保護者の地域型保育[115]に係る希望，当該満3歳未満保育認定子どもの養育の状況，当該支給認定保護者に必要な支援の内容その他の事情を勘案し，当該満3歳未満保育認定子どもが適切に特定地域型保育事業を利用できるよう，相談に応じ，必要な助言又は特定地域型保育事業の利用についてのあっせんを行うとともに，必要に応じて，特定地域型保育事業者[116]に対し，当該満3歳未満保育認定子どもの利用の要請を行うものとする。

112)　⇒43条3項
113)　⇒20条4項
114)　⇒29条1項
115)　⇒7条5項

116)　⇒29条1項

② 特定地域型保育事業者は，前項の規定により行われるあっせん及び要請に対し，協力しなければならない。

第3節　業務管理体制の整備等

（業務管理体制の整備等）

第55条　① 特定教育・保育施設[117]の設置者及び特定地域型保育事業者[118]（以下「特定教育・保育提供者」という。）は，第33条第6項又は第45条第6項に規定する義務の履行が確保されるよう，内閣府令で定める基準に従い，業務管理体制を整備しなければならない。

117)　⇒27条1項
118)　⇒29条1項

② 特定教育・保育提供者[119]は，次の各号に掲げる区分に応じ，当該各号に定める者に対し，内閣府令で定めるところにより，業務管理体制の整備に関する事項を届け出なければならない。
　一　その確認に係る全ての教育・保育施設[120]又は地域型保育事業所[121]（その確認に係る地域型保育[122]の種類が異なるものを含む。次号において同じ。）が一の市町村の区域に所在する特定教育・保育提供者　市町村長
　二　その確認に係る教育・保育施設又は地域型保育事業所が二以上の都道府県の区域に所在する特定教育・保育提供者　内閣総理大臣
　三　前2号に掲げる特定教育・保育提供者以外の特定教育・保育提供者　都道府県知事
③ 前項の規定による届出を行った特定教育・保育提供者は，その届け出た事項に変更があったときは，内閣府令で定めるところにより，遅滞なく，その旨を当該届出を行った同項各号に定める者（以下この節において「市町村長等」という。）に届け出なければならない。
④ 第2項の規定による届出を行った特定教育・保育提供者は，同項各号に掲げる区分の変更により，同項の規定により当該届出を行った市町村長等[123]以外の市町村長等に届出を行うときは，内閣府令で定めるところにより，その旨を当該届出を行った市町村長等にも届け出なければならない。
⑤ 市町村長等は，前3項の規定による届出が適正になされるよう，相互に密接な連携を図るものとする。

（報告等）
第56条　① 前条第2項の規定による届出を受けた市町村長等[124]は，当該届出を行った特定教育・保育提供者[125]（同条第4項の規定による届出を受けた市町村長等にあっては，同項の規定による届出を行った特定教育・保育提供者を除く。）における同条第1項の規定による業務管理体制の整備に関して必要があると認めるときは，この法律の施行に必要な限度において，当該特定教育・保育提供者に対し，報告若しくは帳簿書類その他の物件の提出若しくは提示を命じ，当該特定教育・保育提供者若しくは当該特定教育・保育提供者の職員に対し出頭を求め，又は当該市町村長等の職員に関係者に対し質問させ，若しくは当該特定教育・保育提供者の当該確認に係る教育・保育施設[126]若しくは地域型保育事業所[127]，事務所その他の教育・保育[128]の提供に関係のある場所に立ち入り，その設備若しくは帳簿書類その他の物件を検査させることができる。
② 内閣総理大臣又は都道府県知事が前項の権限を行うときは，当該特定教育・保育提供者に係る確認を行った市町村長（次条第5項において「確認市町村長」という。）と密接な連携の下に行うものとする。

[119] ⇒本条1項
[120] ⇒7条4項
[121] ⇒43条1項
[122] ⇒7条5項

[123] ⇒本条3項

[124] ⇒55条3項
[125] ⇒55条1項

[126] ⇒7条4項
[127] ⇒43条1項
[128] ⇒14条1項

③ 市町村長は，その行った又はその行おうとする確認に係る特定教育・保育提供者における前条第1項の規定による業務管理体制の整備に関して必要があると認めるときは，内閣総理大臣又は都道府県知事に対し，第1項の権限を行うよう求めることができる。

④ 内閣総理大臣又は都道府県知事は，前項の規定による市町村長の求めに応じて第1項の権限を行ったときは，内閣府令で定めるところにより，その結果を当該権限を行うよう求めた市町村長に通知しなければならない。

⑤ 第13条第2項の規定は第1項の規定による質問又は検査について，同条第3項の規定は第1項の規定による権限について準用する。

（勧告，命令等）

第57条 ① 第55条第2項の規定による届出を受けた市町村長等[129]は，当該届出を行った特定教育・保育提供者[130]（同条第4項の規定による届出を受けた市町村長等にあっては，同項の規定による届出を行った特定教育・保育提供者を除く。）が，同条第1項に規定する内閣府令で定める基準に従って施設型給付費[131]の支給に係る施設又は地域型保育給付費[132]の支給に係る事業を行う者として適正な業務管理体制の整備をしていないと認めるときは，当該特定教育・保育提供者に対し，期限を定めて，当該内閣府令で定める基準に従って適正な業務管理体制を整備すべきことを勧告することができる。

129) ⇒ 55条3項
130) ⇒ 55条1項
131) ⇒ 27条（11条）
132) ⇒ 29条（11条）

② 市町村長等は，前項の規定による勧告をした場合において，その勧告を受けた特定教育・保育提供者が同項の期限内にこれに従わなかったときは，その旨を公表することができる。

③ 市町村長等は，第1項の規定による勧告を受けた特定教育・保育提供者が，正当な理由がなくてその勧告に係る措置をとらなかったときは，当該特定教育・保育提供者に対し，期限を定めて，その勧告に係る措置をとるべきことを命ずることができる。

④ 市町村長等は，前項の規定による命令をしたときは，その旨を公示しなければならない。

⑤ 内閣総理大臣又は都道府県知事は，特定教育・保育提供者が第3項の規定による命令に違反したときは，内閣府令で定めるところにより，当該違反の内容を確認市町村長[133]に通知しなければならない。

133) ⇒ 56条2項

第4節 教育・保育に関する情報の報告及び公表

第58条 ① 特定教育・保育提供者[134]は，特定教育・保育施設[135]又は特定地域型保育事業者[136]（以下「特定教育・保育施設等」という。）の確認を受け，教育・保育[137]の提供を開始しようとするときその他内閣府令で定めるときは，政令で定めるところにより，その提供する教育・保育に係る教育・保育情報（教育・保育の内容及び教育・保育を提供する施設又は事業者の運営状況に関する情報であって，小学校就学前子ど

134) ⇒ 55条1項
135) ⇒ 27条1項
136) ⇒ 29条1項
137) ⇒ 14条1項

も[138]に教育・保育を受けさせ,又は受けさせようとする小学校就学前子どもの保護者[139]が適切かつ円滑に教育・保育を小学校就学前子どもに受けさせる機会を確保するために公表されることが必要なものとして内閣府令で定めるものをいう。以下同じ。)を,教育・保育を提供する施設又は事業所の所在地の都道府県知事に報告しなければならない。

② 都道府県知事は,前項の規定による報告を受けた後,内閣府令で定めるところにより,当該報告の内容を公表しなければならない。

③ 都道府県知事は,第1項の規定による報告に関して必要があると認めるときは,この法律の施行に必要な限度において,当該報告をした特定教育・保育提供者に対し,教育・保育情報[140]のうち内閣府令で定めるものについて,調査を行うことができる。

④ 都道府県知事は,特定教育・保育提供者が第1項の規定による報告をせず,若しくは虚偽の報告をし,又は前項の規定による調査を受けず,若しくは調査の実施を妨げたときは,期間を定めて,当該特定教育・保育提供者に対し,その報告を行い,若しくはその報告の内容を是正し,又はその調査を受けることを命ずることができる。

⑤ 都道府県知事は,特定教育・保育提供者に対して前項の規定による処分をしたときは,遅滞なく,その旨を,当該特定教育・保育施設等[141]の確認をした市町村長に通知しなければならない。

⑥ 都道府県知事は,特定教育・保育提供者が,第4項の規定による命令に従わない場合において,当該特定教育・保育施設等の確認を取り消し,又は期間を定めてその確認の全部若しくは一部の効力を停止することが適当であると認めるときは,理由を付して,その旨をその確認をした市町村長に通知しなければならない。

⑦ 都道府県知事は,小学校就学前子どもに教育・保育を受けさせ,又は受けさせようとする小学校就学前子どもの保護者が適切かつ円滑に教育・保育を小学校就学前子どもに受けさせる機会の確保に資するため,教育・保育の質及び教育・保育を担当する職員に関する情報(教育・保育情報[142]に該当するものを除く。)であって内閣府令で定めるものの提供を希望する特定教育・保育提供者から提供を受けた当該情報について,公表を行うよう配慮するものとする。

[138] ⇒ 6条1項
[139] ⇒ 6条2項
[140] ⇒ 本条1項
[141] ⇒ 本条1項
[142] ⇒ 本条1項

第4章 地域子ども・子育て支援事業

第59条 市町村は,内閣府令で定めるところにより,第61条第1項に規定する市町村子ども・子育て支援事業計画に従って,地域子ども・子育て支援事業として,次に掲げる事業を行うものとする。

一 子ども[1]及びその保護者[2]が,確実に子ども・子育て支援給付[3]を受け,及び地域子ども・子育て支援事業その他の子ども・子育て支

[1] ⇒ 6条1項
[2] ⇒ 6条2項
[3] ⇒ 8条

援[4]を円滑に利用できるよう，子ども及びその保護者の身近な場所において，地域の子ども・子育て支援に関する各般の問題につき，子ども又は子どもの保護者からの相談に応じ，必要な情報の提供及び助言を行うとともに，関係機関との連絡調整その他の内閣府令で定める便宜の提供を総合的に行う事業

二　支給認定保護者[5]であって，その支給認定子ども[6]（第19条第1項第1号に掲げる小学校就学前子ども[7]に該当するものを除く。以下この号及び附則第6条において「保育認定子ども」という。）が，やむを得ない理由により利用日及び利用時間帯（当該支給認定保護者が特定教育・保育施設等[8]又は特例保育[9]を行う事業者と締結した特定保育（特定教育・保育[10]（保育[11]に限る。），特定地域型保育[12]又は特例保育をいう。以下この号において同じ。）の提供に関する契約において，当該保育認定子どもが当該特定教育・保育施設等又は特例保育を行う事業者による特定保育[13]を受ける日及び時間帯として定められた日及び時間帯をいう。）以外の日及び時間において当該特定教育・保育施設等又は特例保育を行う事業者による保育（保育必要量[14]の範囲内のものを除く。以下この号において「時間外保育」という。）を受けたものに対し，内閣府令で定めるところにより，当該支給認定保護者が支払うべき時間外保育[15]の費用の全部又は一部の助成を行うことにより，必要な保育を確保する事業

三　支給認定保護者のうち，当該支給認定保護者の属する世帯の所得の状況その他の事情を勘案して市町村が定める基準に該当するもの（以下この号において「特定支給認定保護者」という。）に係る支給認定子どもが特定教育・保育，特別利用保育[16]，特別利用教育[17]，特定地域型保育又は特例保育（以下この号において「特定教育・保育等」という。）を受けた場合において，当該特定支給認定保護者[18]が支払うべき日用品，文房具その他の教育[19]・保育に必要な物品の購入に要する費用又は特定教育・保育等[20]に係る行事への参加に要する費用その他これらに類する費用として市町村が定めるものの全部又は一部を助成する事業

四　特定教育・保育施設等への民間事業者の参入の促進に関する調査研究その他多様な事業者の能力を活用した特定教育・保育施設等の設置又は運営を促進するための事業

五　児童福祉法第6条の3第2項に規定する放課後児童健全育成事業

六　児童福祉法第6条の3第3項に規定する子育て短期支援事業

七　児童福祉法第6条の3第4項に規定する乳児家庭全戸訪問事業

八　児童福祉法第6条の3第5項に規定する養育支援訪問事業その他同法第25条の2第1項に規定する要保護児童対策地域協議会そ

4)⇒7条1項

5)⇒20条4項
6)⇒20条4項
7)⇒6条1項
8)⇒58条1項
9)⇒30条1項4号
10)⇒27条1項
11)⇒7条3項
12)⇒29条1項
13)⇒本号
14)⇒20条3項
15)⇒本号
16)⇒28条1項2号【満3歳以上の小学校就学前子ども（第19条第1項第1号に掲げる小学校就学前子ども）に該当する支給認定子どもが，特定教育・保育施設（保育所に限る。）から受ける保育（第19条第1項第1号に掲げる小学校就学前子どもに該当する支給認定子どもに対して提供される教育に係る標準的な一日当たりの時間及び期間を勘案して内閣府令で定める一日当たりの時間及び期間の範囲内において行われる保育（地域型保育を除く。）をいう。】
17)⇒28条1項3号【第19条第1項第2号に掲げる小学校就学前子どもに該当する支給認定子どもが，特定教育・保育施設（幼稚園に限る。）から受ける教育（教育のうち第19条第1項第2号に掲げる小学校就学前子どもに該当する支給認定子どもに対して提供されるものをいう。）をいう。】
18)⇒本号
19)⇒7条2項
20)⇒本号

の他の者による同条第2項に規定する要保護児童等に対する支援に資する事業
九　児童福祉法第6条の3第6項に規定する地域子育て支援拠点事業
十　児童福祉法第6条の3第7項に規定する一時預かり事業
十一　児童福祉法第6条の3第13項に規定する病児保育事業
十二　児童福祉法第6条の3第14項に規定する子育て援助活動支援事業
十三　母子保健法（昭和40年法律第141号）第13条第1項の規定に基づき妊婦に対して健康診査を実施する事業

第5章　子ども・子育て支援事業計画

（基本指針）
第60条　① 内閣総理大臣は, 教育・保育[1]及び地域子ども・子育て支援事業[2]の提供体制を整備し, 子ども・子育て支援給付[3]及び地域子ども・子育て支援事業の円滑な実施の確保その他子ども・子育て支援[4]のための施策を総合的に推進するための基本的な指針（以下「基本指針」という。）を定めるものとする。

② 基本指針[5]においては, 次に掲げる事項について定めるものとする。
一　子ども・子育て支援の意義並びに子ども・子育て支援給付に係る教育・保育を一体的に提供する体制その他の教育・保育を提供する体制の確保及び地域子ども・子育て支援事業の実施に関する基本的事項
二　次条第1項に規定する市町村子ども・子育て支援事業計画において教育・保育及び地域子ども・子育て支援事業の量の見込みを定めるに当たって参酌すべき標準その他当該市町村子ども・子育て支援事業計画及び第62条第1項に規定する都道府県子ども・子育て支援事業支援計画の作成に関する事項
三　児童福祉法その他の関係法律による専門的な知識及び技術を必要とする児童の福祉増進のための施策との連携に関する事項
四　労働者の職業生活と家庭生活との両立が図られるようにするために必要な雇用環境の整備に関する施策との連携に関する事項
五　前各号に掲げるもののほか, 子ども・子育て支援給付及び地域子ども・子育て支援事業の円滑な実施の確保その他子ども・子育て支援のための施策の総合的な推進のために必要な事項

③ 内閣総理大臣は, 基本指針を定め, 又は変更しようとするときは, あらかじめ, 文部科学大臣, 厚生労働大臣その他の関係行政機関の長に協議するとともに, 第72条に規定する子ども・子育て会議の意見を

1) ⇒14条1項
2) ⇒59条柱書
3) ⇒8条
4) ⇒7条1項

5) ⇒本条1項

聴かなければならない。
④ 内閣総理大臣は,基本指針を定め,又はこれを変更したときは,遅滞なく,これを公表しなければならない。
(市町村子ども・子育て支援事業計画)
第61条 ① 市町村は,基本指針に即して,5年を1期とする教育・保育[6)]及び地域子ども・子育て支援事業[7)]の提供体制の確保その他この法律に基づく業務の円滑な実施に関する計画(以下「市町村子ども・子育て支援事業計画」という。)を定めるものとする。

6) ⇒14条1項
7) ⇒59条柱書

② 市町村子ども・子育て支援事業計画[8)]においては,次に掲げる事項を定めるものとする。

8) ⇒本条1項

一　市町村が,地理的条件,人口,交通事情その他の社会的条件,教育・保育を提供するための施設の整備の状況その他の条件を総合的に勘案して定める区域(以下「教育・保育提供区域」という。)ごとの当該教育・保育提供区域における各年度の特定教育・保育施設[9)]に係る必要利用定員総数(第19条第1項各号に掲げる小学校就学前子ども[10)]の区分ごとの必要利用定員総数とする。),特定地域型保育事業所[11)](事業所内保育事業所[12)]における労働者等の監護する小学校就学前子ども[13)]に係る部分を除く。)に係る必要利用定員総数(同項第3号に掲げる小学校就学前子どもに係るものに限る。)その他の教育・保育の量の見込み並びに実施しようとする教育・保育の提供体制の確保の内容及びその実施時期

9) ⇒27条1項
10) ⇒6条1項
11) ⇒29条3項
12) ⇒43条1項
13) ⇒43条1項

二　教育・保育提供区域ごとの当該教育・保育提供区域における各年度の地域子ども・子育て支援事業の量の見込み並びに実施しようとする地域子ども・子育て支援事業の提供体制の確保の内容及びその実施時期

三　子ども・子育て支援給付[14)]に係る教育・保育の一体的提供及び当該教育・保育の推進に関する体制の確保の内容

14) ⇒8条

③ 市町村子ども・子育て支援事業計画においては,前項各号に規定するもののほか,次に掲げる事項について定めるよう努めるものとする。

一　産後の休業及び育児休業後における特定教育・保育施設等の円滑な利用の確保に関する事項

二　保護を要する子どもの養育環境の整備,児童福祉法第4条第2項に規定する障害児に対して行われる保護並びに日常生活上の指導及び知識技能の付与その他の子どもに関する専門的な知識及び技術を要する支援に関する都道府県が行う施策との連携に関する事項

三　労働者の職業生活と家庭生活との両立が図られるようにするために必要な雇用環境の整備に関する施策との連携に関する事項

④ 市町村子ども・子育て支援事業計画は,教育・保育提供区域における

子どもの数,子どもの保護者の特定教育・保育施設等及び地域子ども・子育て支援事業の利用に関する意向その他の事情を勘案して作成されなければならない。

⑤ 市町村は,教育・保育提供区域における子ども[15]及びその保護者[16]の置かれている環境その他の事情を正確に把握した上で,これらの事情を勘案して,市町村子ども・子育て支援事業計画を作成するよう努めるものとする。

[15] ⇒ 6条1項
[16] ⇒ 6条2項

⑥ 市町村子ども・子育て支援事業計画は,社会福祉法第107条に規定する市町村地域福祉計画,教育基本法第17条第2項の規定により市町村が定める教育の振興のための施策に関する基本的な計画(次条第4項において「教育振興基本計画」という。)その他の法律の規定による計画であって子どもの福祉又は教育[17]に関する事項を定めるものと調和が保たれたものでなければならない。

[17] ⇒ 7条2項

⑦ 市町村は,市町村子ども・子育て支援事業計画を定め,又は変更しようとするときは,あらかじめ,第77条第1項の審議会その他の合議制の機関を設置している場合にあってはその意見を,その他の場合にあっては子どもの保護者その他子ども・子育て支援[18]に係る当事者の意見を聴かなければならない。

[18] ⇒ 7条1項

⑧ 市町村は,市町村子ども・子育て支援事業計画を定め,又は変更しようとするときは,あらかじめ,インターネットの利用その他の内閣府令で定める方法により広く住民の意見を求めることその他の住民の意見を反映させるために必要な措置を講ずるよう努めるものとする。

⑨ 市町村は,市町村子ども・子育て支援事業計画を定め,又は変更しようとするときは,あらかじめ,都道府県に協議しなければならない。

⑩ 市町村は,市町村子ども・子育て支援事業計画を定め,又は変更したときは,遅滞なく,これを都道府県知事に提出しなければならない。

(都道府県子ども・子育て支援事業支援計画)

第62条 ① 都道府県は,基本指針[19]に即して,5年を一期とする教育・保育[20]及び地域子ども・子育て支援事業[21]の提供体制の確保その他この法律に基づく業務の円滑な実施に関する計画(以下「都道府県子ども・子育て支援事業支援計画」という。)を定めるものとする。

[19] ⇒ 60条1項
[20] ⇒ 14条1項
[21] ⇒ 59条

② 都道府県子ども・子育て支援事業支援計画[22]においては,次に掲げる事項を定めるものとする。

[22] ⇒ 本条1項

一 都道府県が当該都道府県内の市町村が定める教育・保育提供区域[23]を勘案して定める区域ごとの当該区域における各年度の特定教育・保育施設[24]に係る必要利用定員総数(第19条第1項各号に掲げる小学校就学前子ども[25]の区分ごとの必要利用定員総数とする。)その他の教育・保育の量の見込み並びに実施しようとする教育・保育の提供体制の確保の内容及びその実施時期

[23] ⇒ 61条2項1号
[24] ⇒ 27条1項
[25] ⇒ 6条1項

二　子ども・子育て支援給付[26]に係る教育・保育の一体的提供及び当該教育・保育の推進に関する体制の確保の内容	[26] ⇒ 8 条
三　特定教育・保育[27]及び特定地域型保育[28]を行う者並びに地域子ども・子育て支援事業に従事する者の確保及び資質の向上のために講ずる措置に関する事項	[27] ⇒ 27 条 1 項 [28] ⇒ 29 条 1 項
四　保護を要する子どもの養育環境の整備，児童福祉法第 4 条第 2 項に規定する障害児に対して行われる保護並びに日常生活上の指導及び知識技能の付与その他の子どもに関する専門的な知識及び技術を要する支援に関する施策の実施に関する事項	
五　前号の施策の円滑な実施を図るために必要な市町村との連携に関する事項	
③　都道府県子ども・子育て支援事業支援計画においては，前項各号に掲げる事項のほか，次に掲げる事項について定めるよう努めるものとする。	
一　特定教育・保育施設の利用定員の設定に関する第 31 条第 3 項及び第 32 条第 3 項の規定による協議に係る調整その他市町村の区域を超えた広域的な見地から行う調整に関する事項	
二　教育・保育情報[29]の公表に関する事項	[29] ⇒ 58 条 1 項
三　労働者の職業生活と家庭生活との両立が図られるようにするために必要な雇用環境の整備に関する施策との連携に関する事項	
④　都道府県子ども・子育て支援事業支援計画は，社会福祉法第 108 条に規定する都道府県地域福祉支援計画，教育基本法第 17 条第 2 項の規定により都道府県が定める教育振興基本計画[30]その他の法律の規定による計画であって子どもの福祉又は教育[31]に関する事項を定めるものと調和が保たれたものでなければならない。	[30] ⇒ 61 条 6 項 [31] ⇒ 7 条 2 項
⑤　都道府県は，都道府県子ども・子育て支援事業支援計画を定め，又は変更しようとするときは，あらかじめ，第 77 条第 4 項の審議会その他の合議制の機関を設置している場合にあってはその意見を，その他の場合にあっては子ども[32]の保護者[33]その他子ども・子育て支援[34]に係る当事者の意見を聴かなければならない。	[32] ⇒ 6 条 1 項 [33] ⇒ 6 条 2 項 [34] ⇒ 7 条 1 項
⑥　都道府県は，都道府県子ども・子育て支援事業支援計画を定め，又は変更したときは，遅滞なく，これを内閣総理大臣に提出しなければならない。	
（都道府県知事の助言等）	
第 63 条　①　都道府県知事は，市町村に対し，市町村子ども・子育て支援事業計画[35]の作成上の技術的事項について必要な助言その他の援助の実施に努めるものとする。	[35] ⇒ 61 条 1 項
②　内閣総理大臣は，都道府県に対し，都道府県子ども・子育て支援事業支援計画の作成の手法その他都道府県子ども・子育て支援事業支援	

計画の作成上重要な技術的事項について必要な助言その他の援助の実施に努めるものとする。
　（国の援助）
第64条　国は，市町村又は都道府県が，市町村子ども・子育て支援事業計画又は都道府県子ども・子育て支援事業支援計画に定められた事業を実施しようとするときは，当該事業が円滑に実施されるように必要な助言その他の援助の実施に努めるものとする。

第6章　費　用　等

（市町村の支弁）
第65条　次に掲げる費用は，市町村の支弁とする。
　一　市町村が設置する特定教育・保育施設[1]に係る施設型給付費[2]及び特例施設型給付費[3]の支給に要する費用
　二　都道府県及び市町村以外の者が設置する特定教育・保育施設に係る施設型給付費及び特例施設型給付費並びに地域型保育給付費[4]及び特例地域型保育給付費[5]の支給に要する費用
　三　地域子ども・子育て支援事業[6]に要する費用

（都道府県の支弁）
第66条　都道府県が設置する特定教育・保育施設[7]に係る施設型給付費[8]及び特例施設型給付費[9]の支給に要する費用は，都道府県の支弁とする。

（都道府県の負担等）
第67条　① 都道府県は，政令で定めるところにより，第65条の規定により市町村が支弁する同条第2号に掲げる費用のうち，国及び都道府県が負担すべきものとして政令で定めるところにより算定した額（次条第1項において「施設型給付費等負担対象額」という。）の4分の1を負担する。
② 都道府県は，政令で定めるところにより，市町村に対し，第65条の規定により市町村が支弁する同条第3号に掲げる費用に充てるため，当該都道府県の予算の範囲内で，交付金を交付することができる。

（市町村に対する交付金の交付等）
第68条　① 国は，政令で定めるところにより，第65条の規定により市町村が支弁する同条第2号に掲げる費用のうち，施設型給付費等負担対象額[10]の2分の1を負担する。
② 国は，政令で定めるところにより，市町村に対し，第65条の規定により市町村が支弁する同条第3号に掲げる費用に充てるため，予算の範囲内で，交付金を交付することができる。

（拠出金の徴収及び納付義務）

1) ⇒27条1項
2) ⇒27条（11条）
3) ⇒28条（11条）
4) ⇒29条（11条）
5) ⇒30条（11条）
6) ⇒59
7) ⇒27条1項
8) ⇒27条
9) ⇒28条
10) ⇒67条1項

第 69 条 ① 政府は，児童手当の支給に要する費用（児童手当法第 18 条第 1 項に規定するものに限る。次条第二項において「拠出金対象児童手当費用」という。）及び地域子ども・子育て支援事業[11]（第 59 条第 2 号，第 5 号及び第 11 号に掲げるものに限る。）に要する費用（次条第 2 項において「拠出金対象地域子ども・子育て支援事業費用」という。）に充てるため，次に掲げる者（次項において「一般事業主」という。）から，拠出金を徴収する。

一　厚生年金保険法（昭和 29 年法律第 115 号）第 82 条第 1 項に規定する事業主（次号から第 4 号までに掲げるものを除く。）

二　私立学校教職員共済法（昭和 28 年法律第 245 号）第 28 条第 1 項に規定する学校法人等

三　地方公務員等共済組合法（昭和 37 年法律第 152 号）第 144 条の 3 第 1 項に規定する団体その他同法に規定する団体で政令で定めるもの

四　国家公務員共済組合法（昭和 33 年法律第 128 号）第 126 条第 1 項に規定する連合会その他同法に規定する団体で政令で定めるもの

② 一般事業主[12]は，拠出金を納付する義務を負う。

（拠出金の額）

第 70 条 ① 拠出金の額は，厚生年金保険法に基づく保険料の計算の基礎となる標準報酬月額及び標準賞与額（育児休業，介護休業等育児又は家族介護を行う労働者の福祉に関する法律（平成 3 年法律第 76 号）第 2 条第 1 号に規定する育児休業若しくは同法第 23 条第 2 項の育児休業に関する制度に準ずる措置若しくは同法第 24 条第 1 項（第 2 号に係る部分に限る。）の規定により同項第 2 号に規定する育児休業に関する制度に準じて講ずる措置による休業，国会職員の育児休業等に関する法律（平成 3 年法律第 108 号）第 3 条第 1 項に規定する育児休業，国家公務員の育児休業等に関する法律（平成 3 年法律第 109 号）第 3 条第 1 項（同法第 27 条第 1 項及び裁判所職員臨時措置法（昭和 26 年法律第 299 号）（第 7 号に係る部分に限る。）において準用する場合を含む。）に規定する育児休業若しくは地方公務員の育児休業等に関する法律（平成 3 年法律第 110 号）第 2 条第 1 項に規定する育児休業又は厚生年金保険法第 23 条の 3 第 1 項に規定する産前産後休業をしている被用者について，当該育児休業若しくは休業又は当該産前産後休業をしたことにより，厚生年金保険法に基づき保険料の徴収を行わないこととされた場合にあっては，当該被用者に係るものを除く。次項において「賦課標準」という。）に拠出金率を乗じて得た額の総額とする。

② 前項の拠出金率は，拠出金対象児童手当費用[13]及び拠出金対象地域子ども・子育て支援事業費用[14]の予想総額，賦課標準[15]の予想総額及び第 68 条第 2 項の規定により国が交付する額並びに児童手当

11) ⇒ 59 条

12) ⇒ 本条 1 項

13) ⇒ 69 条 1 項
14) ⇒ 69 条 1 項
15) ⇒ 本条 1 項

法第18条第1項の規定により国庫が負担する額等の予想総額に照らし,おおむね五年を通じ財政の均衡を保つことができるものでなければならないものとし,1000分の1.5以内において,政令で定める。

③ 内閣総理大臣は,前項の規定により拠出金率を定めようとするときは,あらかじめ,厚生労働大臣に協議しなければならない。

④ 全国的な事業主の団体は,第1項の拠出金率に関し,内閣総理大臣に対して意見を申し出ることができる。

(拠出金の徴収方法)

第71条 ① 拠出金の徴収については,厚生年金保険の保険料その他の徴収金の徴収の例による。

② 前項の拠出金及び当該拠出金に係る厚生年金保険の保険料その他の徴収金の例により徴収する徴収金(以下「拠出金等」という。)の徴収に関する政府の権限で政令で定めるものは,厚生労働大臣が行う。

③ 前項の規定により厚生労働大臣が行う権限のうち,国税滞納処分の例による処分その他政令で定めるものに係る事務は,政令で定めるところにより,日本年金機構(以下この条において「機構」という。)に行わせるものとする。

④ 厚生労働大臣は,前項の規定により機構[16]に行わせるものとしたその権限に係る事務について,機構による当該権限に係る事務の実施が困難と認める場合その他政令で定める場合には,当該権限を自ら行うことができる。この場合において,厚生労働大臣は,その権限の一部を,政令で定めるところにより,財務大臣に委任することができる。

⑤ 財務大臣は,政令で定めるところにより,前項の規定により委任された権限を,国税庁長官に委任する。

⑥ 国税庁長官は,政令で定めるところにより,前項の規定により委任された権限の全部又は一部を当該権限に係る拠出金等[17]を納付する義務を負う者(次項において「納付義務者」という。)の事業所又は事務所の所在地を管轄する国税局長に委任することができる。

⑦ 国税局長は,政令で定めるところにより,前項の規定により委任された権限の全部又は一部を当該権限に係る納付義務者[18]の事業所又は事務所の所在地を管轄する税務署長に委任することができる。

⑧ 厚生労働大臣は,第3項で定めるもののほか,政令で定めるところにより,第2項の規定による権限のうち厚生労働省令で定めるものに係る事務(当該権限を行使する事務を除く。)を機構に行わせるものとする。

⑨ 政府は,拠出金等の取立てに関する事務を,当該拠出金等の取立てについて便宜を有する法人で政令で定めるものに取り扱わせること

[16] ⇒本条3項

[17] ⇒本条2項

[18] ⇒本条6項

ができる。
⑩ 第1項から第8項までの規定による拠出金等の徴収並びに前項の規定による拠出金等の取立て及び政府への納付について必要な事項は，政令で定める。

第7章　子ども・子育て会議等

（設　置）

第72条　内閣府に，子ども・子育て会議（以下この章において「会議」という。）を置く。

（権　限）

第73条　① 会議[1]は，この法律又は他の法律によりその権限に属させられた事項を処理するほか，内閣総理大臣の諮問に応じ，この法律の施行に関する重要事項を調査審議する。
② 会議は，前項に規定する重要事項に関し内閣総理大臣その他の関係各大臣に意見を述べることができる。
③ 会議は，この法律に基づく施策の実施状況を調査審議し，必要があると認めるときは，内閣総理大臣その他の関係各大臣に意見を述べることができる。

（会議の組織及び運営）

第74条　① 会議[2]は，委員25人以内で組織する。
② 会議の委員は，子ども[3]の保護者[4]，都道府県知事，市町村長，事業主を代表する者，労働者を代表する者，子ども・子育て支援[5]に関する事業に従事する者及び子ども・子育て支援に関し学識経験のある者のうちから，内閣総理大臣が任命する。
③ 委員は，非常勤とする。

（資料提出の要求等）

第75条　① 会議[6]は，その所掌事務を遂行するために必要があると認めるときは，関係行政機関の長に対し，資料の提出，意見の表明，説明その他必要な協力を求めることができる。
② 会議は，その所掌事務を遂行するために特に必要があると認めるときは，前項に規定する者以外の者に対しても，必要な協力を依頼することができる。

（政令への委任）

第76条　第72条から前条までに定めるもののほか，会議[7]の組織及び運営に関し必要な事項は，政令で定める。

（市町村等における合議制の機関）

第77条　① 市町村は，条例で定めるところにより，次に掲げる事務を処理するため，審議会その他の合議制の機関を置くよう努めるもの

1) ⇒72条
2) ⇒72条
3) ⇒6条1項
4) ⇒6条2項
5) ⇒7条1項
6) ⇒72条
7) ⇒72条

とする。
　一　特定教育・保育施設[8]の利用定員の設定に関し，第31条第2項に規定する事項を処理すること。
　二　特定地域型保育事業[9]の利用定員の設定に関し，第43条第3項に規定する事項を処理すること。
　三　市町村子ども・子育て支援事業計画[10]に関し，第61条第7項に規定する事項を処理すること。
　四　当該市町村における子ども・子育て支援[11]に関する施策の総合的かつ計画的な推進に関し必要な事項及び当該施策の実施状況を調査審議すること。
② 前項の合議制の機関は，同項各号に掲げる事務を処理するに当たっては，地域の子ども[12]及び子育て家庭の実情を十分に踏まえなければならない。
③ 前2項に定めるもののほか，第1項の合議制の機関の組織及び運営に関し必要な事項は，市町村の条例で定める。
④ 都道府県は，条例で定めるところにより，次に掲げる事務を処理するため，審議会その他の合議制の機関を置くよう努めるものとする。
　一　都道府県子ども・子育て支援事業支援計画[13]に関し，第62条第5項に規定する事項を処理すること。
　二　当該都道府県における子ども・子育て支援に関する施策の総合的かつ計画的な推進に関し必要な事項及び当該施策の実施状況を調査審議すること。
⑤ 第2項及び第3項の規定は，前項の規定により都道府県に合議制の機関が置かれた場合に準用する。

8) ⇒ 27条1項
9) ⇒ 43条3項
10) ⇒ 61条1項
11) ⇒ 7条1項
12) ⇒ 6条1項
13) ⇒ 62条1項

第8章　雑　則

(時効)
第78条　① 子どものための教育・保育給付[1]を受ける権利及び拠出金等[2]その他この法律の規定による徴収金を徴収する権利は，2年を経過したときは，時効によって消滅する。
② 子どものための教育・保育給付の支給に関する処分についての不服申立ては，時効の中断に関しては，裁判上の請求とみなす。
③ 拠出金等その他この法律の規定による徴収金の納入の告知又は催促は，民法第153条の規定にかかわらず，時効中断の効力を有する。
(期間の計算)
第79条　この法律又はこの法律に基づく命令に規定する期間の計算については，民法の期間に関する規定を準用する。
(審査請求)

1) ⇒ 11条(8条)
2) ⇒ 71条2項

第80条　第71条第2項から第7項までの規定による拠出金等[3]の徴収に関する処分（厚生労働大臣による処分を除く。）に不服がある者は，厚生労働大臣に対して行政不服審査法（昭和37年法律第160号）による審査請求をすることができる。

（不服申立てと訴訟との関係）
第81条　子どものための教育・保育給付[4]の支給に関する処分又は拠出金等[5]その他この法律の規定による徴収金に関する処分の取消しの訴えは，当該処分についての審査請求に対する裁決又は当該処分についての異議申立てに対する決定を経た後でなければ，提起することができない。

（実施規定）
第82条　この法律に特別の規定があるものを除くほか，この法律の実施のための手続その他その執行について必要な細則は，内閣府令で定める。

[3] ⇒71条2項
[4] ⇒11条（8条）
[5] ⇒71条2項

第9章　罰　則

第83条　第15条第1項の規定による報告若しくは物件の提出若しくは提示をせず，若しくは虚偽の報告若しくは虚偽の物件の提出若しくは提示をし，又は同項の規定による当該職員の質問に対して，答弁せず，若しくは虚偽の答弁をした者は，30万円以下の罰金に処する。

第84条　第38条第1項又は第50条第1項の規定による報告若しくは物件の提出若しくは提示をせず，若しくは虚偽の報告若しくは虚偽の物件の提出若しくは提示をし，又はこれらの規定による当該職員の質問に対して答弁をせず，若しくは虚偽の答弁をし，若しくはこれらの規定による検査を拒み，妨げ，若しくは忌避した者は，30万円以下の罰金に処する。

第85条　法人の代表者又は法人若しくは人の代理人，使用人その他の従業者が，その法人又は人の業務に関して前条の違反行為をしたときは，行為者を罰するほか，その法人又は人に対しても，同条の刑を科する。

第86条　第15条第2項の規定による報告若しくは物件の提出若しくは提示をせず，若しくは虚偽の報告若しくは虚偽の物件の提出若しくは提示をし，又は同項の規定による当該職員の質問に対して，答弁せず，若しくは虚偽の答弁をした者は，10万円以下の過料に処する。

第87条　① 市町村は，条例で，正当な理由なしに，第13条第1項の規定による報告若しくは物件の提出若しくは提示をせず，若しくは虚

偽の報告若しくは虚偽の物件の提出若しくは提示をし,又は同項の規定による当該職員の質問に対して,答弁せず,若しくは虚偽の答弁をした者に対し10万円以下の過料を科する規定を設けることができる。

② 市町村は,条例で,正当な理由なしに,第14条第1項の規定による報告若しくは物件の提出若しくは提示をせず,若しくは虚偽の報告若しくは虚偽の物件の提出若しくは提示をし,又は同項の規定による当該職員の質問に対して,答弁せず,若しくは虚偽の答弁をし,若しくは同項の規定による検査を拒み,妨げ,若しくは忌避した者に対し10万円以下の過料を科する規定を設けることができる。

③ 市町村は,条例で,第23条第2項若しくは第4項又は第24条第2項の規定による支給認定証[1]の提出又は返還を求められてこれに応じない者に対し10万円以下の過料を科する規定を設けることができる。

1) ⇒ 20条4項

附　則

(施行期日)

第1条　この法律は,社会保障の安定財源の確保等を図る税制の抜本的な改革を行うための消費税法の一部を改正する等の法律(平成24年法律第68号)附則第1条第2号に掲げる規定の施行の日の属する年の翌年の4月1日までの間において政令で定める日から施行する。ただし,次の各号に掲げる規定は,当該各号に定める日から施行する。

一　附則第2条第4項,第12条(第31条の規定による第27条第1項の確認の手続(第77条第1項の審議会その他の合議制の機関(以下この号及び次号において「市町村合議制機関」という。)の意見を聴く部分に限る。),第43条の規定による第29条第1項の確認の手続(市町村合議制機関[1]の意見を聴く部分に限る。),第61条の規定による市町村子ども・子育て支援事業計画[2]の策定の準備(市町村合議制機関の意見を聴く部分に限る。)及び第62条の規定による都道府県子ども・子育て支援事業支援計画[3]の策定の準備(第77条第四項の審議会その他の合議制の機関(次号において「都道府県合議制機関」という。)の意見を聴く部分に限る。)に係る部分を除く。)及び第13条の規定　公布の日

二　第7章の規定並びに附則第4条,第11条及び第12条(第31条の規定による第27条第1項の確認の手続(市町村合議制機関の意見を聴く部分に限る。),第43条の規定による第29条第1項の確認の手続(市町村合議制機関の意見を聴く部分に限る。),第61条の規定による市町村子ども・子育て支援事業計画の策定の準備(市町村合議制機関の意見を聴く部分に限る。)及び第62条の規定による都道府県子ども・子育て支援事業

1) ⇒ 本号
2) ⇒ 61条1項
3) ⇒ 62条1項

Ⅱ 資料編 ①法令

支援計画の策定の準備（都道府県合議制機関4)の意見を聴く部分に限る。）に係る部分に限る。）の規定　平成25年4月1日 三　附則第10条の規定　社会保障の安定財源の確保等を図る税制の抜本的な改革を行うための消費税法の一部を改正する等の法律の施行の日の属する年の翌年の4月1日までの間において政令で定める日 四　附則第7条ただし書及び附則第8条ただし書の規定　この法律の施行の日（以下「施行日」という。）前の政令で定める日 **（検　討）** **第2条**　① 政府は，総合的な子ども・子育て支援5)の実施を図る観点から，出産及び育児休業に係る給付を子ども・子育て支援給付6)とすることについて検討を加え，必要があると認めるときは，その結果に基づいて所要の措置を講ずるものとする。 ② 政府は，平成27年度以降の次世代育成支援対策推進法（平成15年法律第120号）の延長について検討を加え，必要があると認めるときは，その結果に基づいて必要な措置を講ずるものとする。 ③ 政府は，質の高い教育・保育7)その他の子ども・子育て支援の提供を推進するため，幼稚園教諭，保育士及び放課後児童健全育成事業に従事する者等の処遇の改善に資するための施策の在り方並びに保育士資格を有する者であって現に保育に関する業務に従事していない者の就業の促進その他の教育・保育その他の子ども・子育て支援に係る人材確保のための方策について検討を加え，必要があると認めるときは，その結果に基づいて所要の措置を講ずるものとする。 ④ 政府は，この法律の公布後2年を目途として，総合的な子ども・子育て支援を実施するための行政組織の在り方について検討を加え，必要があると認めるときは，その結果に基づいて所要の措置を講ずるものとする。 ⑤ 政府は，前各項に定める事項のほか，この法律の施行後5年を目途として，この法律の施行の状況を勘案し，必要があると認めるときは，この法律の規定について検討を加え，その結果に基づいて所要の措置を講ずるものとする。 **（財源の確保）** **第3条**　政府は，教育・保育8)その他の子ども・子育て支援9)の量的拡充及び質の向上を図るための安定した財源の確保に努めるものとする。 **（保育の需要及び供給の状況の把握）** **第4条**　国及び地方公共団体は，施行日の前日までの間，子ども・子育て支援10)の推進を図るための基礎資料として，内閣府令で定めるところにより，保育11)の需要及び供給の状況の把握に努めなければな	4) ⇒本条1項1号 5) ⇒7条1項 6) ⇒8条 7) ⇒14条1項 8) ⇒14条1項 9) ⇒7条1項 10) ⇒7条1項 11) ⇒7条3項

らない。
（子どものための現金給付に関する経過措置）
第5条 第9条の規定の適用については，当分の間，同条中「同じ。）」とあるのは，「同じ。）及び同法附則第2条第1項の給付」とする。
（保育所に係る委託費の支払等）
第6条 ① 市町村は，児童福祉法第24条第1項の規定により保育所における保育を行うため，当分の間，保育認定子ども[12]が，特定教育・保育施設[13]（都道府県及び市町村以外の者が設置する保育所[14]に限る。以下この条において「特定保育所」という。）から特定教育・保育[15]（保育[16]に限る。以下この条において同じ。）を受けた場合については，当該特定教育・保育（保育必要量[17]の範囲内のものに限る。以下この条において「支給認定保育」という。）に要した費用について，1月につき，第27条第3項第1号に規定する特定教育・保育に通常要する費用の額を勘案して内閣総理大臣が定める基準により算定した費用の額（その額が現に当該支給認定保育に要した費用の額を超えるときは，当該現に支給認定保育に要した費用の額）に相当する額（以下この条において「保育費用」という。）を当該特定保育所に委託費として支払うものとする。この場合において，第27条の規定は適用しない。

② 特定保育所[18]における保育認定子どもに係る特定教育・保育については，当分の間，第33条第1項及び第2項並びに第42条，母子及び寡婦福祉法（昭和39年法律第129号）第28条第2項並びに児童虐待の防止等に関する法律（平成12年法律第82号）第13条の2第2項の規定は適用しない。

③ 第1項の場合におけるこの法律及び国有財産特別措置法（昭和27年法律第219号）の規定の適用についての必要な技術的読替えは，政令で定める。

④ 第1項の場合において，保育費用[19]の支払をした市町村の長は，当該保育費用に係る保育認定子どもの支給認定保護者[20]又は扶養義務者[21]から，当該保育費用をこれらの者から徴収した場合における家計に与える影響を考慮して特定保育所における保育に係る保育認定子どもの年齢等に応じて定める額を徴収するものとする。

⑤ 前項に規定する額の収納の事務については，収入の確保及び保育費用に係る保育認定子どもの支給認定保護者又は扶養義務者の便益の増進に寄与すると認める場合に限り，政令で定めるところにより，私人に委託することができる。

⑥ 第4項の規定による費用の徴収は，これを保育費用に係る保育認定子どもの支給認定保護者又は扶養義務者の居住地又は財産所在地の都道府県又は市町村に嘱託することができる。

⑦ 第4項の規定により徴収される費用を，指定の期限内に納付しない

12) ⇒59条2号
13) ⇒27条1項
14) ⇒7条4項
15) ⇒27条1項
16) ⇒7条3項
17) ⇒20条3項

18) ⇒本条1項

19) ⇒本条1項
20) ⇒20条4項
21) ⇒16条

者があるときは，地方税の滞納処分の例により処分することができる。この場合における徴収金の先取特権の順位は，国税及び地方税に次ぐものとする。
⑧　第4項の規定により市町村が同項に規定する額を徴収する場合における児童福祉法及び児童手当法の規定の適用についての必要な技術的読替えは，政令で定める。

（特定教育・保育施設に関する経過措置）
第7条　この法律の施行の際現に存する就学前の子どもに関する教育，保育等の総合的な提供の推進に関する法律の一部を改正する法律（平成24年法律第66号）の規定による改正前の認定こども園法第7条第1項に規定する認定こども園（国の設置するものを除き，施行日において現に法人以外の者が設置するものを含む。），幼稚園[22]（国の設置するものを除き，施行日において現に法人以外の者が設置するものを含む。）又は子ども・子育て支援法及び就学前の子どもに関する教育，保育等の総合的な提供の推進に関する法律の一部を改正する法律の施行に伴う関係法律の整備等に関する法律（平成24年法律第67号）第6条の規定による改正前の児童福祉法（次条及び附則第10条第1項において「旧児童福祉法」という。）第39条第1項に規定する保育所（施行日において現に法人以外の者が設置するものを含む。）については，施行日に，第27条第1項の確認があったものとみなす。ただし，当該認定こども園，幼稚園又は保育所の設置者が施行日の前日までに，内閣府令で定めるところにより，別段の申出をしたときは，この限りでない。

22) ⇒7条4項

（特定地域型保育事業者に関する経過措置）
第8条　この法律の施行の際現に旧児童福祉法[23]第6条の3第9項に規定する家庭的保育事業を行っている市町村については，施行日に，家庭的保育に係る第29条第1項の確認があったものとみなす。ただし，当該市町村が施行日の前日までに，内閣府令で定めるところにより，別段の申出をしたときは，この限りでない。

23) ⇒7条

（施設型給付費等の支給の基準及び費用の負担等に関する経過措置）
第9条　①　第19条第1項第1号に掲げる小学校就学前子ども[24]に該当する支給認定子ども[25]に係る子どものための教育・保育給付[26]の額は，第27条第3項，第28条第2項第1号及び第2号並びに第30条第2項第2号及び第4号の規定にかかわらず，当分の間，1月につき，次の各号に掲げる子どものための教育・保育給付の区分に応じ，それぞれ当該各号に定める額とする。
　一　施設型給付費[27]の支給　次のイ及びロに掲げる額の合計額
　　イ　この法律の施行前の私立学校振興助成法（昭和50年法律第61号）第9条の規定による私立幼稚園（国（国立大学法人法第2条第1項に

24) ⇒6条1項
25) ⇒20条4項
26) ⇒11条（8条）

27) ⇒27条（11条）

規定する国立大学法人を含む。),都道府県及び市町村以外の者が設置する幼稚園をいう。以下この項において同じ。)の経常的経費に充てるための国の補助金の総額(以下この項において「国の補助金の総額」という。),私立幼稚園に係る保護者の負担額,当該施設型給付費の支給に係る支給認定教育・保育[28]を行った特定教育・保育施設[29]の所在する地域その他の事情を勘案して内閣総理大臣が定める基準により算定した額(その額が現に当該支給認定教育・保育に要した費用の額を超えるときは,当該現に支給認定教育・保育に要した費用の額)から政令で定める額を限度として当該支給認定保護者[30]の属する世帯の所得の状況その他の事情を勘案して市町村が定める額を控除して得た額(当該額が零を下回る場合には,零とする。)

ロ　当該特定教育・保育施設の所在する地域の実情,特定教育・保育[31]に通常要する費用の額とイの内閣総理大臣が定める基準により算定した額との差額その他の事情を参酌して市町村が定める額

二　特例施設型給付費[32]の支給　次のイ又はロに掲げる教育・保育の区分に応じ,それぞれイ又はロに定める額

イ　特定教育・保育　次の(1)及び(2)に掲げる額の合計額

(1)　国の補助金の総額,私立幼稚園に係る保護者の負担額,当該特例施設型給付費の支給に係る特定教育・保育を行った特定教育・保育施設の所在する地域その他の事情を勘案して内閣総理大臣が定める基準により算定した額(その額が現に当該特定教育・保育に要した費用の額を超えるときは,当該現に特定教育・保育に要した費用の額)から政令で定める額を限度として当該支給認定保護者の属する世帯の所得の状況その他の事情を勘案して市町村が定める額を控除して得た額(当該額が零を下回る場合には,零とする。)を基準として市町村が定める額

(2)　当該特定教育・保育施設の所在する地域の実情,特定教育・保育に通常要する費用の額と(1)の内閣総理大臣が定める基準により算定した額との差額その他の事情を参酌して市町村が定める額

ロ　特別利用保育[33]　次の(1)及び(2)に掲げる額の合計額

(1)　国の補助金の総額,私立幼稚園に係る保護者の負担額,当該特例施設型給付費の支給に係る特別利用保育を行った特定教育・保育施設の所在する地域その他の事情を勘案して内閣総理大臣が定める基準により算定した額(その額が現に当該特別利用保育に要した費用の額を超えるときは,当該現に特別利用保育に要した費用の額)から政令で定める額を限度として当該支給認定保護者の属する世帯の所得の状況その他の事情を勘案して市町村が定める額を控除して得た額(当該額が零を下回る場合には,零とする。)

(2)　当該特定教育・保育施設の所在する地域の実情,特別利用保育に

[28] ⇒ 27条1項
[29] ⇒ 27条1項
[30] ⇒ 20条4項
[31] ⇒ 27条1項
[32] ⇒ 28条 (11条)
[33] ⇒ 28条1項2号

通常要する費用の額と(1)の内閣総理大臣が定める基準により算定した額との差額その他の事情を参酌して市町村が定める額

　三　特例地域型保育給付費[34)]の支給　次のイ又はロに掲げる保育の区分に応じ，それぞれイ又はロに定める額

　イ　特別利用地域型保育[35)]　次の(1)及び(2)に掲げる額の合計額
　(1)　国の補助金の総額，私立幼稚園に係る保護者の負担額，当該特例地域型保育給付費の支給に係る特別利用地域型保育を行った特定地域型保育事業所[36)]の所在する地域その他の事情を勘案して内閣総理大臣が定める基準により算定した額（その額が現に当該特別利用地域型保育に要した費用の額を超えるときは，当該現に特別利用地域型保育に要した費用の額）から政令で定める額を限度として当該支給認定保護者の属する世帯の所得の状況その他の事情を勘案して市町村が定める額を控除して得た額（当該額が零を下回る場合には，零とする。）
　(2)　当該特定地域型保育事業所の所在する地域の実情，特別利用地域型保育に通常要する費用の額と(1)の内閣総理大臣が定める基準により算定した額との差額その他の事情を参酌して市町村が定める額

　ロ　特例保育[37)]　次の(1)及び(2)に掲げる額の合計額
　(1)　国の補助金の総額，私立幼稚園に係る保護者の負担額，当該特例地域型保育給付費の支給に係る特例保育を行った施設又は事業所の所在する地域その他の事情を勘案して内閣総理大臣が定める基準により算定した額（その額が現に当該特例保育に要した費用の額を超えるときは，当該現に特例保育に要した費用の額）から政令で定める額を限度として当該支給認定保護者の属する世帯の所得の状況その他の事情を勘案して市町村が定める額を控除して得た額（当該額が零を下回る場合には，零とする。）を基準として市町村が定める額
　(2)　当該特例保育を行う施設又は事業所の所在する地域の実情，特例保育に通常要する費用の額と(1)の内閣総理大臣が定める基準により算定した額との差額その他の事情を参酌して市町村が定める額

② 内閣総理大臣は，前項第1号イ，第2号イ(1)及びロ(1)並びに第3号イ(1)及びロ(1)の基準を定め，又は変更しようとするときは，あらかじめ，文部科学大臣及び厚生労働大臣に協議するとともに，第72条に規定する子ども・子育て会議の意見を聴かなければならない。

③ 第1項の場合における第67条第1項及び第68条第1項の規定の適用については，これらの規定中「同条第2号に掲げる費用」とあるのは，「同条第2号に掲げる費用（附則第9条第1項第1号ロ，第2号イ(2)及びロ(2)並びに第3号イ(2)及びロ(2)に掲げる額に係る部分を除く。）」とする。

④ 都道府県は，当該都道府県の予算の範囲内において，政令で定めるところにより，第65条の規定により市町村が支弁する同条第2号

34) ⇒ 30条（11条）

35) ⇒ 30条1項2号

36) ⇒ 29条3項1号

37) ⇒ 30条1項4号

（保育の需要の増大等への対応）

第10条 ① 旧児童福祉法[38]第56条の8第1項に規定する特定市町村（以下この条において「特定市町村」という。）は、市町村子ども・子育て支援事業計画[39]に基づく子どものための教育・保育給付[40]及び地域子ども・子育て支援事業[41]の実施への円滑な移行を図るため、施行日の前日までの間、小学校就学前子ども[42]の保育[43]その他の子ども・子育て支援[44]に関する事業であって内閣府令で定めるもの（以下この条において「保育緊急確保事業」という。）のうち必要と認めるものを旧児童福祉法第56条の8第2項に規定する市町村保育計画に定め、当該市町村保育計画に従って当該保育緊急確保事業[45]を行うものとする。

② 特定市町村[46]以外の市町村（以下この条において「事業実施市町村」という。）は、市町村子ども・子育て支援事業計画に基づく子どものための教育・保育給付及び地域子ども・子育て支援事業の実施への円滑な移行を図るため、施行日の前日までの間、保育緊急確保事業[47]を行うことができる。

③ 内閣総理大臣は、第1項の内閣府令を定め、又は変更しようとするときは、あらかじめ、文部科学大臣及び厚生労働大臣に協議しなければならない。

④ 国は、保育緊急確保事業を行う特定市町村又は事業実施市町村[48]に対し、予算の範囲内で、政令で定めるところにより、当該保育緊急確保事業に要する費用の一部を補助することができる。

⑤ 国及び都道府県は、特定市町村又は事業実施市町村が、保育緊急確保事業を実施しようとするときは、当該保育緊急確保事業が円滑に実施されるように必要な助言その他の援助の実施に努めるものとする。

（施行前の準備）

第11条 内閣総理大臣は、第27条第1項の1日当たりの時間及び期間を定める内閣府令、同条第3項第1号の基準、第28条第1項第2号の内閣府令、同条第2項第2号及び第3号の基準、第29条第3項第1号の基準、第30条第1項第2号及び第4号の内閣府令、同条第2項第2号から第4号までの基準、第34条第3項の内閣府令で定める基準（特定教育・保育[49]の取扱いに関する部分に限る。）、同項第2号の内閣府令（特定教育・保育の取扱いに関する部分に限る。）、第46条第3項の内閣府令で定める基準（特定地域型保育[50]の取扱いに関する部分に限る。）、同項第2号の内閣府令（特定地域型保育の取扱いに関す

---

38) ⇒附則7条
39) ⇒61条1項
40) ⇒11条（8条）
41) ⇒59条
42) ⇒6条1項
43) ⇒7条3項
44) ⇒7条1項
45) ⇒本号
46) ⇒本条1項
47) ⇒本条1項
48) ⇒本条2項
49) ⇒27条1項
50) ⇒29条1項

る部分に限る。），第 60 条第 1 項の基本指針並びに附則第 9 条第 1 項第 1 号イ，第 2 号イ(1)及びロ(1)並びに第 3 号イ(1)及びロ(1)の基準を定めようとするときは，施行日前においても第 72 条に規定する子ども・子育て会議の意見を聴くことができる。

第 12 条 前条に規定するもののほか，この法律を施行するために必要な条例の制定又は改正，第 20 条の規定による支給認定の手続，第 31 条の規定による第 27 条第 1 項の確認の手続，第 42 条の規定による情報の提供，相談，助言，あっせん及び利用の要請（以下この条において「情報の提供等」という。），第 43 条の規定による第 29 条第 1 項の確認の手続，第 54 条の規定による<u>情報の提供等</u>[51]，第 61 条の規定による<u>市町村子ども・子育て支援事業計画</u>[52]の策定の準備，第 62 条の規定による<u>都道府県子ども・子育て支援事業支援計画</u>[53]の策定の準備，第 74 条の規定による<u>子ども・子育て会議</u>[54]の委員の任命に関し必要な行為その他の行為は，この法律の施行前においても行うことができる。

51) ⇒本条
52) ⇒ 61 条 1 項
53) ⇒ 62 条 1 項
54) ⇒ 72 条

（政令への委任）
第 13 条 この附則に規定するもののほか，この法律の施行に伴い必要な経過措置は，政令で定める。

附　則　（平成 24 年 8 月 22 日法律第 62 号）（抄）

（施行期日）
第 1 条 この法律は，社会保障の安定財源の確保等を図る税制の抜本的な改革を行うための消費税法の一部を改正する等の法律（平成 24 年法律第 68 号）附則第 1 条第 2 号に掲げる規定の施行の日から施行する。ただし，次の各号に掲げる規定は，当該各号に定める日から施行する。
一　附則第 2 条の 2 から第 2 条の 4 まで，第 57 条及び第 71 条の規定　公布の日
二　削除
四　第 1 条の規定（前号に掲げる改正規定を除く。），第 3 条中厚生年金保険法第 21 条第 3 項の改正規定，同法第 23 条の 2 第 1 項にただし書を加える改正規定，同条の次に 1 条を加える改正規定，同法第 24 条，第 26 条，第 37 条，第 44 条の 3，第 52 条第 3 項及び第 81 条の 2 の改正規定，同条の次に 1 条を加える改正規定，同法第 81 条の 3 第 2 項，第 98 条第 3 項，第 100 条の 4 第 1 項，第 100 条の 10 第 1 項第 29 号，第 139 条及び第 140 条の改正規定，同法附則第 4 条の 2，第 4 条の 3 第 1 項，第 4 条の 5 第 1 項及び第 9 条の 2 の改正規定，同法附則第 29 条第 1 項第 4 号を削る改正規定並びに同法附則第 32 条第

2項第3号の改正規定,第4条中昭和60年国民年金等改正法附則第18条第5項及び第43条第12項の改正規定,第8条中平成16年国民年金等改正法附則第19条第2項の改正規定,第10条中国家公務員共済組合法第42条,第42条の2第2項,第73条の2,第78条の2及び第100条の2の改正規定,同条の次に1条を加える改正規定,同法第102条第1項の改正規定,同法附則第12条第9項及び第12条の4の2の改正規定並びに同法附則第13条の10第1項第4号を削る改正規定,第15条中地方公務員等共済組合法第80条の2及び第114条の2の改正規定,同条の次に1条を加える改正規定,同法第116条第1項及び第144条の12第1項の改正規定,同法附則第18条第8項及び第20条の2の改正規定並びに同法附則第28条の13第1項第4号を削る改正規定,第19条の規定（私立学校教職員共済法第39条第3号の改正規定を除く。）,第24条中協定実施特例法第8条第3項の改正規定（「附則第7条第1項」を「附則第9条第1項」に改める部分を除く。）及び協定実施特例法第18条第1項の改正規定,第25条の規定（次号に掲げる改正規定を除く。）並びに第26条の規定（次号に掲げる改正規定を除く。）並びに次条第1項並びに附則第4条から第7条まで,第9条から第12条まで,第18条から第20条まで,第22条から第34条まで,第37条から第39条まで,第42条から第44条まで,第47条から第50条まで,第61条,第64条から第66条まで及び第70条の規定　公布の日から起算して2年を超えない範囲内において政令で定める日

（その他の経過措置の政令への委任）

第71条　この附則に規定するもののほか,この法律の施行に伴い必要な経過措置は,政令で定める。

附　則　（平成24年8月22日法律第63号）（抄）

（施行期日）

第1条　この法律は,平成27年10月1日から施行する。ただし,次の各号に掲げる規定は,それぞれ当該各号に定める日から施行する。

一　次条並びに附則第3条,第28条,第159条及び第160条の規定　公布の日

（その他の経過措置の政令への委任）

第160条　この附則に規定するもののほか,この法律の施行に伴い必要な経過措置は,政令で定める。

② 児童福祉法（抄）

昭和22年12月12日法律第164号
最終改正：平成24年8月22日法律第67号
（施行日は，子ども・子育て支援法の施行の日）

第1章　総則

第1条　① すべて国民は，児童が心身ともに健やかに生まれ，且つ，育成されるよう努めなければならない。
② すべて児童は，ひとしくその生活を保障され，愛護されなければならない。
第2条　国及び地方公共団体は，児童の保護者とともに，児童を心身ともに健やかに育成する責任を負う。
第3条　前2条に規定するところは，児童の福祉を保障するための原理であり，この原理は，すべて児童に関する法令の施行にあたつて，常に尊重されなければならない。

第1節　定義

第4条　① この法律で，児童とは，満18歳に満たない者をいい，児童を左のように分ける。
一　乳児　満1歳に満たない者
二　幼児　満1歳から，小学校就学の始期に達するまでの者
三　少年　小学校就学の始期から，満18歳に達するまでの者
② この法律で，障害児とは，身体に障害のある児童，知的障害のある児童，精神に障害のある児童（発達障害者支援法（平成16年法律第167号）第2条第2項に規定する発達障害児を含む。）又は治療方法が確立していない疾病その他の特殊の疾病であつて障害者の日常生活及び社会生活を総合的に支援するための法律（平成17年法律第123号）第四条第1項の政令で定めるものによる障害の程度が同項の厚生労働大臣が定める程度である児童をいう。
第5条　この法律で，妊産婦とは，妊娠中又は出産後1年以内の女子をいう。
第6条　この法律で，保護者とは，親権を行う者，未成年後見人その他の者で，児童を現に監護する者をいう。
第6条の3　① この法律で，児童自立生活援助事業とは，第25条の7第1項第3号に規定する児童自立生活援助の実施に係る義務教育終了児童等（義務教育を終了した児童又は児童以外の満20歳に満たない者であつて，第27条第1項第3号に規定する措置のうち政令で定めるものを解除されたものその他政令で定めるものをいう。以下同じ。）につき第33条の6第1項に規定する住居において同項に規定する日常生活上の援助及び生活指導並びに就業の支援を行い，あわせて第25条の7第1項第3号に規定する児童自立生活援助の実施を解除された者につき相談その他の援助を行う事業をいう。
② この法律で，放課後児童健全育成事業とは，小学校に就学している児童であつて，その保護者が労働等により昼間家庭にいないものに，授業の終了後に児童厚生施設等の施設を利用して適切な遊び及び生活の場を与えて，その健全な育成を図る事業をいう。
⑦ この法律で，一時預かり事業とは，家庭において保育（養護及び教育（第39条の2第1項に規定する満3歳以上の幼児に対する教育を除く。）を行うことをいう。以下同じ。）を受けることが一時的に困難となつた乳児又は幼児について，厚生労働省令で定めるところにより，主として昼間において，保育所，認定こども園（就学前の子どもに関する教育，保育等の総合的な提供の推進に関する法律（平成18年法律第77号。以下「認定こども園法」という。）第2条第6項に規定する認定こども園をいい，保育所であるものを除く。第24条第2項を除き，以下同じ。）その他の場所において，一時的に預かり，必要な保護を行う事業をいう。
⑨ この法律で，家庭的保育事業とは，次に掲げる事業をいう。

一　子ども・子育て支援法（平成24年法律第65号）第19条第1項第2号の内閣府令で定める事由により家庭において必要な保育を受けることが困難である乳児又は幼児（以下「保育を必要とする乳児・幼児」という。）であつて満3歳未満のものについて、家庭的保育者（市町村長（特別区の区長を含む。以下同じ。）が行う研修を修了した保育士その他の厚生労働省令で定める者であつて、当該保育を必要とする乳児・幼児の保育を行う者として市町村長が適当と認めるものをいう。以下同じ。）の居宅その他の場所（当該保育を必要とする乳児・幼児の居宅を除く。）において、家庭的保育者による保育を行う事業（利用定員が5人以下であるものに限る。次号において同じ。）

二　満3歳以上の幼児に係る保育の体制の整備の状況その他の地域の事情を勘案して、保育が必要と認められる児童であつて満3歳以上のものについて、家庭的保育者の居宅その他の場所（当該保育が必要と認められる児童の居宅を除く。）において、家庭的保育者による保育を行う事業

⑩　この法律で、小規模保育事業とは、次に掲げる事業をいう。

一　保育を必要とする乳児・幼児であつて満3歳未満のものについて、当該保育を必要とする乳児・幼児を保育することを目的とする施設（利用定員が6人以上19人以下であるものに限る。）において、保育を行う事業

二　満3歳以上の幼児に係る保育の体制の整備の状況その他の地域の事情を勘案して、保育が必要と認められる児童であつて満3歳以上のものについて、前号に規定する施設において、保育を行う事業

⑪　この法律で、居宅訪問型保育事業とは、次に掲げる事業をいう。

一　保育を必要とする乳児・幼児であつて満3歳未満のものについて、当該保育を必要とする乳児・幼児の居宅において家庭的保育者による保育を行う事業

二　満3歳以上の幼児に係る保育の体制の整備の状況その他の地域の事情を勘案して、保育が必要と認められる児童であつて満3歳以上のものについて、当該保育が必要と認められる児童の居宅において家庭的保育者による保育を行う事業

⑫　この法律で、事業所内保育事業とは、次に掲げる事業をいう。

一　保育を必要とする乳児・幼児であつて満3歳未満のものについて、次に掲げる施設において、保育を行う事業

イ　事業主がその雇用する労働者の監護する乳児若しくは幼児及びその他の乳児若しくは幼児を保育するために自ら設置する施設又は事業主から委託を受けて当該事業主が雇用する労働者の監護する乳児若しくは幼児及びその他の乳児若しくは幼児の保育を実施する施設

ロ　事業主団体がその構成員である事業主の雇用する労働者の監護する乳児若しくは幼児及びその他の乳児若しくは幼児を保育するために自ら設置する施設又は事業主団体から委託を受けてその構成員である事業主の雇用する労働者の監護する乳児若しくは幼児及びその他の乳児若しくは幼児の保育を実施する施設

ハ　地方公務員等共済組合法（昭和37年法律第152号）の規定に基づく共済組合その他の厚生労働省令で定める組合（以下ハにおいて「共済組合等」という。）が当該共済組合等の構成員として厚生労働省令で定める者（以下ハにおいて「共済組合等の構成員」という。）の監護する乳児若しくは幼児及びその他の乳児若しくは幼児を保育するために自ら設置する施設又は共済組合等から委託を受けて当該共済組合等の構成員の監護する乳児若しくは幼児及びその他の乳児若しくは幼児の保育を実施する施設

二　満3歳以上の幼児に係る保育の体制の整備の状況その他の地域の事情を勘案して、保育が必要と認められる児童であつて満3歳以上のものについて、前号に規定する施設において、保育を行う事業

⑬　この法律で、病児保育事業とは、保育を必要とする乳児・幼児又は保護者の労働若しくは疾病その他の事由により家庭において保育を受けることが困難となつた小学校に就学している児童であつて、疾病にかかつてい

るものについて，保育所，認定こども園，病院，診療所その他厚生労働省令で定める施設において，保育を行う事業をいう。
⑭ この法律で，子育て援助活動支援事業とは，厚生労働省令で定めるところにより，次に掲げる援助のいずれか又は全てを受けることを希望する者と当該援助を行うことを希望する者（個人に限る。以下この項において「援助希望者」という。）との連絡及び調整並びに援助希望者への講習の実施その他の必要な支援を行う事業をいう。
一 児童を一時的に預かり，必要な保護（宿泊を伴つて行うものを含む。）を行うこと。
二 児童が円滑に外出することができるよう，その移動を支援すること。
第7条 ① この法律で，児童福祉施設とは，助産施設，乳児院，母子生活支援施設，保育所，幼保連携型認定こども園，児童厚生施設，児童養護施設，障害児入所施設，児童発達支援センター，情緒障害児短期治療施設，児童自立支援施設及び児童家庭支援センターとする。
② この法律で，障害児入所支援とは，障害児入所施設に入所し，又は指定医療機関に入院する障害児に対して行われる保護，日常生活の指導及び知識技能の付与並びに障害児入所施設に入所し，又は指定医療機関に入院する障害児のうち知的障害のある児童，肢体不自由のある児童又は重度の知的障害及び重度の肢体不自由が重複している児童（以下「重症心身障害児」という。）に対し行われる治療をいう。

第2節 児童福祉審議会等

第8条 ① 第7項，第27条第6項，第33条第5項，第33条の15第3項，第35条第6項，第46条第4項及び第59条第5項の規定によりその権限に属させられた事項を調査審議するため，都道府県に児童福祉に関する審議会その他の合議制の機関を置くものとする。ただし，社会福祉法（昭和26年法律第45号）第12条第1項の規定により同法第7条第1項に規定する地方社会福祉審議会（以下「地方社会福祉審議会」という。）に児童福祉に関する事項を調査審議させる都道府県にあつては，この限りでない。
② 前項に規定する審議会その他の合議制の機関（以下「都道府県児童福祉審議会」という。）は，同項に定めるもののほか，児童，妊産婦及び知的障害者の福祉に関する事項を調査審議することができる。
③ 市町村は，第34条の15第4項の規定によりその権限に属させられた事項及び前項の事項を調査審議するため，児童福祉に関する審議会その他の合議制の機関を置くことができる。
④ 都道府県児童福祉審議会は，都道府県知事の，前項に規定する審議会その他の合議制の機関（以下「市町村児童福祉審議会」という。）は，市町村長の管理に属し，それぞれその諮問に答え，又は関係行政機関に意見を具申することができる。
⑤ 都道府県児童福祉審議会及び市町村児童福祉審議会（以下「児童福祉審議会」という。）は，特に必要があると認めるときは，関係行政機関に対し，所属職員の出席説明及び資料の提出を求めることができる。
⑥ 社会保障審議会及び児童福祉審議会は，必要に応じ，相互に資料を提供する等常に緊密な連絡をとらなければならない。
⑦ 社会保障審議会及び都道府県児童福祉審議会（第1項ただし書に規定する都道府県にあつては，地方社会福祉審議会とする。第27条第6項，第33条第5項，第33条の12第1項及び第3項，第33条の13，第33条の15，第46条第4項並びに第59条第5項及び第6項において同じ。）は，児童及び知的障害者の福祉を図るため，芸能，出版物，玩具，遊戯等を推薦し，又はこれらを製作し，興行し，若しくは販売する者等に対し，必要な勧告をすることができる。

第3節 実施機関
第4節 児童福祉司
第5節 児童委員
第6節 保育士

第18条の4 この法律で，保育士とは，第18条の18第1項の登録を受け，保育士の名称を用いて，専門的知識及び技術をもつて，児童の保育及び児童の保護者に対する保育に関する指導を行うことを業とする者をいう。

第18条の5 次の各号のいずれかに該当する者は,保育士となることができない。
一 成年被後見人又は被保佐人
二 禁錮以上の刑に処せられ,その執行を終わり,又は執行を受けることがなくなつた日から起算して2年を経過しない者
三 この法律の規定その他児童の福祉に関する法律の規定であつて政令で定めるものにより,罰金の刑に処せられ,その執行を終わり,又は執行を受けることがなくなつた日から起算して2年を経過しない者
四 第18条の19第1項第2号又は第2項の規定により登録を取り消され,その取消しの日から起算して2年を経過しない者

第18条の6 次の各号のいずれかに該当する者は,保育士となる資格を有する。
一 厚生労働大臣の指定する保育士を養成する学校その他の施設(以下「指定保育士養成施設」という。)を卒業した者
二 保育士試験に合格した者

第18条の7 ① 厚生労働大臣は,保育士の養成の適切な実施を確保するため必要があると認めるときは,その必要な限度で,指定保育士養成施設の長に対し,教育方法,設備その他の事項に関し報告を求め,若しくは指導をし,又は当該職員に,その帳簿書類その他の物件を検査させることができる。
② 前項の規定による検査を行う場合においては,当該職員は,その身分を示す証明書を携帯し,関係者の請求があるときは,これを提示しなければならない。
③ 第1項の規定による権限は,犯罪捜査のために認められたものと解釈してはならない。

第18条の8 ① 保育士試験は,厚生労働大臣の定める基準により,保育士として必要な知識及び技能について行う。
② 保育士試験は,毎年1回以上,都道府県知事が行う。
③ 保育士として必要な知識及び技能を有するかどうかの判定に関する事務を行わせるため,都道府県に保育士試験委員(次項において「試験委員」という。)を置く。ただし,次条第1項の規定により指定された者に当該事務を行わせることとした場合は,この限りでない。
④ 試験委員又は試験委員であつた者は,前項に規定する事務に関して知り得た秘密を漏らしてはならない。

第18条の9 ① 都道府県知事は,厚生労働省令で定めるところにより,一般社団法人又は一般財団法人であつて,保育士試験の実施に関する事務(以下「試験事務」という。)を適正かつ確実に実施することができると認められるものとして当該都道府県知事が指定する者(以下「指定試験機関」という。)に,試験事務の全部又は一部を行わせることができる。
② 都道府県知事は,前項の規定により指定試験機関に試験事務の全部又は一部を行わせることとしたときは,当該試験事務の全部又は一部を行わないものとする。
③ 都道府県は,地方自治法(昭和22年法律第67号)第227条の規定に基づき保育士試験に係る手数料を徴収する場合においては,第1項の規定により指定試験機関が行う保育士試験を受けようとする者に,条例で定めるところにより,当該手数料の全部又は一部を当該指定試験機関へ納めさせ,その収入とすることができる。

第18条の10 ① 指定試験機関の役員の選任及び解任は,都道府県知事の認可を受けなければ,その効力を生じない。
② 都道府県知事は,指定試験機関の役員が,この法律(この法律に基づく命令又は処分を含む。)若しくは第18条の13第1項に規定する試験事務規程に違反する行為をしたとき,又は試験事務に関し著しく不適当な行為をしたときは,当該指定試験機関に対し,当該役員の解任を命ずることができる。

第18条の11 ① 指定試験機関は,試験事務を行う場合において,保育士として必要な知識及び技能を有するかどうかの判定に関する事務については,保育士試験委員(次項及び次条第1項において「試験委員」という。)に行わせなければならない。
② 前条第1項の規定は試験委員の選任及び解任について,同条第2項の規定は試験委員の解任について,それぞれ準用する。

第18条の12　① 指定試験機関の役員若しくは職員（試験委員を含む。次項において同じ。）又はこれらの職にあつた者は、試験事務に関して知り得た秘密を漏らしてはならない。
② 試験事務に従事する指定試験機関の役員又は職員は、刑法（明治40年法律第45号）その他の罰則の適用については、法令により公務に従事する職員とみなす。
第18条の13　① 指定試験機関は、試験事務の開始前に、試験事務の実施に関する規程（以下「試験事務規程」という。）を定め、都道府県知事の認可を受けなければならない。これを変更しようとするときも、同様とする。
② 都道府県知事は、前項の認可をした試験事務規程が試験事務の適正かつ確実な実施上不適当となつたと認めるときは、指定試験機関に対し、これを変更すべきことを命ずることができる。
第18条の14　指定試験機関は、毎事業年度、事業計画及び収支予算を作成し、当該事業年度の開始前に（指定を受けた日の属する事業年度にあつては、その指定を受けた後遅滞なく）、都道府県知事の認可を受けなければならない。これを変更しようとするときも、同様とする。
第18条の15　都道府県知事は、試験事務の適正かつ確実な実施を確保するため必要があると認めるときは、指定試験機関に対し、試験事務に関し監督上必要な命令をすることができる。
第18条の16　① 都道府県知事は、試験事務の適正かつ確実な実施を確保するため必要があると認めるときは、その必要な限度で、指定試験機関に対し、報告を求め、又は当該職員に、関係者に対し質問させ、若しくは指定試験機関の事務所に立ち入り、その帳簿書類その他の物件を検査させることができる。
② 前項の規定による質問又は立入検査を行う場合においては、当該職員は、その身分を示す証明書を携帯し、関係者の請求があるときは、これを提示しなければならない。
③ 第1項の規定による権限は、犯罪捜査のために認められたものと解釈してはならない。

第18条の17　指定試験機関が行う試験事務に係る処分又はその不作為について不服がある者は、都道府県知事に対し、行政不服審査法（昭和37年法律第160号）による審査請求をすることができる。
第18条の18　① 保育士となる資格を有する者が保育士となるには、保育士登録簿に、氏名、生年月日その他厚生労働省令で定める事項の登録を受けなければならない。
② 保育士登録簿は、都道府県に備える。
③ 都道府県知事は、保育士の登録をしたときは、申請者に第1項に規定する事項を記載した保育士登録証を交付する。
第18条の19　① 都道府県知事は、保育士が次の各号のいずれかに該当する場合には、その登録を取り消さなければならない。
一　第18条の5各号（第4号を除く。）のいずれかに該当するに至つた場合
二　虚偽又は不正の事実に基づいて登録を受けた場合
② 都道府県知事は、保育士が第18条の21又は第18条の22の規定に違反したときは、その登録を取り消し、又は期間を定めて保育士の名称の使用の停止を命ずることができる。
第18条の20　都道府県知事は、保育士の登録がその効力を失つたときは、その登録を消除しなければならない。
第18条の21　保育士は、保育士の信用を傷つけるような行為をしてはならない。
第18条の22　保育士は、正当な理由がなく、その業務に関して知り得た人の秘密を漏らしてはならない。保育士でなくなつた後においても、同様とする。
第18条の23　保育士でない者は、保育士又はこれに紛らわしい名称を使用してはならない。
第18条の24　この法律に定めるもののほか、指定保育士養成施設、保育士試験、指定試験機関、保育士の登録その他保育士に関し必要な事項は、政令でこれを定める。

第2章　福祉の保障

第1節　療育の指導等
第2節　居宅生活の支援

2 児童福祉法（抄）

第21条の8　市町村は，次条に規定する子育て支援事業に係る福祉サービスその他地域の実情に応じたきめ細かな福祉サービスが積極的に提供され，保護者が，その児童及び保護者の心身の状況，これらの者の置かれている環境その他の状況に応じて，当該児童を養育するために最も適切な支援が総合的に受けられるように，福祉サービスを提供する者又はこれに参画する者の活動の連携及び調整を図るようにすることその他の地域の実情に応じた体制の整備に努めなければならない。

第21条の9　市町村は，児童の健全な育成に資するため，その区域内において，放課後児童健全育成事業，子育て短期支援事業，乳児家庭全戸訪問事業，養育支援訪問事業，地域子育て支援拠点事業，一時預かり事業，病児保育事業及び子育て援助活動支援事業並びに次に掲げる事業であつて主務省令で定めるもの（以下「子育て支援事業」という。）が着実に実施されるよう，必要な措置の実施に努めなければならない。

一　児童及びその保護者又はその他の者の居宅において保護者の児童の養育を支援する事業

二　保育所その他の施設において保護者の児童の養育を支援する事業

三　地域の児童の養育に関する各般の問題につき，保護者からの相談に応じ，必要な情報の提供及び助言を行う事業

第21条の10　市町村は，児童の健全な育成に資するため，地域の実情に応じた放課後児童健全育成事業を行うとともに，当該市町村以外の放課後児童健全育成事業を行う者との連携を図る等により，第6条の3第2項に規定する児童の放課後児童健全育成事業の利用の促進に努めなければならない。

第21条の11　① 市町村は，子育て支援事業に関し必要な情報の収集及び提供を行うとともに，保護者から求めがあつたときは，当該保護者の希望，その児童の養育の状況，当該児童に必要な支援の内容その他の事情を勘案し，当該保護者が最も適切な子育て支援事業の利用ができるよう，障害児及びその保護者の意思をできる限り尊重するとともに，相談に応じ，常に障害児及びその保護者の立場に立つて必要な助言を行うものとする。

② 市町村は，前項の助言を受けた保護者から求めがあつた場合には，必要に応じて，子育て支援事業の利用についてあつせん又は調整を行うとともに，子育て支援事業を行う者に対し，当該保護者の利用の要請を行うものとする。

③ 市町村は，第1項の情報の収集及び提供，相談並びに助言並びに前項のあつせん，調整及び要請の事務を当該市町村以外の者に委託することができる。

④ 子育て支援事業を行う者は，前3項の規定により行われる情報の収集あつせん，調整及び要請に対し，できる限り協力しなければならない。

第21条の16　国及び地方公共団体は，子育て支援事業を行う者に対して，情報の提供，相談その他の適当な援助をするように努めなければならない。

第21条の17　国及び都道府県は，子育て支援事業を行う者が行う福祉サービスの質の向上のための措置を援助するための研究その他保護者の児童の養育を支援し，児童の福祉を増進するために必要な調査研究の推進に努めなければならない。

第3節　助産施設，母子生活支援施設及び保育所への入所等

第24条　① 市町村は，この法律及び子ども・子育て支援法の定めるところにより，保護者の労働又は疾病その他の事由により，その監護すべき乳児，幼児その他の児童について保育を必要とする場合において，次項に定めるところによるほか，当該児童を保育所（認定こども園法第3条第1項の認定を受けたもの及び同条第9項の規定による公示がされたものを除く。）において保育しなければならない。

② 市町村は，前項に規定する児童に対し，認定こども園法第2条第6項に規定する認定こども園（子ども・子育て支援法第27条第1項の確認を受けたものに限る。）又は家庭的保育事業等（家庭的保育事業，小規模保育事業，居宅訪問型保育事業又は事業所内保育事業をい

う。以下同じ。）により必要な保育を確保するための措置を講じなければならない。
③ 市町村は，保育の需要に応ずるに足りる保育所，認定こども園（子ども・子育て支援法第27条第1項の確認を受けたものに限る。以下この項及び第46条の2第2項において同じ。）又は家庭的保育事業等が不足し，又は不足するおそれがある場合その他必要と認められる場合には，保育所，認定こども園（保育所であるものを含む。）又は家庭的保育事業等の利用について調整を行うとともに，認定こども園の設置者又は家庭的保育事業等を行う者に対し，前項に規定する児童の利用の要請を行うものとする。
④ 市町村は，第25条の8第3号又は第26条第1項第4号の規定による報告又は通知を受けた児童その他の優先的に保育を行う必要があると認められる児童について，その保護者に対し，保育所若しくは幼保連携型認定こども園において保育を受けること又は家庭的保育事業等による保育を受けること（以下「保育の利用」という。）の申込みを勧奨し，及び保育を受けることができるよう支援しなければならない。
⑤ 市町村は，前項に規定する児童が，同項の規定による勧奨及び支援を行つても，なおやむを得ない事由により子ども・子育て支援法に規定する施設型給付費若しくは特例施設型給付費（同法第28条第1項第2号に係るものを除く。次項において同じ。）又は同法に規定する地域型保育給付費若しくは特例地域型保育給付費（同法第30条第1項第2号に係るものを除く。次項において同じ。）の支給に係る保育を受けることが著しく困難であると認めるときは，当該児童を当該市町村の設置する保育所若しくは幼保連携型認定こども園に入所させ，又は当該市町村以外の者の設置する保育所若しくは幼保連携型認定こども園に入所を委託して，保育を行わなければならない。
⑥ 市町村は，前項に定めるほか，保育を必要とする乳児・幼児が，子ども・子育て支援法第42条第1項又は第54条第1項の規定によるあつせん又は要請その他市町村による支援等を受けたにもかかわらず，なお保育が利用できないなど，やむを得ない事由により同法に規定する施設型給付費若しくは特例施設型給付費又は同法に規定する地域型保育給付費若しくは特例地域型保育給付費の支給に係る保育を受けることが著しく困難であると認めるときは，次の措置を採ることができる。
一　当該保育を必要とする乳児・幼児を当該市町村の設置する保育所若しくは幼保連携型認定こども園に入所させ，又は当該市町村以外の者の設置する保育所若しくは幼保連携型認定こども園に入所を委託して，保育を行うこと。
二　当該保育を必要とする乳児・幼児に対して当該市町村が行う家庭的保育事業等による保育を行い，又は家庭的保育事業等を行う当該市町村以外の者に当該家庭的保育事業等により保育を行うことを委託すること。
⑦ 市町村は，第3項の規定による調整及び要請並びに第4項の規定による勧奨及び支援を適切に実施するとともに，地域の実情に応じたきめ細かな保育が積極的に提供され，児童が，その置かれている環境等に応じて，必要な保育を受けることができるよう，保育を行う事業その他児童の福祉を増進することを目的とする事業を行う者の活動の連携及び調整を図る等地域の実情に応じた体制の整備を行うものとする。

第4節　障害児入所給付費，高額障害児入所給付費及び特定入所障害児食費等給付費並びに障害児入所医療費の支給
第5節　障害児相談支援給付費及び特例障害児相談支援給付費の支給
第6節　要保護児童の保護措置等

第25条の8　都道府県の設置する福祉事務所の長は，第25条の規定による通告又は前条第2項第2号若しくは次条第1項第3号の規定による送致を受けた児童及び相談に応じた児童，その保護者又は妊産婦について，必要があると認めたときは，次の各号のいずれかの措置を採らなければならない。
一　第27条の措置を要すると認める者並び

に医学的,心理学的,教育学的,社会学的及び精神保健上の判定を要すると認める者は,これを児童相談所に送致すること。
二　児童又はその保護者をその福祉事務所の知的障害者福祉司又は社会福祉主事に指導させること。
三　<u>保育の利用等（助産）の実施,母子保護の実施又は保育の利用若しくは第24条第5項の規定による措置をいう。以下同じが</u>適当であると認める者は,これをそれぞれその<u>保育の利用等</u>に係る都道府県又は市町村の長に報告し,又は通知すること。
四　児童自立生活援助の実施が適当であると認める児童は,これをその実施に係る都道府県知事に報告すること。
五　第21条の6の規定による措置が適当であると認める者は,これをその措置に係る市町村の長に報告し,又は通知すること。

第26条　児童相談所長は,第25条の規定による通告を受けた児童,第25条の7第1項第1号若しくは第2項第1号,前条第1号又は少年法（昭和23年法律第168号）第6条の6第1項若しくは第18条第1項の規定による送致を受けた児童及び相談に応じた児童,その保護者又は妊産婦について,必要があると認めたときは,次の各号のいずれかの措置を採らなければならない。
一　次条の措置を要すると認める者は,これを都道府県知事に報告すること。
二　児童又はその保護者を児童福祉司若しくは児童委員に指導させ,又は都道府県以外の者の設置する児童家庭支援センター若しくは都道府県以外の<u>障害者の日常生活及び社会生活を総合的に支援するための法律第5条第16項</u>に規定する一般相談支援事業又は特定相談支援事業（次条第1項第2号及び第34条の7において「障害者等相談支援事業」という。）を行う者その他当該指導を適切に行うことができる者として厚生労働省令で定めるものに指導を委託すること。
三　第25条の7第1項第2号又は前条第2号の措置が適当であると認める者は,これを福祉事務所に送致すること。
四　<u>保育の利用等</u>が適当であると認める者は,これをそれぞれその保育の実施等に係る都道府県又は市町村の長に報告し,又は通知すること。
五　児童自立生活援助の実施が適当であると認める児童は,これをその実施に係る都道府県知事に報告すること。
六　第21条の6の規定による措置が適当であると認める者は,これをその措置に係る市町村の長に報告し,又は通知すること。
七　子育て短期支援事業又は養育支援訪問事業の実施が適当であると認める者は,これをその事業の実施に係る市町村の長に通知すること。
②　前項第1号の規定による報告書には,児童の住所,氏名,年齢,履歴,性行,健康状態及び家庭環境,同号に規定する措置についての当該児童及びその保護者の意向その他児童の福祉増進に関し,参考となる事項を記載しなければならない。

第32条　都道府県知事は,第27条第1項若しくは第2項の措置を採る権限又は児童自立生活援助の実施の権限の全部又は一部を児童相談所長に委任することができる。
②　都道府県知事又は市町村長は,第21条の6の措置を採る権限又は助産の実施若しくは母子保護の実施の権限,第23条第1項ただし書に規定する保護の権限並びに第24条の2から第24条の7まで及び第24条の20の規定による権限の全部又は一部を,それぞれその管理する福祉事務所の長に委任することができる。
③　市町村長は,保育所における保育を行うことの権限並びに<u>第24条第3項の規定による調整及び要請,同条第4項の規定による勧奨及び支援並びに同条第5項又は第6項の規定による措置に関する全部又は一部</u>を,その管理する福祉事務所の長又は当該市町村に置かれる教育委員会に委任することができる。

第33条の4　都道府県知事,市町村長,福祉事務所長又は児童相談所長は,次の各号に掲げる措置又は助産の実施,母子保護の実施若しくは児童自立生活援助の実施を解除する場合には,あらかじめ,当該各号に定める者

に対し,当該措置又は保育の実施等若しくは児童自立生活援助の実施の解除の理由について説明するとともに,その意見を聴かなければならない。ただし,当該各号に定める者から当該措置又は保育の実施等若しくは児童自立生活援助の実施の解除の申出があつた場合その他厚生労働省令で定める場合においては,この限りでない。
一　第21条の6,第24条第5項及び第6項,第25条の7第1項第2号,第25条の8第2号,第26条第1項第2号並びに第27条第1項第2号の措置　当該措置に係る児童の保護者
二　助産の実施　当該助産の実施に係る妊産婦
三　母子保護の実施　当該母子保護の実施に係る児童の保護者
四　第27条第1項第3号及び第2項の措置　当該措置に係る児童の親権を行う者又はその未成年後見人
五　児童自立生活援助の実施　児童自立生活援助の実施に係る義務教育終了児童等

第33条の5　第21条の6,第24条第5項若しくは第6項,第25条の7第1項第2号,第25条の8第2号,第26条第1項第2号若しくは第27条第1項第2号若しくは第3号若しくは第2項の措置を解除する処分又は助産の実施,母子保護の実施若しくは児童自立生活援助の実施の解除については,行政手続法第3章（第12条及び第14条を除く。）の規定は,適用しない。

第7節　被措置児童等虐待の防止等
第8節　雑　則

第3章　事業,養育里親及び施設

第34条の8　① 市町村は,放課後児童健全育成事業を行うことができる。
② 国,都道府県及び市町村以外の者は,厚生労働省令で定めるところにより,あらかじめ,厚生労働省令で定める事項を市町村長に届け出て,放課後児童健全育成事業を行うことができる。
③ 国,都道府県及び市町村以外の者は,前項の規定により届け出た事項に変更を生じたときは,変更の日から一月以内に,その旨を市町村長に届け出なければならない。
④ 国,都道府県及び市町村以外の者は,放課後児童健全育成事業を廃止し,又は休止しようとするときは,あらかじめ,厚生労働省令で定める事項を市町村長に届け出なければならない。

第34条の8の2　① 市町村は,放課後児童健全育成事業の設備及び運営について,条例で基準を定めなければならない。この場合において,その基準は,児童の身体的,精神的及び社会的な発達のために必要な水準を確保するものでなければならない。
② 市町村が前項の条例を定めるに当たつては,放課後児童健全育成事業に従事する者及びその員数については厚生労働省令で定める基準に従い定めるものとし,その他の事項については厚生労働省令で定める基準を参酌するものとする。
③ 放課後児童健全育成事業を行う者は,第1項の基準を遵守しなければならない。

第34条の8の3　① 市町村長は,前条第1項の基準を維持するため,放課後児童健全育成事業を行う者に対して,必要と認める事項の報告を求め,又は当該職員に,関係者に対して質問させ,若しくはその事業を行う場所に立ち入り,設備,帳簿書類その他の物件を検査させることができる。
② 第18条の16第2項及び第3項の規定は,前項の場合について準用する。
③ 市町村長は,放課後児童健全育成事業が前条第1項の基準に適合しないと認められるに至つたときは,その事業を行う者に対し,当該基準に適合するために必要な措置を採るべき旨を命ずることができる。
④ 市町村長は,放課後児童健全育成事業を行う者が,この法律若しくはこれに基づく命令若しくはこれらに基づいてする処分に違反したとき,又はその事業に関し不当に営利を図り,若しくはその事業に係る児童の処遇につき不当な行為をしたときは,その者に対し,その事業の制限又は停止を命ずることができる。

第34条の15　市町村は,家庭的保育事業等

を行うことができる。
② 国，都道府県及び市町村以外の者は，厚生労働省令の定めるところにより，市町村長の認可を得て，家庭的保育事業等を行うことができる。
③ 市町村長は，家庭的保育事業等に関する前項の認可の申請があつたときは，次条第1項の条例で定める基準に適合するかどうかを審査するほか，次に掲げる基準（当該認可の申請をした者が社会福祉法人又は学校法人である場合にあつては，第4号に掲げる基準に限る。）によつて，その申請を審査しなければならない。
一 当該家庭的保育事業等を行うために必要な経済的基礎があること。
二 当該家庭的保育事業等を行う者（その者が法人である場合にあつては，経営担当役員（業務を執行する社員，取締役，執行役又はこれらに準ずる者をいう。第35条第5項第2号において同じ。）とする。）が社会的信望を有すること。
三 実務を担当する幹部職員が社会福祉事業に関する知識又は経験を有すること。
四 次のいずれにも該当しないこと。
　イ 申請者が，禁錮以上の刑に処せられ，その執行を終わり，又は執行を受けることがなくなるまでの者であるとき。
　ロ 申請者が，この法律その他国民の福祉に関する法律で政令で定めるものの規定により罰金の刑に処せられ，その執行を終わり，又は執行を受けることがなくなるまでの者であるとき。
　ハ 申請者が，労働に関する法律の規定であつて政令で定めるものにより罰金の刑に処せられ，その執行を終わり，又は執行を受けることがなくなるまでの者であるとき。
　ニ 申請者が，第58条第2項の規定により認可を取り消され，その取消しの日から起算して5年を経過しない者（当該認可を取り消された者が法人である場合においては，当該取消しの処分に係る行政手続法第15条の規定による通知があつた日前60日以内に当該法人の役員（業務を執行する社員，取締役，執行役又はこれらに準ずる者をいい，相談役，顧問その他いかなる名称を有する者であるかを問わず，法人に対し業務を執行する社員，取締役，執行役又はこれらに準ずる者と同等以上の支配力を有するものと認められる者を含む。ホにおいて同じ。）又はその事業を管理する者その他の政令で定める使用人（以下この号及び第35条第5項第4号において「役員等」という。）であつた者で当該取消しの日から起算して五年を経過しないものを含み，当該認可を取り消された者が法人でない場合においては，当該通知があつた日前60日以内に当該事業を行う者の管理者であつた者で当該取消しの日から起算して5年を経過しないものを含む。）であるとき。ただし，当該認可の取消しが，家庭的保育事業等の認可の取消しのうち当該認可の取消しの処分の理由となつた事実及び当該事実の発生を防止するための当該家庭的保育事業等を行う者による業務管理体制の整備についての取組の状況その他の当該事実に関して当該家庭的保育事業等を行う者が有していた責任の程度を考慮して，2本文に規定する認可の取消しに該当しないこととすることが相当であると認められるものとして厚生労働省令で定めるものに該当する場合を除く。
　ホ 申請者と密接な関係を有する者（申請者（法人に限る。以下ホにおいて同じ。）の役員に占めるその役員の割合が2分の1を超え，若しくは当該申請者の株式の所有その他の事由を通じて当該申請者の事業を実質的に支配し，若しくはその事業に重要な影響を与える関係にある者として厚生労働省令で定めるもの（以下ホにおいて「申請者の親会社等」という。），申請者の親会社等の役員と同一の者がその役員に占める割合が2分の1を超え，若しくは申請者の親会社等が株式の所有その他の事由を通じてその事業を実質的に支配し，若しくはその事業に重要な影響を与える関係にある者として厚生労働省令で定めるもの又は当該申請者の役員と同一の者がその役員に占める割合が2分の1を超え，若しくは当該申請者が株式の所有その他の事由を通じてその事業を実質的に支配し，若しくはその事業に重要な影響を与える関係にある者として厚生労働省令で定めるもののうち，当該申請者と厚生労働省令で定める密接な関係を

有する法人をいう。第35条第5項第4号ホにおいて同じ。）が，第58条第2項の規定により認可を取り消され，その取消しの日から起算して5年を経過していないとき。ただし，当該認可の取消しが，家庭的保育事業等の認可の取消しのうち当該認可の取消しの処分の理由となつた事実及び当該事実の発生を防止するための当該家庭的保育事業等を行う者による業務管理体制の整備についての取組の状況その他の当該事実に関して当該家庭的保育事業等を行う者が有していた責任の程度を考慮して，ホ本文に規定する認可の取消しに該当しないこととすることが相当であると認められるものとして厚生労働省令で定めるものに該当する場合を除く。

　ヘ　申請者が，第58条第2項の規定による認可の取消しの処分に係る行政手続法第15条の規定による通知があつた日から当該処分をする日又は処分をしないことを決定する日までの間に第7項の規定による事業の廃止をした者（当該廃止について相当の理由がある者を除く。）で，当該事業の廃止の承認の日から起算して5年を経過しないものであるとき。

　ト　申請者が，第34条の17第1項の規定による検査が行われた日から聴聞決定予定日（当該検査の結果に基づき第58条第2項の規定による認可の取消しの処分に係る聴聞を行うか否かの決定をすることが見込まれる日として厚生労働省令で定めるところにより市町村長が当該申請者に当該検査が行われた日から10日以内に特定の日を通知した場合における当該特定の日をいう。）までの間に第7項の規定による事業の廃止をした者（当該廃止について相当の理由がある者を除く。）で，当該事業の廃止の承認の日から起算して5年を経過しないものであるとき。

　チ　ヘに規定する期間内に第7項の規定による事業の廃止の承認の申請があつた場合において，申請者が，への通知の日前60日以内に当該申請に係る法人（当該事業の廃止について相当の理由がある法人を除く。）の役員等又は当該申請に係る法人でない事業を行う者（当該事業の廃止について相当の理由が

あるものを除く。）の管理者であつた者で，当該事業の廃止の承認の日から起算して5年を経過しないものであるとき。

　リ　申請者が，認可の申請前5年以内に保育に関し不正又は著しく不当な行為をした者であるとき。

　ヌ　申請者が，法人で，その役員等のうちにイからニまで又はへからリまでのいずれかに該当する者のあるものであるとき。

　ル　申請者が，法人でない者で，その管理者がイからニまで又はへからリまでのいずれかに該当する者であるとき。

④　市町村長は，第2項の認可をしようとするときは，あらかじめ，児童福祉審議会を設置している場合にあつてはその意見を，その他の場合にあつては児童の保護者その他児童福祉に係る当事者の意見を聴かなければならない。

⑤　市町村長は，第3項に基づく審査の結果，その申請が次条第1項の条例で定める基準に適合しており，かつ，その事業を行う者が第3項各号に掲げる基準（その者が社会福祉法人又は学校法人である場合にあつては，同項第4号に掲げる基準に限る。）に該当すると認めるときは，第2項の認可をするものとする。ただし，市町村長は，当該申請に係る家庭的保育事業等の所在地を含む教育・保育提供区域（子ども・子育て支援法第61条第2項第1号の規定により当該市町村が定める教育・保育提供区域とする。以下この項において同じ。）における特定地域型保育事業所（同法第29条第3項第1号に規定する特定地域型保育事業所をいい，事業所内保育事業における同法第43条第1項に規定する労働者等の監護する小学校就学前子どもに係る部分を除く。以下この項において同じ。）の利用定員の総数（同法第19条第1項第3号に掲げる小学校就学前子どもの区分に係るものに限る。）が，同法第61条第1項の規定により当該市町村が定める市町村子ども・子育て支援事業計画において定める当該教育・保育提供区域の特定地域型保育事業所に係る必要利用定員総数（同法第19条第1項第3号に掲げる小学校就学前子どもの区分に係るものに限る。）に既に達しているか，又は

当該申請に係る家庭的保育事業等の開始によつてこれを超えることになると認めるとき，その他の当該市町村子ども・子育て支援事業計画の達成に支障を生ずるおそれがある場合として厚生労働省令で定める場合に該当すると認めるときは，第2項の認可をしないことができる。
⑥ 市町村長は，家庭的保育事業等に関する第2項の申請に係る認可をしないときは，速やかにその旨及び理由を通知しなければならない。
⑦ 国，都道府県及び市町村以外の者は，家庭的保育事業等を廃止し，又は休止しようとするときは，厚生労働省令の定めるところにより，市町村長の承認を受けなければならない。

第34条の16 ① 市町村は，家庭的保育事業等の設備及び運営について，条例で基準を定めなければならない。この場合において，その基準は，児童の身体的，精神的及び社会的な発達のために必要な保育の水準を確保するものでなければならない。
② 市町村が前項の条例を定めるに当たつては，次に掲げる事項については厚生労働省令で定める基準に従い定めるものとし，その他の事項については厚生労働省令で定める基準を参酌するものとする。
　一　家庭的保育事業等に従事する者及びその員数
　二　家庭的保育事業等の運営に関する事項であつて，児童の適切な処遇の確保及び秘密の保持並びに児童の健全な発達に密接に関連するものとして厚生労働省令で定めるもの
③ 家庭的保育事業等を行う者は，第1項の基準を遵守しなければならない。

第34条の17 ① 市町村長は，前条第1項の基準を維持するため，家庭的保育事業を行う者にに対して，必要と認める事項の報告を求め，又は当該職員に，関係者に対して質問させ，若しくは家庭的保育事業等を行う場所に立ち入り，設備，帳簿書類その他の物件を検査させることができる。
② 第18条の16第2項及び第3項の規定は，前項の場合について準用する。
③ 市町村長は，家庭的保育事業等が前条第1項の基準に適合しないと認められるに至つたときは，その事業を行う者にに対し，当該基準に適合するために必要な措置を採るべき旨を勧告し，又はその事業を行う者がその勧告に従わず，かつ，児童福祉に有害であると認められるときは，必要な改善を命ずることができる。
④ 市町村長は，家庭的保育事業等が，前条第1項の基準に適合せず，かつ，児童福祉に著しく有害であると認められるときは，その事業を行う者に対し，その事業の制限又は停止を命ずることができる。

第34条の18 ① 国及び都道府県以外の者は，厚生労働省令で定めるところにより，あらかじめ，厚生労働省令で定める事項を都道府県知事に届け出て，病児保育事業を行うことができる。
② 国及び都道府県以外の者は，前項の規定により届け出た事項に変更を生じたときは，変更の日から一月以内に，その旨を都道府県知事に届け出なければならない。
③ 国及び都道府県以外の者は，病児保育事業を廃止し，又は休止しようとするときは，あらかじめ，厚生労働省令で定める事項を都道府県知事に届け出なければならない。

第34条の18の2 ① 都道府県知事は，児童の福祉のために必要があると認めるときは，病児保育事業を行う者に対して，必要と認める事項の報告を求め，又は当該職員に，関係者に対して質問させ，若しくはその事業を行う場所に立ち入り，設備，帳簿書類その他の物件を検査させることができる。
② 第18条の16第2項及び第3項の規定は，前項の場合について準用する。
③ 都道府県知事は，病児保育事業を行う者が，この法律若しくはこれに基づく命令若しくはこれらに基づいてする処分に違反したとき，又はその事業に関し不当に営利を図り，若しくはその事業に係る児童の処遇につき不当な行為をしたときは，その者に対し，その事業の制限又は停止を命ずることができる。

第34条の18の3 ① 国及び都道府県以外

の者は，社会福祉法の定めるところにより，子育て援助活動支援事業を行うことができる。
② 子育て援助活動支援事業に従事する者は，その職務を遂行するに当たつては，個人の身上に関する秘密を守らなければならない。
第35条 ① 国は，政令の定めるところにより，児童福祉施設(助産施設，母子生活支援施設，保育所及び幼保連携型認定こども園を除く。)を設置するものとする。
② 都道府県は，政令の定めるところにより，児童福祉施設(幼保連携型認定こども園を除く。以下この条，第45条，第46条，第49条，第50条第9号，第51条第7号，第56条の2，第57条及び第58条において同じ。)を設置しなければならない。
③ 市町村は，厚生労働省令の定めるところにより，あらかじめ，厚生労働省令で定める事項を都道府県知事に届け出て，児童福祉施設を設置することができる。
④ 国，都道府県及び市町村以外の者は，厚生労働省令の定めるところにより，都道府県知事の認可を得て，児童福祉施設を設置することができる。
⑤ 都道府県知事は，保育所に関する前項の認可の申請があつたときは，第45条第1項の条例で定める基準(保育所に係るものに限る。第8項において同じ。)に適合するかどうかを審査するほか，次に掲げる基準(当該認可の申請をした者が社会福祉法人又は学校法人である場合にあつては，第4号に掲げる基準に限る。)によつて，その申請を審査しなければならない。
一 当該保育所を経営するために必要な経済的基礎があること。
二 当該保育所の経営者(その者が法人である場合にあつては，経営担当役員とする。)が社会的信望を有すること。
三 実務を担当する幹部職員が社会福祉事業に関する知識又は経験を有すること。
四 次のいずれにも該当しないこと。
イ 申請者が，禁錮以上の刑に処せられ，その執行を終わり，又は執行を受けることがなくなるまでの者であるとき。
ロ 申請者が，この法律その他国民の福祉若しくは学校教育に関する法律で政令で定めるものの規定により罰金の刑に処せられ，その執行を終わり，又は執行を受けることがなくなるまでの者であるとき。
ハ 申請者が，労働に関する法律の規定であつて政令で定めるものにより罰金の刑に処せられ，その執行を終わり，又は執行を受けることがなくなるまでの者であるとき。
ニ 申請者が，第58条第1項の規定により認可を取り消され，その取消しの日から起算して5年を経過しない者(当該認可を取り消された者が法人である場合においては，当該取消しの処分に係る行政手続法第15条の規定による通知があつた日前60日以内に当該法人の役員等であつた者で当該取消しの日から起算して5年を経過しないものを含み，当該認可を取り消された者が法人でない場合においては，当該通知があつた日前60日以内に当該保育所の管理者であつた者で当該取消しの日から起算して5年を経過しないものを含む。)であるとき。ただし，当該認可の取消しが，保育所の設置の認可の取消しのうち当該認可の取消しの処分の理由となつた事実及び当該事実の発生を防止するための当該保育所の設置者による業務管理体制の整備についての取組の状況その他の当該事実に関して当該保育所の設置者が有していた責任の程度を考慮して，ニ本文に規定する認可の取消しに該当しないこととすることが相当であると認められるものとして厚生労働省令で定めるものに該当する場合を除く。
ホ 申請者と密接な関係を有する者が，第58条第1項の規定により認可を取り消され，その取消しの日から起算して5年を経過していないとき。ただし，当該認可の取消しが，保育所の設置の認可の取消しのうち当該認可の取消しの処分の理由となつた事実及び当該事実の発生を防止するための当該保育所の設置者による業務管理体制の整備についての取組の状況その他の当該事実に関して当該保育所の設置者が有していた責任の程度を考慮して，ホ本文に規定する認可の取消しに該当しないこととすることが相当で

ヘ　申請者が，第58条第1項の規定による認可の取消しの処分に係る行政手続法第15条の規定による通知があつた日から当該処分をする日又は処分をしないことを決定する日までの間に第12項の規定による保育所の廃止をした者（当該廃止について相当の理由がある者を除く。）で，当該保育所の廃止の承認の日から起算して5年を経過しないものであるとき。
　ト　申請者が，第46条第1項の規定による検査が行われた日から聴聞決定予定日（当該検査の結果に基づき第58条第1項の規定による認可の取消しの処分に係る聴聞を行うか否かの決定をすることが見込まれる日として厚生労働省令で定めるところにより都道府県知事が当該申請者に当該検査が行われた日から10日以内に特定の日を通知した場合における当該特定の日をいう。）までの間に第12項の規定による保育所の廃止をした者（当該廃止について相当の理由がある者を除く。）で，当該保育所の廃止の承認の日から起算して5年を経過しないものであるとき。
　チ　ヘに規定する期間内に第12項の規定による保育所の廃止の承認の申請があつた場合において，申請者が，ヘの通知の日前60日以内に当該申請に係る法人（当該保育所の廃止について相当の理由がある法人を除く。）の役員等又は当該申請に係る法人でない保育所（当該保育所の廃止について相当の理由があるものを除く。）の管理者であつた者で，当該保育所の廃止の承認の日から起算して5年を経過しないものであるとき。
　リ　申請者が，認可の申請前5年以内に保育に関し不正又は著しく不当な行為をした者であるとき。
　ヌ　申請者が，法人で，その役員等のうちにイからニまで又はヘからリまでのいずれかに該当する者のあるものであるとき。
　ル　申請者が，法人でない者で，その管理者がイからニまで又はヘからリまでのいずれかに該当する者であるとき。
⑥　都道府県知事は，第4項の規定により保育所の設置の認可をしようとするときは，あらかじめ，児童福祉審議会の意見を聴かなければならない。
⑦　都道府県知事は，第4項の規定により保育所の設置の認可をしようとするときは，厚生労働省令で定めるところにより，あらかじめ，当該認可の申請に係る保育所が所在する市町村の長に協議しなければならない。
⑧　都道府県知事は，第5項に基づく審査の結果，その申請が第45条第1項の条例で定める基準に適合しており，かつ，その設置者が第5項各号に掲げる基準（その者が社会福祉法人又は学校法人である場合にあつては，同項第4号に掲げる基準に限る。）に該当すると認めるときは，第4項の認可をするものとする。ただし，都道府県知事は，当該申請に係る保育所の所在地を含む区域（子ども・子育て支援法第62条第2項第1号の規定により当該都道府県が定める区域とする。以下この項において同じ。）における特定教育・保育施設（同法第27条第1項に規定する特定教育・保育施設をいう。以下この項において同じ。）の利用定員の総数（同法第19条第1項第2号及び第3号に掲げる小学校就学前子どもに係るものに限る。）が，同法第62条第1項の規定により当該都道府県が定める都道府県子ども・子育て支援事業支援計画において定める当該区域の特定教育・保育施設に係る必要利用定員総数（同法第19条第1項第2号及び第3号に掲げる小学校就学前子どもの区分に係るものに限る。）に既に達しているか，又は当該申請に係る保育所の設置によつてこれを超えることになると認めるとき，その他の当該都道府県子ども・子育て支援事業支援計画の達成に支障を生ずるおそれがある場合として厚生労働省令で定める場合に該当すると認めるときは，第4項の認可をしないことができる。
⑨　都道府県知事は，保育所に関する第4項の申請に係る認可をしないときは，速やかにその旨及び理由を通知しなければならない。
⑩　児童福祉施設には，児童福祉施設の職員の養成施設を附置することができる。
⑪　市町村は，児童福祉施設を廃止し，又は休止しようとするときは，その廃止又は休止の

日の1月前（当該児童福祉施設が保育所である場合には3月前）までに，厚生労働省令で定める事項を都道府県知事に届け出なければならない。

⑫ 国，都道府県及び市町村以外の者は，児童福祉施設を廃止し，又は休止しようとするときは，厚生労働省令の定めるところにより，都道府県知事の承認を受けなければならない。

第39条 ① 保育所は，保育を必要とする乳児・幼児を日々保護者の下から通わせて保育を行うことを目的とする施設（利用定員が20人以上であるものに限り，幼保連携型認定こども園を除く。）とする。

② 保育所は，前項の規定にかかわらず，特に必要があるときは，保育を必要とするその他の児童を日々保護者の下から通わせて保育することができる。

第39条の2 ① 幼保連携型認定こども園は，義務教育及びその後の教育の基礎を培うものとしての満3歳以上の幼児に対する教育（教育基本法（平成18年法律第120号）第6条第1項に規定する法律に定める学校において行われる教育をいう。）及び保育を必要とする乳児・幼児に対する保育を一体的に行い，これらの乳児又は幼児の健やかな成長が図られるよう適当な環境を与えて，その心身の発達を助長することを目的とする施設とする。

② 幼保連携型認定こども園に関しては，この法律に定めるもののほか，認定こども園法の定めるところによる。

第44条の3 第6条の3各項に規定する事業を行う者，里親及び児童福祉施設（指定障害児入所施設及び指定通所支援に係る児童発達支援センターを除く。）の設置者は，児童，妊産婦その他これらの事業を利用する者又は当該児童福祉施設に入所する者の人格を尊重するとともに，この法律又はこの法律に基づく命令を遵守し，これらの者のため忠実にその職務を遂行しなければならない。

第45条 ① 都道府県は，児童福祉施設の設備及び運営について，条例で基準を定めなければならない。この場合において，その基準は，児童の身体的，精神的及び社会的な発達のために必要な生活水準を確保するものでなければならない。

② 都道府県が前項の条例を定めるに当たつては，次に掲げる事項については厚生労働省令で定める基準に従い定めるものとし，その他の事項については厚生労働省令で定める基準を参酌するものとする。

一　児童福祉施設に配置する従業者及びその員数

二　児童福祉施設に係る居室及び病室の床面積その他児童福祉施設の設備に関する事項であつて児童の健全な発達に密接に関連するものとして厚生労働省令で定めるもの

三　児童福祉施設の運営に関する事項であつて，保育所における保育の内容その他児童（助産施設にあつては，妊産婦）の適切な処遇の確保及び秘密の保持，妊産婦の安全の確保並びに児童の健全な発達に密接に関連するものとして厚生労働省令で定めるもの

③ 児童福祉施設の設置者は，第1項の基準を遵守しなければならない。

④ 児童福祉施設の設置者は，児童福祉施設の設備及び運営についての水準の向上を図ることに努めるものとする。

第45条の2 ① 厚生労働大臣は，里親の行う養育について，基準を定めなければならない。この場合において，その基準は，児童の身体的，精神的及び社会的な発達のために必要な生活水準を確保するものでなければならない。

② 里親は，前項の基準を遵守しなければならない。

第46条 ① 都道府県知事は，第45条第1項及び前条第1項の基準を維持するため，児童福祉施設の設置者，児童福祉施設の長及び里親に対して，必要な報告を求め，児童の福祉に関する事務に従事する職員に，関係者に対して質問させ，若しくはその施設に立ち入り，設備，帳簿書類その他の物件を検査させることができる。

② 第18条の16第2項及び第3項の規定は，前項の場合について準用する。

③ 都道府県知事は，児童福祉施設の設備又は運営が第45条第1項の基準に達しないとき

は，その施設の設置者に対し，必要な改善を勧告し，又はその施設の設置者がその勧告に従わず，かつ，児童福祉に有害であると認められるときは，必要な改善を命ずることができる。
④ 都道府県知事は，児童福祉施設の設備又は運営が第45条第1項の基準に達せず，かつ，児童福祉に著しく有害であると認められるときは，都道府県児童福祉審議会の意見を聴き，その施設の設置者に対し，その事業の停止を命ずることができる。

第46条の2 ① 児童福祉施設の長は，都道府県知事又は市町村長（第32条第3項の規定により第24条第5項又は第6項の規定による措置に関する権限が当該市町村に置かれる教育委員会に委任されている場合にあつては，当該教育委員会）からこの法律の規定に基づく措置又は助産の実施若しくは母子保護の実施のための委託を受けたときは，正当な理由がない限り，これを拒んではならない。
② 保育所若しくは認定こども園の設置者又は家庭的保育事業等を行う者は，第24条第3項の規定により行われる調整及び要請に対し，できる限り協力しなければならない。

第47条 ① 児童福祉施設の長は，入所中の児童等で親権を行う者又は未成年後見人のないものに対し，親権を行う者又は未成年後見人があるに至るまでの間，親権を行う。ただし，民法第797条の規定による縁組の承諾をするには，厚生労働省令の定めるところにより，都道府県知事の許可を得なければならない。
② 児童相談所長は，小規模住居型児童養育事業を行う者又は里親に委託中の児童等で親権を行う者又は未成年後見人のないものに対し，親権を行う者又は未成年後見人があるに至るまでの間，親権を行う。ただし，民法第797条の規定による縁組の承諾をするには，厚生労働省令の定めるところにより，都道府県知事の許可を得なければならない。
③ 児童福祉施設の長，その住居において養育を行う第6条の3第8項に規定する厚生労働省令で定める者又は里親は，入所中又は受託中の児童等で親権を行う者又は未成年後見人のあるものについても，監護，教育及び懲戒に関し，その児童等の福祉のため必要な措置をとることができる。
④ 前項の児童等の親権を行う者又は未成年後見人は，同項の規定による措置を不当に妨げてはならない。
⑤ 第3項の規定による措置は，児童等の生命又は身体の安全を確保するため緊急の必要があると認めるときは，その親権を行う者又は未成年後見人の意に反しても，これをとることができる。この場合において，児童福祉施設の長，小規模住居型児童養育事業を行う者又は里親は，速やかに，そのとつた措置について，当該児童等に係る通所給付決定若しくは入所給付決定，第21条の6，第24条第5項若しくは第6項若しくは第27条第1項第3号の措置，助産の実施若しくは母子保護の実施又は当該児童に係る子ども・子育て支援法第20条第4項に規定する支給認定を行つた都道府県又は市町村の長に報告しなければならない。

第49条 この法律で定めるもののほか，児童自立生活援助事業，放課後児童健全育成事業，乳児家庭全戸訪問事業，養育支援訪問事業，地域子育て支援拠点事業，一時預かり事業，小規模住居型児童養育事業，家庭的保育事業，小規模保育事業，居宅訪問型保育事業，事業所内保育事業，病児保育事業及び子育て援助活動支援事業並びに児童福祉施設の職員その他児童福祉施設に関し必要な事項は，命令で定める。

第4章 費 用

第49条の2 国庫は，都道府県が，第27条第1項第3号に規定する措置により，国の設置する児童福祉施設に入所させた者につき，その入所後に要する費用を支弁する。

第50条 次に掲げる費用は，都道府県の支弁とする。
一 都道府県児童福祉審議会に要する費用
二 児童福祉司及び児童委員に要する費用
三 児童相談所に要する費用（第9号の費用を除く。）
四 削除

五　第20条の措置に要する費用
五の二　第21条の5の事業の実施に要する費用
六　都道府県の設置する助産施設又は母子生活支援施設において市町村が行う助産の実施又は母子保護の実施に要する費用（助産の実施又は母子保護の実施につき第45条第1項の基準を維持するために要する費用をいう。次号及び次条第3号において同じ。）
六の二　都道府県が行う助産の実施又は母子保護の実施に要する費用
六の三　障害児入所給付費，高額障害児入所給付費若しくは特定入所障害児食費等給付費又は障害児入所医療費（以下「障害児入所給付費等」という。）の支給に要する費用
七　都道府県が，第27条第1項第3号に規定する措置を採つた場合において，入所又は委託に要する費用及び入所後の保護又は委託後の養育につき，第45条第1項又は第45条の2第1項の基準を維持するために要する費用（国の設置する乳児院，児童養護施設，障害児入所施設，情緒障害児短期治療施設又は児童自立支援施設に入所させた児童につき，その入所に要する費用を除く。）
七の二　都道府県が，第27条第2項に規定する措置を採つた場合において，委託及び委託後の治療等に要する費用
七の三　都道府県が行う児童自立生活援助の実施に要する費用
八　一時保護に要する費用
九　児童相談所の設備並びに都道府県の設置する児童福祉施設の設備及び職員の養成施設に要する費用

第51条　次に掲げる費用は，市町村の支弁とする。
一　障害児通所給付費，特例障害児通所給付費若しくは高額障害児通所給付費又は肢体不自由児通所医療費の支給に要する費用
二　第21条の6の措置に要する費用
三　市町村が行う助産の実施又は母子保護の実施に要する費用（都道府県の設置する助産施設又は母子生活支援施設に係るものを除く。）
四　第24条第5項又は第6項の措置（都道府県若しくは市町村の設置する保育所若しくは幼保連携型認定こども園又は都道府県若しくは市町村の行う家庭的保育事業等に係るものに限る。）に要する費用
五　第24条第5項又は第6項の措置（都道府県及び市町村以外の者の設置する保育所若しくは幼保連携型認定こども園又は都道府県及び市町村以外の者の行う家庭的保育事業等に係るものに限る。）に要する費用
六　障害児相談支援給付費又は特例障害児相談支援給付費の支給に要する費用
七　市町村の設置する児童福祉施設の設備及び職員の養成施設に要する費用
八　市町村児童福祉審議会に要する費用

第52条　第24条第5項又は第6項の規定による措置に係る児童が，子ども・子育て支援法第27条第1項，第28条第1項（第2号に係るものを除く。），第29条第1項又は第30条第1項（第2号に係るものを除く。）の規定により施設型給付費，特例施設型給付費，地域型保育給付費又は特例地域型保育給付費の支給を受けることができる保護者の児童であるときは，市町村は，その限度において，前条第4号又は第5号の規定による費用の支弁をすることを要しない。

第53条　国庫は，第50条（第1号から第3号まで，第5号の2及び第9号を除く。）及び第51条（第4号，第7号及び第8号除く。）に規定する地方公共団体の支弁する費用に対しては，政令の定めるところにより，その2分の1を負担する。

第53条の2　国庫は，第50条第5号の2の費用に対しては，政令の定めるところにより，その2分の1以内を補助することができる。

第55条　都道府県は，第51条第1号から第3号まで，第5号及び第6号の費用に対しては，政令の定めるところにより，その4分の1を負担しなければならない。

第56条　① 第49条の2に規定する費用を国庫が支弁した場合においては，厚生労働大臣は，本人又はその扶養義務者（民法に定める扶養義務者をいう。以下同じ。）から，都道府県知事の認定するその負担能力に応じ，その費用の全部又は一部を徴収することができ

る。
② 第50条第5号，第6号，第6号の3及び第7号から第7号の3までに規定する費用を支弁した都道府県又は第51条第2号及び第3号に規定する費用を支弁した市町村の長は，本人又はその扶養義務者から，その負担能力に応じ，その費用の全部又は一部を徴収することができる。
③ 第51条第4号又は第5号に規定する費用を支弁した市町村の長は，本人又はその扶養義務者から，その負担能力に応じ，その費用の全部又は一部徴収することができる。
④ 前項に規定する額の収納の事務については，収入の確保及び本人又はその扶養義務者の便益の増進に寄与すると認める場合に限り，政令で定めるところにより，私人に委託することができる。
⑤ 第21条の五に規定する医療の給付を行う場合においては，当該措置に要する費用を支弁すべき都道府県の知事は，本人又はその扶養義務者に対して，その負担能力に応じ，その費用の全部又は一部を同条に規定する医療の給付を行う医療機関（次項において「医療機関」という。）に支払うべき旨を命ずることができる。
⑥ 本人又はその扶養義務者が前項の規定により支払うべき旨を命ぜられた額の全部又は一部を医療機関に支払つたときは，当該医療機関の都道府県に対する当該費用に係る請求権は，その限度において消滅するものとする。
⑦ 第5項に規定する措置が行われた場合において，本人又はその扶養義務者が，これらの規定により支払うべき旨を命ぜられた額の全部又は一部を支払わなかつたため，都道府県においてその費用を支弁したときは，都道府県知事は，本人又はその扶養義務者からその支払わなかつた額を徴収することができる。
⑧ 都道府県知事又は市町村長は，第1項の規定による負担能力の認定，第2項若しくは第3項の規定による費用の徴収又は第5項の規定による費用の支払の命令に関し必要があると認めるときは，本人又はその扶養義務者の収入の状況につき，官公署に対し，必要な書類の閲覧又は資料の提供を求めることができる。
⑨ 第1項から第3項まで又は第7項の規定による費用の徴収は，これを本人又はその扶養義務者の居住地又は財産所在地の都道府県又は市町村に嘱託することができる。
⑩ 第1項から第3項まで又は第7項の規定により徴収される費用を，指定の期限内に納付しない者があるときは，第1項に規定する費用については国税の，第2項，第3項又は第7項に規定する費用については地方税の滞納処分の例により処分することができる。この場合における徴収金の先取特権の順位は，国税及び地方税に次ぐものとする。
⑪ <u>保育所又は幼保連携型認定こども園の設置者が，次の各号に掲げる乳児又は幼児の保護者から，善良な管理者と同一の注意をもつて，当該各号に定める額のうち当該保護者が当該保育所又は幼保連携型認定こども園に支払うべき金額に相当する金額の支払を受けることに努めたにもかかわらず，なお当該保護者が当該金額の全部又は一部を支払わない場合において，当該保育所又は幼保連携型認定こども園における保育に支障が生じ，又は生ずるおそれがあり，かつ，市町村が第24条第1項の規定により当該保育所における保育を行うため必要であると認めるとき又は同条第2項の規定により当該幼保連携型認定こども園における保育を確保するため必要であると認めるときは，市町村は，当該設置者の請求に基づき，地方税の滞納処分の例によりこれを処分することができる。この場合における徴収金の先取特権の順位は，国税及び地方税に次ぐものとする。</u>
一 子ども・子育て支援法第27条第1項に規定する特定教育・保育を受けた乳児又は幼児 同条第3項第1号に掲げる額から同条第5項の規定により支払がなされた額を控除して得た額（当該支払がなされなかつたときは，同号に掲げる額）又は同法第28条第2項第1号の規定による特例施設型給付費の額及び同号に規定する政令で定める額を限度として市町村が定める額（当該市町村

が定める額が現に当該特定教育・保育に要した費用の額を超えるときは,当該現に特定教育・保育に要した費用の額）の合計額
二　子ども・子育て支援法第28条第1項第2号に規定する特別利用保育を受けた幼児　同条第2項第2号の規定による特例施設型給付費の額及び同号に規定する市町村が定める額（当該市町村が定める額が現に当該特別利用保育に要した費用の額を超えるときは,当該現に特別利用保育に要した費用の額）の合計額から同条第4項において準用する同法第27条第5項の規定により支払がなされた額を控除して得た額（当該支払がなされなかつたときは,当該合計額）

⑫　家庭的保育事業等を行う者が,次の各号に掲げる乳児又は幼児の保護者から,善良な管理者と同一の注意をもつて,当該各号に定める額のうち当該保護者が当該家庭的保育事業等を行う者に支払うべき金額に相当する金額の支払を受けることに努めたにもかかわらず,なお当該保護者が当該金額の全部又は一部を支払わない場合において,当該家庭的保育事業等による保育に支障が生じ,又は生ずるおそれがあり,かつ,市町村が第24条第2項の規定により当該家庭的保育事業等による保育を確保するため必要であると認めるときは,市町村は,当該家庭的保育事業等を行う者の請求に基づき,地方税の滞納処分の例によりこれを処分することができる。この場合における徴収金の先取特権の順位は,国税及び地方税に次ぐものとする。
一　子ども・子育て支援法第29条第1項に規定する特定地域型保育（同法第30条第1項第2号に規定する特別利用地域型保育（次号において「特別利用地域型保育」という。）及び同項第3号に規定する特定利用地域型保育（第3号において「特定利用地域型保育」という。）を除く。）を受けた乳児又は幼児　同法第29条第3項第1号に掲げる額から同条第5項の規定により支払がなされた額を控除して得た額（当該支払がなされなかつたときは,同号に掲げる額）又は同法第30条第2項第1号の規定による特例地域型保育給付費の額及び同号の規定による政令で定める額を限度として市町村が定める額（当該市町村が定める額が現に当該特定地域型保育に要した費用の額を超えるときは,当該現に特定地域型保育に要した費用の額）の合計額
二　特別利用地域型保育を受けた幼児　子ども・子育て支援法第30条第2項第2号の規定による特例地域型保育給付費の額及び同号に規定する市町村が定める額（当該市町村が定める額が現に当該特別利用地域型保育に要した費用の額を超えるときは,当該現に特別利用地域型保育に要した費用の額）の合計額から同条第4項において準用する同法第29条第5項の規定により支払がなされた額を控除して得た額（当該支払がなされなかつたときは,当該合計額）
三　特定利用地域型保育を受けた幼児　子ども・子育て支援法第30条第2項第3号の規定による特例地域型保育給付費の額及び同号に規定する市町村が定める額（当該市町村が定める額が現に当該特定利用地域型保育に要した費用の額を超えるときは,当該現に特定利用地域型保育に要した費用の額）の合計額から同条第4項において準用する同法第29条第5項の規定により支払がなされた額を控除して得た額（当該支払がなされなかつたときは,当該合計額）

第56条の2　①　都道府県及び市町村は,次の各号に該当する場合においては,第35条第4項の規定により,国,都道府県及び市町村以外の者が設置する児童福祉施設（保育所を除く。以下この条において同じ。）について,その新設（社会福祉法第31条第1項の規定により設立された社会福祉法人が設置する児童福祉施設の新設に限る。）,修理,改造,拡張又は整備（以下「新設等」という。）に要する費用の4分の3以内を補助することができる。ただし,一の児童福祉施設について都道府県及び市町村が補助する金額の合計額は,当該児童福祉施設の新設等に要する費用の4分の3を超えてはならない。
一　その児童福祉施設が,社会福祉法第31条第1項の規定により設立された社会福祉法人,日本赤十字社又は公益社団法人若しくは公益財団法人の設置するものであること。

二　その児童福祉施設が主として利用される地域において、この法律の規定に基づく障害児入所給付費の支給、入所させる措置又は助産の実施若しくは母子保護の実施を必要とする児童、その保護者又は妊産婦の分布状況からみて、同種の児童福祉施設が必要とされるにかかわらず、その地域に、国、都道府県又は市町村の設置する同種の児童福祉施設がないか、又はあつてもこれが十分でないこと。

② 前項の規定により、児童福祉施設に対する補助がなされたときは、厚生労働大臣、都道府県知事及び市町村長は、その補助の目的が有効に達せられることを確保するため、当該児童福祉施設に対して、第46条及び第58条第1項に規定するもののほか、次に掲げる権限を有する。

一　その児童福祉施設の予算が、補助の効果をあげるために不適当であると認めるときは、その予算について必要な変更をすべき旨を指示すること。

二　その児童福祉施設の職員が、この法律若しくはこれに基づく命令又はこれらに基づいてする処分に違反したときは、当該職員を解職すべき旨を指示すること。

③ 国庫は、第1項の規定により都道府県が障害児入所施設又は児童発達支援センターについて補助した金額の3分の2以内を補助することができる。

第56条の3　都道府県及び市町村は、次に掲げる場合においては、補助金の交付を受けた児童福祉施設の設置者に対して、既に交付した補助金の全部又は一部の返還を命ずることができる。

一　補助金の交付条件に違反したとき。

二　詐欺その他の不正な手段をもつて、補助金の交付を受けたとき。

三　児童福祉施設の経営について、営利を図る行為があつたとき。

四　児童福祉施設が、この法律若しくはこれに基く命令又はこれらに基いてする処分に違反したとき。

第56条の4　国庫は、第50条第2号に規定する児童委員に要する費用のうち、厚生労働大臣の定める事項に関するものについては、予算の範囲内で、その一部を補助することができる。

第56条の4の2　① 市町村は、保育を必要とする乳児・幼児に対し、必要な保育を確保するために必要があると認めるときは、当該市町村における保育所及び幼保連携型認定こども園（次項第1号及び第2号並びに次条第2項において「保育所等」という。）の整備に関する計画（以下「市町村整備計画」という。）を作成することができる。

② 市町村整備計画においては、おおむね次に掲げる事項について定めるものとする。

一　保育提供区域（市町村が、地理的条件、人口、交通事情その他の社会的条件、保育を提供するための施設の整備の状況その他の条件を総合的に勘案して定める区域をいう。以下同じ。）ごとの当該保育提供区域における保育所等の整備に関する目標及び計画期間

二　前号の目標を達成するために必要な保育所等を整備する事業に関する事項

三　その他厚生労働省令で定める事項

③ 市町村整備計画は、子ども・子育て支援法第61条第1項に規定する市町村子ども・子育て支援事業計画と調和が保たれたものでなければならない。

④ 市町村は、市町村整備計画を作成し、又はこれを変更したときは、次条第1項の規定により当該市町村整備計画を厚生労働大臣に提出する場合を除き、遅滞なく、都道府県にその写しを送付しなければならない。

第56条の4の3　① 市町村は、次項の交付金を充てて市町村整備計画に基づく事業又は事務（同項において「事業等」という。）の実施をしようとするときは、当該市町村整備計画を、当該市町村の属する都道府県の知事を経由して、厚生労働大臣に提出しなければならない。

② 国は、市町村に対し、前項の規定により提出された市町村整備計画に基づく事業等（国、都道府県及び市町村以外の者が設置する保育所等に係るものに限る。）の実施に要する経費に充てるため、保育所等の整備の状況その他の事項を勘案して厚生労働省令で定める

ところにより，予算の範囲内で，交付金を交付することができる。
③ 前2項に定めるもののほか，前項の交付金の交付に関し必要な事項は，厚生労働省令で定める。
④ 市町村は，市町村整備計画を作成し，又はこれを変更したときは，次条第1項の規定により当該市町村整備計画を厚生労働大臣に提出する場合を除き，遅滞なく，都道府県にその写しを送付しなければならない。

第56条の4の3 ① 市町村は，次項の交付金を充てて市町村整備計画に基づく事業又は事務（同項において「事業等」という。）の実施をしようとするときは，当該市町村整備計画を，当該市町村の属する都道府県の知事を経由して，厚生労働大臣に提出しなければならない。
② 国は，市町村に対し，前項の規定により提出された市町村整備計画に基づく事業等（国，都道府県及び市町村以外の者が設置する保育所等に係るものに限る。）の実施に要する経費に充てるため，保育所等の整備の状況その他の事項を勘案して厚生労働省令で定めるところにより，予算の範囲内で，交付金を交付することができる。
③ 前2項に定めるもののほか，前項の交付金の交付に関し必要な事項は，厚生労働省令で定める。

第5章 国民健康保険団体連合会の児童福祉法関係業務

第6章 審査請求

第7章 雑則

第56条の6 ① 地方公共団体は，児童の福祉を増進するため，障害児通所給付費，特例障害児通所給付費，高額障害児通所給付費，障害児相談支援給付費，特例障害児相談支援給付費，介護給付費等，障害児入所給付費，高額障害児入所給付費又は特定入所障害児食費等給付費の支給，第21条の6，第24条第5項若しくは第6項又は第27条第1項若しくは第2項の規定による措置及び保育の利用等並びにその他の福祉の保障が適切に行われるように，相互に連絡及び調整を図らなければならない。
② 児童自立生活援助事業又は放課後児童健全育成事業を行う者及び児童福祉施設の設置者は，その事業を行い，又はその施設を運営するに当たっては，相互に連携を図りつつ，児童及びその家庭からの相談に応ずることその他の地域の実情に応じた積極的な支援を行うように努めなければならない。

第56条の7 ① 市町村は，必要に応じ公有財産（地方自治法第238条第1項に規定する公有財産をいう。次項において同じ。）の貸付けその他の必要な措置を積極的に講ずることにより，社会福祉法人その他の多様な事業者の能力を活用した保育所の設置又は運営を促進し，保育の利用に係る供給を効率的かつ計画的に増大させるものとする。
② 市町村は，必要に応じ，公有財産の貸付けその他の必要な措置を積極的に講ずることにより，社会福祉法人その他の多様な事業者の能力を活用した放課後児童健全育成事業の実施を促進し，放課後児童健全育成事業に係る供給を効率的かつ計画的に増大させるものとする。
③ 国及び都道府県は，前2項の市町村の措置に関し，必要な支援を行うものとする。

第56条の8 ① 市町村長は，当該市町村における保育の実施に対する需要の状況等に照らし適当であると認めるときは，公私連携型保育所（次項に規定する協定に基づき，当該市町村から必要な設備の貸付け，譲渡その他の協力を得て，当該市町村との連携の下に保育及び子育て支援事業（以下この条において「保育等」という。）を行う保育所をいう。以下この条において同じ。）の運営を継続的かつ安定的に行うことができる能力を有するものであると認められるもの（法人に限る。）を，その申請により，公私連携型保育所の設置及び運営を目的とする法人（以下この条において「公私連携保育法人」という。）として指定することができる。
② 市町村長は，前項の規定による指定（第11項において単に「指定」という。）をしようと

するときは、あらかじめ、当該指定をしようとする法人と、次に掲げる事項を定めた協定（以下この条において単に「協定」という。）を締結しなければならない。
一　協定の目的となる公私連携型保育所の名称及び所在地
二　公私連携型保育所における保育等に関する基本的事項
三　市町村による必要な設備の貸付け、譲渡その他の協力に関する基本的事項
四　協定の有効期間
五　協定に違反した場合の措置
六　その他公私連携型保育所の設置及び運営に関し必要な事項
③　公私連携保育法人は、第35条第4項の規定にかかわらず、市町村長を経由し、都道府県知事に届け出ることにより、公私連携型保育所を設置することができる。
④　市町村長は、公私連携保育法人が前項の規定による届出をした際に、当該公私連携保育法人が協定に基づき公私連携型保育所における保育等を行うために設備の整備を必要とする場合には、当該協定に定めるところにより、当該公私連携保育法人に対し、当該設備を無償又は時価よりも低い対価で貸し付け、又は譲渡するものとする。
⑤　前項の規定は、地方自治法第96条及び第237条から第238条の5までの規定の適用を妨げない。
⑥　公私連携保育法人は、第35条第12項の規定による廃止又は休止の承認の申請を行おうとするときは、市町村長を経由して行わなければならない。この場合において、当該市町村長は、当該申請に係る事項に関し意見を付すことができる。
⑦　市町村長は、公私連携型保育所の運営を適切にさせるため、必要があると認めるときは、公私連携保育法人若しくは公私連携型保育所の長に対して、必要な報告を求め、又は当該職員に、関係者に対して質問させ、若しくはその施設に立ち入り、設備、帳簿書類その他の物件を検査させることができる。
⑧　第18条の16第2項及び第3項の規定は、前項の場合について準用する。
⑨　第7項の規定により、公私連携保育法人若しくは公私連携型保育所の長に対し報告を求め、又は当該職員に、関係者に対し質問させ、若しくは公私連携型保育所に立入検査をさせた市町村長は、当該公私連携型保育所につき、第46条第3項又は第4項の規定による処分が行われる必要があると認めるときは、理由を付して、その旨を都道府県知事に通知しなければならない。
⑩　市町村長は、公私連携型保育所が正当な理由なく協定に従って保育等を行っていないと認めるときは、公私連携保育法人に対し、協定に従って保育等を行うことを勧告することができる。
⑪　市町村長は、前項の規定により勧告を受けた公私連携保育法人が当該勧告に従わないときは、指定を取り消すことができる。
⑫　公私連携保育法人は、前項の規定による指定の取消しの処分を受けたときは、当該処分に係る公私連携型保育所について、第35条第12項の規定による廃止の承認を都道府県知事に申請しなければならない。
⑬　公私連携保育法人は、前項の規定による廃止の承認の申請をしたときは、当該申請の日前1月以内に保育等を受けていた者であつて、当該廃止の日以後においても引き続き当該保育等に相当する保育等の提供を希望する者に対し、必要な保育等が継続的に提供されるよう、他の保育所及び認定こども園その他関係者との連絡調整その他の便宜の提供を行わなければならない。

第58条　①　第35条第4項の規定により設置した児童福祉施設が、この法律若しくはこの法律に基づいて発する命令又はこれらに基づいてなす処分に違反したときは、都道府県知事は、同項の認可を取り消すことができる。
②　第34条の15第2項の規定により開始した家庭的保育事業等が、この法律若しくはこの法律に基づいて発する命令又はこれらに基づいてなす処分に違反したときは、市町村長は、同項の認可を取り消すことができる。
第59条第1項中「第36条から第44条までの各条に規定する業務」を「第6条の3第

9項から第12項まで若しくは第36条から第44条まで（第39条の2を除く。）に規定する業務」に改める。
第59条　① 都道府県知事は，児童の福祉のため必要があると認めるときは，第36条から第44条までの各条に規定する業務を目的とする施設であつて第35条第3項の届出若しくは認定こども園法第16条の届出をしていないもの又は第34条の15第2項若しくは第35条第4項の認可若しくは認定こども園法第17条第1項の認可を受けていないもの（前条の規定により児童福祉施設若しくは家庭的保育事業等の認可を取り消されたもの又は認定こども園法第22条第1項の規定により幼保連携型認定こども園の認可を取り消されたものを含む。）については，その施設の設置者若しくは管理者に対し，必要と認める事項の報告を求め，又は当該職員をして，その事務所若しくは施設に立ち入り，その施設の設備若しくは運営について必要な調査若しくは質問をさせることができる。この場合においては，その身分を証明する証票を携帯させなければならない。
② 第18条の16第3項の規定は，前項の場合について準用する。
③ 都道府県知事は，児童の福祉のため必要があると認めるときは，第1項に規定する施設の設置者に対し，その施設の設備又は運営の改善その他の勧告をすることができる。
④ 都道府県知事は，前項の勧告を受けた施設の設置者がその勧告に従わなかつたときは，その旨を公表することができる。
⑤ 都道府県知事は，第1項に規定する施設について，児童の福祉のため必要があると認めるときは，都道府県児童福祉審議会の意見を聴き，その事業の停止又は施設の閉鎖を命ずることができる。
⑥ 都道府県知事は，児童の生命又は身体の安全を確保するため緊急を要する場合で，あらかじめ都道府県児童福祉審議会の意見を聴くいとまがないときは，当該手続を経ないで前項の命令をすることができる。
⑦ 都道府県知事は，第3項の勧告又は第5項の命令をした場合には，その旨を当該施設の所在地の市町村長に通知するものとする。
第59条の2　① 第6条の3第9項から第12項までに規定する業務又は第39条第1項に規定する業務を目的とする施設（少数の乳児又は幼児を対象とするものその他の厚生労働省令で定めるものを除く。）であつて第34条の15第2項若しくは第35条第4項の認可又は認定こども園法第17条第1項の認可を受けていないもの（第58条の規定により児童福祉施設若しくは家庭的保育事業等の認可を取り消されたもの又は認定こども園法第20に条第1項の規定により幼保連携型認定こども園の認可を取り消されたものを含む。）については，その施設の設置者は，その事業の開始の日（第58条の規定により児童福祉施設若しくは家庭的保育事業等の認可を取り消された施設又は認定こども園法第20に条第1項の規定により幼保連携型認定こども園の認可を取り消された施設にあつては，当該認可の取消しの日）から1月以内に，次に掲げる事項を都道府県知事に届け出なければならない。
一　施設の名称及び所在地
二　設置者の氏名及び住所又は名称及び所在地
三　建物その他の設備の規模及び構造
四　事業を開始した年月日
五　施設の管理者の氏名及び住所
六　その他厚生労働省令で定める事項
② 前項に規定する施設の設置者は，同項の規定により届け出た事項のうち厚生労働省令で定めるものに変更を生じたときは，変更の日から1月以内に，その旨を都道府県知事に届け出なければならない。その事業を廃止し，又は休止したときも，同様とする。
③ 都道府県知事は，前2項の規定による届出があつたときは，当該届出に係る事項を当該施設の所在地の市町村長に通知するものとする。
第59条の2の2　前条第1項に規定する施設の設置者は，次に掲げる事項を当該施設において提供されるサービスを利用しようとする者の見やすい場所に掲示しなければならない。
一　設置者の氏名又は名称及び施設の管理

者の氏名
二　建物その他の設備の規模及び構造
三　その他厚生労働省令で定める事項

第59条の2の3　第59条の2第1項に規定する施設の設置者は，当該施設において提供されるサービスを利用しようとする者からの申込みがあつた場合には，その者に対し，当該サービスを利用するための契約の内容及びその履行に関する事項について説明するように努めなければならない。

第59条の2の4　第59条の2第1項に規定する施設の設置者は，当該施設において提供されるサービスを利用するための契約が成立したときは，その利用者に対し，遅滞なく，次に掲げる事項を記載した書面を交付しなければならない。
一　設置者の氏名及び住所又は名称及び所在地
二　当該サービスの提供につき利用者が支払うべき額に関する事項
三　その他厚生労働省令で定める事項

第59条の2の5　① 第59条の2第1項に規定する施設の設置者は，毎年，厚生労働省令で定めるところにより，当該施設の運営の状況を都道府県知事に報告しなければならない。
② 都道府県知事は，毎年，前項の報告に係る施設の運営の状況その他第59条の2第1項に規定する施設に関し児童の福祉のため必要と認める事項を取りまとめ，これを各施設の所在地の市町村長に通知するとともに，公表するものとする。

第59条の2の6　都道府県知事は，第59条，第59条の2及び前条に規定する事務の執行及び権限の行使に関し，市町村長に対し，必要な協力を求めることができる。

第59条の2の7　町村が一部事務組合又は広域連合を設けて福祉事務所を設置した場合には，この法律の適用については，その一部事務組合又は広域連合を福祉事務所を設置する町村とみなす。

第59条の3　町村の福祉事務所の設置又は廃止により助産の実施及び母子保護の実施に係る都道府県又は市町村に変更があつた場合においては，この法律又はこの法律に基づいて発する命令の規定により，変更前の当該助産の実施若しくは母子保護の実施に係る都道府県又は市町村の長がした行為は，変更後の当該助産の実施若しくは母子保護の実施に係る都道府県又は市町村の長がした行為とみなす。ただし，変更前に行われ，又は行われるべきであつた助産の実施若しくは母子保護の実施に関する費用の支弁及び負担については，変更がなかつたものとする。

第59条の4　① この法律中都道府県が処理することとされている事務で政令で定めるものは，地方自治法第252条の19第1項の指定都市（以下「指定都市」という。）及び同法第252条の22第1項の中核市（以下「中核市」という。）並びに児童相談所を設置する市として政令で定める市（以下「児童相談所設置市」という。）においては，政令で定めるところにより，指定都市若しくは中核市又は児童相談所設置市（以下「指定都市等」という。）が処理するものとする。この場合においては，この法律中都道府県に関する規定は，指定都市等に関する規定として指定都市等に適用があるものとする。
② 前項の規定により指定都市等の長がした処分（地方自治法第2条第9項第1号に規定する第1号法定受託事務に係るものに限る。）に係る審査請求についての都道府県知事の裁決に不服がある者は，厚生労働大臣に対して再審査請求をすることができる。
③ 都道府県知事は，児童相談所設置市の長に対し，当該児童相談所の円滑な運営が確保されるように必要な勧告，助言又は援助をすることができる。
④ この法律に定めるもののほか，児童相談所設置市に関し必要な事項は，政令で定める。

第59条の5　① 第21条の4第1項，第34条の5第1項，第34条の6，第46条及び第59条の規定により都道府県知事の権限に属するものとされている事務は，児童の利益を保護する緊急必要があると厚生労働大臣が認める場合にあつては，厚生労働大臣又は都道府県知事が行うものとする。
② 前項の場合においては，この法律の規定中

都道府県知事に関する規定(当該事務に係るものに限る。)は,厚生労働大臣に関する規定として厚生労働大臣に適用があるものとする。この場合において,第46条第4項中「都道府県児童福祉審議会の意見を聴き,その施設の」とあるのは「その施設の」と,第59条第5項中「都道府県児童福祉審議会の意見を聴き,その事業の」とあるのは「その事業の」とする。

③ 第1項の場合において,厚生労働大臣又は都道府県知事が当該事務を行うときは,相互に密接な連携の下に行うものとする。

第59条の6 第56条第1項の規定により都道府県が処理することとされている事務は,地方自治法第2条第9項第1号に規定する第1号法定受託事務とする。

第59条の7 この法律における主務省令は,厚生労働省令とする。ただし,第21条の9各号に掲げる事業に該当する事業のうち厚生労働大臣以外の大臣が所管するものに関する事項については,厚生労働大臣及びその事業を所管する大臣の発する命令とする。

第8章 罰 則

第61条 児童相談所において,相談,調査及び判定に従事した者が,正当な理由なく,その職務上取り扱つたことについて知得した人の秘密を漏らしたときは,これを1年以下の懲役又は50万円以下の罰金に処する。

第61条の2 ① 第18条の22の規定に違反した者は,1年以下の懲役又は50万円以下の罰金に処する。

② 前項の罪は,告訴がなければ公訴を提起することができない。

第61条の3 第11条第5項,第18条の8第4項,第18条の12第1項,第21条の10の2第4項,第21条の12,第25条の5又は第27条の4の規定に違反した者は,1年以下の懲役又は50万円以下の罰金に処する。

第61条の4 第46条第4項又は第59条第5項の規定による事業の停止又は施設の閉鎖の命令に違反した者は,6月以下の懲役若しくは禁錮又は50万円以下の罰金に処する。

第61条の6 正当の理由がないのに,第18条の16第1項の規定による報告をせず,若しくは虚偽の報告をし,同項の規定による質問に対して答弁をせず,若しくは虚偽の答弁をし,又は同項の規定による立入り若しくは検査を拒み,妨げ,若しくは忌避した場合には,その違反行為をした指定試験機関の役員又は職員は,30万円以下の罰金に処する。

第62条 次の各号のいずれかに該当する者は,30万円以下の罰金に処する。

一 第18条の19第2項の規定により保育士の名称の使用の停止を命ぜられた者で,当該停止を命ぜられた期間中に,保育士の名称を使用したもの

二 第18条の23の規定に違反した者

三 正当の理由がないのに,第21条の14第1項の規定による報告をせず,若しくは虚偽の報告をし,同項の規定による質問に対して答弁をせず,若しくは虚偽の答弁をし,又は同項の規定による立入り若しくは検査を拒み,妨げ,若しくは忌避した者

四 正当の理由がないのに,第21条の5の21第1項(同条第4項において準用する場合を含む。),第21条の5の26第1項(第24条の19の2において準用する場合を含む。),第24条の15第1項,第24条の34第1項又は第24条の39第1項の規定による報告若しくは物件の提出若しくは提示をせず,若しくは虚偽の報告若しくは虚偽の物件の提出若しくは提示をし,これらの規定による質問に対して答弁をせず,若しくは虚偽の答弁をし,又はこれらの規定による立入り若しくは検査を拒み,妨げ,若しくは忌避した者

五 第30条第1項に規定する届出を怠つた者

六 正当の理由がないのに,第57条の3の3第1項又は第2項の規定による報告若しくは物件の提出若しくは提示をせず,若しくは虚偽の報告若しくは虚偽の物件の提出若しくは提示をし,又はこれらの規定による当該職員の質問に対して,答弁せず,若しくは虚偽の答弁をした者

七 正当の理由がないのに,第59条第1項の規定による報告をせず,若しくは虚偽の報

告をし，同項の規定による立入所査を拒み，妨げ，若しくは忌避し，又は同項の規定による質問に対して答弁をせず，若しくは虚偽の答弁をした者

第62条の3 法人の代表者又は法人若しくは人の代理人，使用人その他の従業者が，その法人又は人の業務に関して，第60条第1項から第3項まで及び第62条第4号の違反行為をしたときは，行為者を罰するほか，その法人又は人に対しても，各本条の罰金刑を科する。

第62条の4 第59条の2第1項又は第2項の規定による届出をせず，又は虚偽の届出をした者は，50万円以下の過料に処する。

第8章 罰　則

附則（抄）（平成24年8月22日法律第67号）

第73条 ① 第24条第3項の規定の適用については，当分の間，同項中「市町村は，保育の需要に応ずるに足りる保育所，認定こども園（子ども・子育て支援法第27条第1項の確認を受けたものに限る。以下この項及び第46条の2第2項において同じ。）又は家庭的保育事業等が不足し，又は不足するおそれがある場合その他必要と認められる場合には，保育所，認定こども園」とあるのは，「市町村は，保育所，認定こども園（子ども・子育て支援法第27条第1項の確認を受けたものに限る。以下この項及び第46条の2第2項において同じ。）」とするほか，必要な技術的読替えは，政令で定める。

② 第46条の2第1項の規定の適用については，当分の間，同項中「第24条第5項」とあるのは「保育所における保育を行うことの権限及び第24条第5項」と，「母子保護の実施のための委託」とあるのは「母子保護の実施のための委託若しくは保育所における保育を行うことの委託」とするほか，必要な技術的読替えは，政令で定める。

〔この法律は，子ども・子育て支援法の施行の日から施行する。〕

③ 認定こども園法
〔就学前の子どもに関する教育,保育等の総合的な提供の推進に関する法律〕

平成18年9月7日文部科学省・厚生労働省令第3号
最終改正：平成23年10月19日文部科学省・厚生労働省令第4号
（施行日は，子ども・子育て支援法の施行の日）

第1章 総則（第1条－第2条）

（目的）

第1条 この法律は，幼児期の教育及び保育が生涯にわたる人格形成の基礎を培う重要なものであること並びに我が国における急速な少子化の進行並びに家庭及び地域を取り巻く環境の変化に伴い小学校就学前の子どもの教育及び保育に対する需要が多様なものとなっていることに鑑み，地域における創意工夫を生かしつつ，小学校就学前の子どもに対する教育及び保育並びに保護者に対する子育て支援の総合的な提供を推進するための措置を講じ，もって地域において子どもが健やかに育成される環境の整備に資することを目的とする。

（定義）

第2条 ① この法律において「子ども」とは，小学校就学の始期に達するまでの者をいう。
② この法律において「幼稚園」とは，学校教育法（昭和22年法律第26号）第1条に規定する幼稚園をいう。
③ この法律において「保育所」とは，児童福祉法（昭和22年法律第164号）第39条第1項に規定する保育所をいう。
④ この法律において「保育機能施設」とは，児童福祉法第59条第1項に規定する施設のうち同法第39条第1項に規定する業務を目的とするもの（少数の子どもを対象とするものその他の主務省令で定めるものを除く。）をいう。
⑤ この法律において「保育所等」とは，保育所又は保育機能施設をいう。
⑥ この法律において「認定こども園」とは，次条第1項又は第3項の認定を受けた施設，同条第9項の規定による公示がされた施設及び幼保連携型認定こども園をいう。
⑦ この法律において「幼保連携型認定こども園」とは，義務教育及びその後の教育の基礎を培うものとしての満3歳以上の子どもに対する教育並びに保育を必要とする子どもに対する保育を一体的に行い，これらの子どもの健やかな成長が図られるよう適当な環境を与えて，その心身の発達を助長するとともに，保護者に対する子育ての支援を行うことを目的として，この法律の定めるところにより設置される施設をいう。
⑧ この法律において「教育」とは，教育基本法（平成18年法律第120号）第6条第1項に規定する法律に定める学校（第9条において単に「学校」という。）において行われる教育をいう。
⑨ この法律において「保育」とは，児童福祉法第6条の3第7項に規定する保育をいう。
⑩ この法律において「保育を必要とする子ども」とは，児童福祉法第6条の3第9項第1号に規定する保育を必要とする乳児・幼児をいう。
⑪ この法律において「保護者」とは，児童福祉法第6条に規定する保護者をいう。
⑫ この法律において「子育て支援事業」とは，地域の子どもの養育に関する各般の問題につき保護者からの相談に応じ必要な情報の提供及び助言を行う事業，保護者の疾病その他の理由により家庭において養育を受けることが一時的に困難となった地域の子どもに対する保育を行う事業，地域の子どもの養育に関する援助を受けることを希望する保護者と当該援助を行うことを希望する民間の団体若しくは個人との連絡及び調整を行う事業又は地域の子どもの養育に関する援助を行う民間の団体若しくは個人に対する必要な情報の提供及び助言を行う事業であって主務省令で定めるものをいう。

第2章　幼保連携型認定こども園以外の認定こども園に関する認定手続等

（幼保連携型認定こども園以外の認定こども園の認定等）

第3条　① 幼稚園又は保育所等の設置者（都道府県を除く。）は，その設置する施設が都道府県の条例で定める要件に適合している旨の都道府県知事（保育所に係る児童福祉法の規定による認可その他の処分をする権限に係る事務を地方自治法（昭和22年法律第67号）第180条の2の規定に基づく都道府県知事の委任を受けて当該都道府県の教育委員会が行う場合その他の主務省令で定める場合にあっては，都道府県の教育委員会。以下この章及び第4章において同じ。）の認定を受けることができる。

② 前項の条例で定める要件は，次に掲げる基準に従い，かつ，主務大臣が定める施設の設備及び運営に関する基準を参酌して定めるものとする。

一　当該施設が幼稚園である場合にあっては，幼稚園教育要領（学校教育法第25条の規定に基づき幼稚園に関して文部科学大臣が定める事項をいう。第10条第2項において同じ。）に従って編成された教育課程に基づく教育を行うほか，当該教育のための時間の終了後，当該幼稚園に在籍している子どものうち保育を必要とする子どもに該当する者に対する保育を行うこと。

二　当該施設が保育所等である場合にあっては，保育を必要とする子どもに対する保育を行うほか，当該保育を必要とする子ども以外の満3歳以上の子ども（当該施設が保育所である場合にあっては，当該保育所が所在する市町村（特別区を含む。以下同じ。）における児童福祉法第24条第4項に規定する保育の利用に対する需要の状況に照らして適当と認められる数の子どもに限る。）を保育し，かつ，満3歳以上の子どもに対し学校教育法第23条各号に掲げる目標が達成されるよう保育を行うこと。

三　子育て支援事業のうち，当該施設の所在する地域における教育及び保育に対する需要に照らし当該地域において実施することが必要と認められるものを，保護者の要請に応じ適切に提供し得る体制の下で行うこと。

③ 幼稚園及び保育機能施設のそれぞれの用に供される建物及びその附属設備が一体的に設置されている場合における当該幼稚園及び保育機能施設（以下「連携施設」という。）の設置者（都道府県を除く。）は，その設置する連携施設が都道府県の条例で定める要件に適合している旨の都道府県知事の認定を受けることができる。

④ 前項の条例で定める要件は，次に掲げる基準に従い，かつ，主務大臣が定める施設の設備及び運営に関する基準を参酌して定めるものとする。

一　次のいずれかに該当する施設であること。

イ　当該連携施設を構成する保育機能施設において，満3歳以上の子どもに対し学校教育法第23条各号に掲げる目標が達成されるよう保育を行い，かつ，当該保育を実施するに当たり当該連携施設を構成する幼稚園との緊密な連携協力体制が確保されていること。

ロ　当該連携施設を構成する保育機能施設に入所していた子どもを引き続き当該連携施設を構成する幼稚園に入園させて一貫した教育及び保育を行うこと。

二　子育て支援事業のうち，当該連携施設の所在する地域における教育及び保育に対する需要に照らし当該地域において実施することが必要と認められるものを，保護者の要請に応じ適切に提供し得る体制の下で行うこと。

⑤ 都道府県知事は，国（国立大学法人法（平成15年法律第112号）第2条第1項に規定する国立大学法人を含む。以下同じ。）及び市町村以外の者から，第1項又は第3項の認定の申請があったときは，第1項又は第3項の条例で定める要件に適合するかどうかを審査するほか，次に掲げる基準（当該認定の申請をした者が学校法人（私立学校法（昭和24年法律第270号）第3条に規定する学校法人をいう。以下同じ。）又は社会福祉法人（社会福祉法（昭和26年法律第45号）第22条に規定する社会

Ⅱ　資料編　1　法令

福祉法人をいう。以下同じ。）である場合にあっては，第4号に掲げる基準に限る。）によって，その申請を審査しなければならない。
一　第1項若しくは第3項の条例で定める要件に適合する設備又はこれに要する資金及び当該申請に係る施設の経営に必要な財産を有すること。
二　当該申請に係る施設を設置する者（その者が法人である場合にあっては，経営担当役員（業務を執行する社員，取締役，執行役又はこれらに準ずる者をいう。）とする。次号において同じ。）が当該施設を経営するために必要な知識又は経験を有すること。
三　当該申請に係る施設を設置する者が社会的信望を有すること。
四　次のいずれにも該当するものでないこと。
イ　申請者が，禁錮以上の刑に処せられ，その執行を終わり，又は執行を受けることがなくなるまでの者であるとき。
ロ　申請者が，この法律その他国民の福祉若しくは学校教育に関する法律で政令で定めるものの規定により罰金の刑に処せられ，その執行を終わり，又は執行を受けることがなくなるまでの者であるとき。
ハ　申請者が，労働に関する法律の規定であって政令で定めるものにより罰金の刑に処せられ，その執行を終わり，又は執行を受けることがなくなるまでの者であるとき。
ニ　申請者が，第7条第1項の規定により認定を取り消され，その取消しの日から起算して5年を経過しない者（当該認定を取り消された者が法人である場合においては，当該取消しの処分に係る行政手続法（平成5年法律第88号）第15条の規定による通知があった日前60日以内に当該法人の役員（業務を執行する社員，取締役，執行役又はこれらに準ずる者をいい，相談役，顧問その他いかなる名称を有する者であるかを問わず，法人に対し業務を執行する社員，取締役，執行役又はこれらに準ずる者と同等以上の支配力を有するものと認められる者を含む。以下ホ及び第17条第2項第7号において同じ。）又はその事業を管理する者その他の政令で定める使用人（以下この号において「役員等」とい
う。）であった者で当該取消しの日から起算して5年を経過しないものを含み，当該認定を取り消された者が法人でない場合においては，当該通知があった日前60日以内に当該事業の管理者であった者で当該取消しの日から起算して5年を経過しないものを含む。）であるとき。ただし，当該認定の取消しが，認定こども園の認定の取消しのうち当該認定の取消しの処分の理由となった事実及び当該事実の発生を防止するための当該認定こども園の設置者による業務管理体制の整備についての取組の状況その他の当該事実に関して当該認定こども園の設置者が有していた責任の程度を考慮して，ニ本文に規定する認定の取消しに該当しないこととすることが相当であると認められるものとして主務省令で定めるものに該当する場合を除く。
ホ　申請者と密接な関係を有する者（申請者（法人に限る。以下ホにおいて同じ。）の役員に占めるその役員の割合が2分の1を超え，若しくは当該申請者の株式の所有その他の事由を通じて当該申請者の事業を実質的に支配し，若しくはその事業に重要な影響を与える関係にある者として主務省令で定めるもの（以下ホにおいて「申請者の親会社等」という。），申請者の親会社等の役員と同一の者がその役員に占める割合が2分の1を超え，若しくは申請者の親会社等が株式の所有その他の事由を通じてその事業を実質的に支配し，若しくはその事業に重要な影響を与える関係にある者として主務省令で定めるもの又は当該申請者の役員と同一の者がその役員に占める割合が2分の1を超え，若しくは当該申請者が株式の所有その他の事由を通じてその事業を実質的に支配し，若しくはその事業に重要な影響を与える関係にある者として主務省令で定めるもののうち，当該申請者と主務省令で定める密接な関係を有する法人をいう。）が，第7条第1項の規定により認定を取り消され，その取消しの日から起算して5年を経過していないとき。ただし，当該認定の取消しが，認定こども園の認定の取消しのうち当該認定の取消しの処分の理由となった事実及び当該事実の発生を防止するための当該認定こども園の設置者による業務管

理体制の整備についての取組の状況その他の当該事実に関して当該認定こども園の設置者が有していた責任の程度を考慮して，ホ本文に規定する認定の取消しに該当しないこととすることが相当であると認められるものとして主務省令で定めるものに該当する場合を除く。
　ヘ　申請者が，認定の申請前5年以内に教育又は保育に関し不正又は著しく不当な行為をした者であるとき。
　ト　申請者が，法人で，その役員等のうちにイからニまで又はへのいずれかに該当する者のあるものであるとき。
　チ　申請者が，法人でない者で，その管理者がイからニまで又はへのいずれかに該当する者であるとき。
⑥　都道府県知事は，第1項又は第3項の認定をしようとするときは，主務省令で定めるところにより，あらかじめ，当該認定の申請に係る施設が所在する市町村の長に協議しなければならない。
⑦　都道府県知事は，第1項又は第3項及び第5項に基づく審査の結果，その申請が第1項又は第3項の条例で定める要件に適合しており，かつ，その申請をした者が第5項各号に掲げる基準（その者が学校法人又は社会福祉法人である場合にあっては，同項第4号に掲げる基準に限る。）に該当すると認めるとき（その申請をした者が国又は市町村である場合にあっては，その申請が第1項又は第3項の条例で定める要件に適合していると認めるとき）は，第1項又は第3項の認定をするものとする。ただし，次に掲げる要件のいずれかに該当するとき，その他の都道府県子ども・子育て支援事業支援計画（子ども・子育て支援法（平成24年法律第65号）第62条第1項の規定により当該都道府県が定める都道府県子ども・子育て支援事業支援計画をいう。以下この項及び第17条第6項において同じ。）の達成に支障を生ずるおそれがある場合として主務省令で定める場合に該当すると認めるときは，第1項又は第3項の認定をしないことができる。
　一　当該申請に係る施設の所在地を含む区域（子ども・子育て支援法第62条第2項第1号により当該都道府県が定める区域をいう。以下この項及び第17条第6項において同じ。）における特定教育・保育施設（同法第27条第1項に規定する特定教育・保育施設をいう。以下この項及び第17条第6項において同じ。）の利用定員の総数（同法第19条第1項第1号に掲げる小学校就学前子どもに係るものに限る。）が，都道府県子ども・子育て支援事業支援計画において定める当該区域の特定教育・保育施設の必要利用定員総数（同号に掲げる小学校就学前子どもに係るものに限る。）に既に達しているか，又は当該申請に係る施設の認定によってこれを超えることになると認めるとき。
　二　当該申請に係る施設の所在地を含む区域における特定教育・保育施設の利用定員の総数（子ども・子育て支援法第19条第1項第2号に掲げる小学校就学前子どもに係るものに限る。）が，都道府県子ども・子育て支援事業支援計画において定める当該区域の特定教育・保育施設の必要利用定員総数（同号に掲げる小学校就学前子どもに係るものに限る。）に既に達しているか，又は当該申請に係る施設の認定によってこれを超えることになると認めるとき。
　三　当該申請に係る施設の所在地を含む区域における特定教育・保育施設の利用定員の総数（子ども・子育て支援法第19条第1項第3号に掲げる小学校就学前子どもに係るものに限る。）が，都道府県子ども・子育て支援事業支援計画において定める当該区域の特定教育・保育施設の必要利用定員総数（同号に掲げる小学校就学前子どもに係るものに限る。）に既に達しているか，又は当該申請に係る施設の認定によってこれを超えることになると認めるとき。
⑧　都道府県知事は，第1項又は第3項の認定をしない場合には，申請者に対し，速やかに，その旨及び理由を通知しなければならない。
⑨　都道府県知事は，当該都道府県が設置する施設のうち，第1項又は第3項の条例で定める要件に適合していると認めるものについては，これを公示するものとする。

（認定の申請）

第4条 ① 前条第1項又は第3項の認定を受けようとする者は、次に掲げる事項を記載した申請書に、その申請に係る施設が同条第1項又は第3項の条例で定める要件に適合していることを証する書類を添付して、これを都道府県知事に提出しなければならない。
一　氏名又は名称及び住所並びに法人にあっては、その代表者の氏名
二　施設の名称及び所在地
三　保育を必要とする子どもに係る利用定員（満3歳未満の者に係る利用定員及び満3歳以上の者に係る利用定員に区分するものとする。）
四　保育を必要とする子ども以外の子どもに係る利用定員（満3歳未満の者に係る利用定員及び満3歳以上の者に係る利用定員に区分するものとする。）
五　その他主務省令で定める事項
② 前条第3項の認定に係る前項の申請については、連携施設を構成する幼稚園の設置者と保育機能施設の設置者とが異なる場合には、これらの者が共同して行わなければならない。

（認定の有効期間）

第5条 ① 都道府県知事は、保育所に係る第3条第1項の認定をする場合において、当該認定の日から起算して5年を超えない範囲内においてその有効期間を定めるものとする。
② 前項の有効期間の更新を受けようとする者は、主務省令で定めるところにより、都道府県知事に申請書を提出しなければならない。
③ 前項の規定による申請書の提出があったときは、都道府県知事は、当該保育所が所在する市町村における児童福祉法第24条第4項に規定する保育の利用に対する需要の状況に照らし、当該保育所において保育を必要とする子ども以外の満3歳以上の子どもに対する保育を引き続き行うことにより当該保育を必要とする子どもの保育に支障が生じるおそれがあると認められる場合を除き、認定の有効期間を更新しなければならない。

（教育及び保育の内容）

第6条 第3条第1項又は第3項の認定を受けた施設及び同条第9項の規定による公示がされた施設の設置者は、当該施設において教育又は保育を行うに当たっては、第10条第1項の幼保連携型認定こども園の教育課程その他の教育及び保育の内容に関する事項を踏まえて行わなければならない。

（認定の取消し）

第7条 ① 都道府県知事は、次の各号のいずれかに該当するときは、第3条第1項又は第3項の認定を取り消すことができる。
一　第3条第1項又は第3項の認定を受けた施設がそれぞれ同条第1項又は第3項の条例で定める要件を欠くに至ったと認めるとき。
二　第3条第1項又は第3項の認定を受けた施設の設置者が第29条第1項の規定による届出をせず、又は虚偽の届出をしたとき。
三　第3条第1項又は第3項の認定を受けた施設の設置者が第30条第1項又は第2項の規定による報告をせず、又は虚偽の報告をしたとき。
四　第3条第1項又は第3項の認定を受けた施設の設置者が同条第5項第4号イからハまで、ト又はチのいずれかに該当するに至ったとき。
五　第3条第1項又は第3項の認定を受けた施設の設置者が不正の手段により同条第1項又は第3項の認定を受けたとき。
六　その他第3条第1項又は第3項の認定を受けた施設の設置者がこの法律、学校教育法、児童福祉法、私立学校法、社会福祉法若しくは私立学校振興助成法（昭和50年法律第61号）又はこれらの法律に基づく命令の規定に違反したとき。
② 都道府県知事は、前項の規定により認定を取り消したときは、その旨を公表しなければならない。
③ 都道府県知事は、第3条第9項の規定による公示がされた施設が同条第1項又は第3項の条例で定める要件を欠くに至ったと認めるときは、同条第9項の規定によりされた公示を取り消し、その旨を公示しなければな

らない。
（関係機関の連携の確保）
第8条 ① 都道府県知事は、第3条第1項又は第3項の規定により認定を行おうとするとき及び前条第1項の規定により認定の取消しを行おうとするときは、あらかじめ、学校教育法又は児童福祉法の規定により当該認定又は取消しに係る施設の設置又は運営に関して認可その他の処分をする権限を有する地方公共団体の機関（当該機関が当該都道府県知事である場合を除く。）に協議しなければならない。
② 地方公共団体の長及び教育委員会は、認定こども園に関する事務が適切かつ円滑に実施されるよう、相互に緊密な連携を図りながら協力しなければならない。

第3章 幼保連携型認定こども園

（教育及び保育の目標）
第9条 幼保連携型認定こども園においては、第2条第7項に規定する目的を実現するため、子どもに対する学校としての教育及び児童福祉施設（児童福祉法第7条第1項に規定する児童福祉施設をいう。次条第2項において同じ。）としての保育並びにその実施する保護者に対する子育て支援事業の相互の有機的な連携を図りつつ、次に掲げる目標を達成するよう当該教育及び当該保育を行うものとする。
一 健康、安全で幸福な生活のために必要な基本的な習慣を養い、身体諸機能の調和的発達を図ること。
二 集団生活を通じて、喜んでこれに参加する態度を養うとともに家族や身近な人への信頼感を深め、自主、自律及び協同の精神並びに規範意識の芽生えを養うこと。
三 身近な社会生活、生命及び自然に対する興味を養い、それらに対する正しい理解と態度及び思考力の芽生えを養うこと。
四 日常の会話や、絵本、童話等に親しむことを通じて、言葉の使い方を正しく導くとともに、相手の話を理解しようとする態度を養うこと。
五 音楽、身体による表現、造形等に親しむことを通じて、豊かな感性と表現力の芽生えを養うこと。
六 快適な生活環境の実現及び子どもと保育教諭その他の職員との信頼関係の構築を通じて、心身の健康の確保及び増進を図ること。

（教育及び保育の内容）
第10条 ① 幼保連携型認定こども園の教育課程その他の教育及び保育の内容に関する事項は、第2条第7項に規定する目的及び前条に規定する目標に従い、主務大臣が定める。
② 主務大臣が前項の規定により幼保連携型認定こども園の教育課程その他の教育及び保育の内容に関する事項を定めるに当たっては、幼稚園教育要領及び児童福祉法第45条第2項の規定に基づき児童福祉施設に関して厚生労働省令で定める基準（同項第3号に規定する保育所における保育の内容に係る部分に限る。）との整合性の確保並びに小学校（学校教育法第1条に規定する小学校をいう。）における教育との円滑な接続に配慮しなければならない。
③ 幼保連携型認定こども園の設置者は、第1項の教育及び保育の内容に関する事項を遵守しなければならない。

（入園資格）
第11条 幼保連携型認定こども園に入園することのできる者は、満3歳以上の子ども及び満3歳未満の保育を必要とする子どもとする。

（設置者）
第12条 幼保連携型認定こども園は、国、地方公共団体、学校法人及び社会福祉法人のみが設置することができる。

（設備及び運営の基準）
第13条 ① 都道府県（地方自治法第252条の19第1項の指定都市又は同法第252条の22第1項の中核市（以下「指定都市等」という。）の区域内に所在する幼保連携型認定こども園（都道府県が設置するものを除く。）については、当該指定都市等。次項及び第25条において同じ。）は、幼保連携型認定こども園の設備及び運営について、条例で基準を定めなければならない。この場合において、その基準は、子

どもの身体的,精神的及び社会的な発達のために必要な教育及び保育の水準を確保するものでなければならない。
② 都道府県が前項の条例を定めるに当たっては,次に掲げる事項については主務省令で定める基準に従い定めるものとし,その他の事項については主務省令で定める基準を参酌するものとする。
一 幼保連携型認定こども園における学級の編制並びに幼保連携型認定こども園に配置する園長,保育教諭その他の職員及びその員数
二 幼保連携型認定こども園に係る保育室の床面積その他幼保連携型認定こども園の設備に関する事項であって,子どもの健全な発達に密接に関連するものとして主務省令で定めるもの
三 幼保連携型認定こども園の運営に関する事項であって,子どもの適切な処遇の確保及び秘密の保持並びに子どもの健全な発達に密接に関連するものとして主務省令で定めるもの
③ 主務大臣は,前項に規定する主務省令で定める基準を定め,又は変更しようとするとき,並びに同項第2号及び第3号の主務省令を定め,又は変更しようとするときは,子ども・子育て支援法第72条に規定する子ども・子育て会議の意見を聴かなければならない。
④ 幼保連携型認定こども園の設置者は,第1項の基準を遵守しなければならない。
⑤ 幼保連携型認定こども園の設置者は,幼保連携型認定こども園の設備及び運営についての水準の向上を図ることに努めるものとする。

(職 員)
第14条 ① 幼保連携型認定こども園には,園長及び保育教諭を置かなければならない。
② 幼保連携型認定こども園には,前項に規定するもののほか,副園長,教頭,主幹保育教諭,指導保育教諭,主幹養護教諭,養護教諭,主幹栄養教諭,栄養教諭,事務職員,養護助教諭その他必要な職員を置くことができる。
③ 園長は,園務をつかさどり,所属職員を監督する。
④ 副園長は,園長を助け,命を受けて園務をつかさどる。
⑤ 副園長は,園長に事故があるときはその職務を代理し,園長が欠けたときはその職務を行う。この場合において,副園長が2人以上あるときは,あらかじめ園長が定めた順序で,その職務を代理し,又は行う。
⑥ 教頭は,園長(副園長を置く幼保連携型認定こども園にあっては,園長及び副園長)を助け,園務を整理し,並びに必要に応じ園児(幼保連携型認定こども園に在籍する子どもをいう。以下同じ。)の教育及び保育(満3歳未満の園児については,その保育。以下この条において同じ。)をつかさどる。
⑦ 教頭は,園長(副園長を置く幼保連携型認定こども園にあっては,園長及び副園長)に事故があるときは園長の職務を代理し,園長(副園長を置く幼保連携型認定こども園にあっては,園長及び副園長)が欠けたときは園長の職務を行う。この場合において,教頭が2人以上あるときは,あらかじめ園長が定めた順序で,園長の職務を代理し,又は行う。
⑧ 主幹保育教諭は,園長(副園長又は教頭を置く幼保連携型認定こども園にあっては,園長及び副園長又は教頭。第11項及び第13項において同じ。)を助け,命を受けて園務の一部を整理し,並びに園児の教育及び保育をつかさどる。
⑨ 指導保育教諭は,園児の教育及び保育をつかさどり,並びに保育教諭その他の職員に対して,教育及び保育の改善及び充実のために必要な指導及び助言を行う。
⑩ 保育教諭は,園児の教育及び保育をつかさどる。
⑪ 主幹養護教諭は,園長を助け,命を受けて園務の一部を整理し,及び園児(満3歳以上の園児に限る。以下この条において同じ。)の養護をつかさどる。
⑫ 養護教諭は,園児の養護をつかさどる。
⑬ 主幹栄養教諭は,園長を助け,命を受けて園務の一部を整理し,並びに園児の栄養の指導及び管理をつかさどる。
⑭ 栄養教諭は,園児の栄養の指導及び管理をつかさどる。

⑮ 事務職員は，事務に従事する。
⑯ 助保育教諭は，保育教諭の職務を助ける。
⑰ 講師は，保育教諭又は助保育教諭に準ずる職務に従事する。
⑱ 養護助教諭は，養護教諭の職務を助ける。
⑲ 特別の事情のあるときは，第1項の規定にかかわらず，保育教諭に代えて助保育教諭又は講師を置くことができる。
　（職員の資格）
第15条　① 主幹保育教諭，指導保育教諭，保育教諭及び講師（保育教諭に準ずる職務に従事するものに限る。）は，幼稚園の教諭の普通免許状（教育職員免許法（昭和24年法律第147号）第4条第2項に規定する普通免許状をいう。以下この条において同じ。）を有し，かつ，児童福祉法第18条の18第1項の登録（第4項及び第39条において単に「登録」という。）を受けた者でなければならない。
② 主幹養護教諭及び養護教諭は，養護教諭の普通免許状を有する者でなければならない。
③ 主幹栄養教諭及び栄養教諭は，栄養教諭の普通免許状を有する者でなければならない。
④ 助保育教諭及び講師（助保育教諭に準ずる職務に従事するものに限る。）は，幼稚園の助教諭の臨時免許状（教育職員免許法第4条第4項に規定する臨時免許状をいう。次項において同じ。）を有し，かつ，登録を受けた者でなければならない。
⑤ 養護助教諭は，養護助教諭の臨時免許状を有する者でなければならない。
⑥ 前各項に定めるもののほか，職員の資格に関する事項は，主務省令で定める。
　（設置等の届出）
第16条　市町村（指定都市等を除く。次条第5項において同じ。）は，幼保連携型認定こども園を設置しようとするとき，又はその設置した幼保連携型認定こども園の廃止，休止若しくは設置者の変更その他政令で定める事項（次条第1項及び第34条第6項において「廃止等」という。）を行おうとするときは，あらかじめ，都道府県知事に届け出なければならない。
　（設置等の認可）
第17条　① 国及び地方公共団体以外の者は，幼保連携型認定こども園を設置しようとするとき，又はその設置した幼保連携型認定こども園の廃止等を行おうとするときは，都道府県知事（指定都市等の区域内に所在する幼保連携型認定こども園については，当該指定都市等の長。次項，第3項，第6項及び第7項並びに次条第1項において同じ。）の認可を受けなければならない。
② 都道府県知事は，前項の設置の認可の申請があったときは，第13条第1項の条例で定める基準に適合するかどうかを審査するほか，次に掲げる基準によって，その申請を審査しなければならない。
一　申請者が，この法律その他国民の福祉若しくは学校教育に関する法律で政令で定めるものの規定により罰金の刑に処せられ，その執行を終わり，又は執行を受けることがなくなるまでの者であるとき。
二　申請者が，労働に関する法律の規定であって政令で定めるものにより罰金の刑に処せられ，その執行を終わり，又は執行を受けることがなくなるまでの者であるとき。
三　申請者が，第22条第1項の規定により認可を取り消され，その取消しの日から起算して5年を経過しない者であるとき。ただし，当該認可の取消しが，幼保連携型認定こども園の認可の取消しのうち当該認可の取消しの処分の理由となった事実及び当該事実の発生を防止するための当該幼保連携型認定こども園の設置者による業務管理体制の整備についての取組の状況その他の当該事実に関して当該幼保連携型認定こども園の設置者が有していた責任の程度を考慮して，この号本文に規定する認可の取消しに該当しないこととすることが相当であると認められるものとして主務省令で定めるものに該当する場合を除く。
四　申請者が，第22条第1項の規定による認可の取消しの処分に係る行政手続法第15条の規定による通知があった日から当該処分をする日又は処分をしないことを決定する日までの間に前項の規定による幼保連携型認定こども園の廃止をした者（当該廃止について相当の理由がある者を除く。）で，当該

Ⅱ 資料編 ①法令

幼保連携型認定こども園の廃止の認可の日から起算して5年を経過しないものであるとき。
五　申請者が,第19条第1項の規定による検査が行われた日から聴聞決定予定日（当該検査の結果に基づき第22条第1項の規定による認可の取消しの処分に係る聴聞を行うか否かの決定をすることが見込まれる日として主務省令で定めるところにより都道府県知事が当該申請者に当該検査が行われた日から10日以内に特定の日を通知した場合における当該特定の日をいう。）までの間に前項の規定による幼保連携型認定こども園の廃止をした者（当該廃止について相当の理由がある者を除く。）で,当該幼保連携型認定こども園の廃止の認可の日から起算して5年を経過しないものであるとき。
六　申請者が,認可の申請前5年以内に教育又は保育に関し不正又は著しく不当な行為をした者であるとき。
七　申請者の役員又はその長のうちに次のいずれかに該当する者があるとき。
イ　禁錮以上の刑に処せられ,その執行を終わり,又は執行を受けることがなくなるまでの者
ロ　第1号,第2号又は前号に該当する者
ハ　第22条第1項の規定により認可を取り消された幼保連携型認定こども園において,当該取消しの処分に係る行政手続法第15条の規定による通知があった日前60日以内にその幼保連携型認定こども園の設置者の役員又はその園長であった者で当該取消しの日から起算して5年を経過しないもの（当該認可の取消しが,幼保連携型認定こども園の認可の取消しのうち当該認可の取消しの処分の理由となった事実及び当該事実の発生を防止するための当該幼保連携型認定こども園の設置者による業務管理体制の整備についての取組の状況その他の当該事実に関して当該幼保連携型認定こども園の設置者が有していた責任の程度を考慮して,この号に規定する認可の取消しに該当しないこととすることが相当であると認められるものとして主務省令で定めるものに該当する場合を除く。）

ニ　第4号に規定する期間内に前項の規定により廃止した幼保連携型認定こども園（当該廃止について相当の理由がある幼保連携型認定こども園を除く。）において,同号の通知の日前60日以内にその設置者の役員又はその長であった者で当該廃止の認可の日から起算して5年を経過しないもの
③　都道府県知事は,第1項の認可をしようとするときは,あらかじめ,第25条に規定する審議会その他の合議制の機関の意見を聴かなければならない。
④　指定都市等の長は,第1項の認可をしようとするときは,あらかじめ,都道府県知事に協議しなければならない。
⑤　都道府県知事は,第1項の設置の認可をしようとするときは,主務省令で定めるところにより,あらかじめ,当該認可の申請に係る幼保連携型認定こども園を設置しようとする場所を管轄する市町村の長に協議しなければならない。
⑥　都道府県知事は,第1項及び第2項に基づく審査の結果,その申請が第13条第1項の条例で定める基準に適合しており,かつ,第2項各号に掲げる基準に該当しないと認めるときは,第1項の設置の認可をするものとする。ただし,次に掲げる要件のいずれかに該当するとき,その他の都道府県子ども・子育て支援事業支援計画（指定都市等の長が認可を行う場合にあっては,子ども・子育て支援法第61条第1項の規定により当該指定都市等の長が定める市町村子ども・子育て支援事業計画。以下この項において同じ。）の達成に支障を生ずるおそれがある場合として主務省令で定める場合に該当すると認めるときは,第1項の設置の認可をしないことができる。
1. 当該申請に係る幼保連携型認定こども園を設置しようとする場所を含む区域（指定都市等の長が認可を行う場合にあっては,子ども・子育て支援法第61条第2項第1号の規定により当該指定都市等が定める教育・保育提供区域をいう。以下この項において同じ。）における特定教育・保育施設の利用定員の総数（子ども・子育て支援法第19条第1項第1号に掲げる小学校就学前子どもに係るものに限る。）が,

都道府県子ども・子育て支援事業支援計画において定める当該区域の特定教育・保育施設の必要利用定員総数（同号に掲げる小学校就学前子どもに係るものに限る。）に既に達しているか、又は当該申請に係る設置の認可によってこれを超えることになると認めるとき。
2. 当該申請に係る幼保連携型認定こども園を設置しようとする場所を含む区域における特定教育・保育施設の利用定員の総数（子ども・子育て支援法第19条第1項第2号に掲げる小学校就学前子どもに係るものに限る。）が、都道府県子ども・子育て支援事業支援計画において定める当該区域の特定教育・保育施設の必要利用定員総数（同号に掲げる小学校就学前子どもに係るものに限る。）に既に達しているか、又は当該申請に係る設置の認可によってこれを超えることになると認めるとき。
3. 当該申請に係る幼保連携型認定こども園を設置しようとする場所を含む区域における特定教育・保育施設の利用定員の総数（子ども・子育て支援法第19条第1項第3号に掲げる小学校就学前子どもに係るものに限る。）が、都道府県子ども・子育て支援事業支援計画において定める当該区域の特定教育・保育施設の必要利用定員総数（同号に掲げる小学校就学前子どもに係るものに限る。）に既に達しているか、又は当該申請に係る設置の認可によってこれを超えることになると認めるとき。
⑦ 都道府県知事は、第1項の設置の認可をしない場合には、申請者に対し、速やかに、その旨及び理由を通知しなければならない。

（都道府県知事への情報の提供）
第18条　① 第16条の届出を行おうとする者又は前条第1項の認可を受けようとする者は、第4条第1項各号に掲げる事項を記載した書類を都道府県知事に提出しなければならない。
② 指定都市等の長は、前条第1項の認可をしたときは、速やかに、都道府県知事に、前項の書類の写しを送付しなければならない。
③ 指定都市等の長は、当該指定都市等が幼保連携型認定こども園を設置したときは、速やかに、第4条第1項各号に掲げる事項を記載した書類を都道府県知事に提出しなければならない。

（報告の徴収等）
第19条　① 都道府県知事（指定都市等の区域内に所在する幼保連携型認定こども園（都道府県が設置するものを除く。）については、当該指定都市等の長。第28条から第30条まで並びに第34条第3項及び第9項を除き、以下同じ。）は、この法律を施行するため必要があると認めるときは、幼保連携型認定こども園の設置者若しくは園長に対して、必要と認める事項の報告を求め、又は当該職員に関係者に対して質問させ、若しくはその施設に立ち入り、設備、帳簿書類その他の物件を検査させることができる。
② 前項の規定による立入検査を行う場合においては、当該職員は、その身分を示す証明書を携帯し、関係者の請求があるときは、これを提示しなければならない。
③ 第1項の規定による立入検査の権限は、犯罪捜査のために認められたものと解釈してはならない。

（改善勧告及び改善命令）
第20条　都道府県知事は、幼保連携型認定こども園の設置者が、この法律又はこの法律に基づく命令若しくは条例の規定に違反したときは、当該設置者に対し、必要な改善を勧告し、又は当該設置者がその勧告に従わず、かつ、園児の教育上又は保育上有害であると認められるときは、必要な改善を命ずることができる。

（事業停止命令）
第21条　① 都道府県知事は、次の各号のいずれかに該当する場合においては、幼保連携型認定こども園の事業の停止又は施設の閉鎖を命ずることができる。
一　幼保連携型認定こども園の設置者が、この法律又はこの法律に基づく命令若しくは条例の規定に故意に違反し、かつ、園児の教育上又は保育上著しく有害であると認められるとき。
二　幼保連携型認定こども園の設置者が前

条の規定による命令に違反したとき。
三　正当な理由がないのに，6月以上休止したとき。
② 都道府県知事は，前項の規定により事業の停止又は施設の閉鎖の命令をしようとするときは，あらかじめ，第25条に規定する審議会その他の合議制の機関の意見を聴かなければならない。

（認可の取消し）
第22条　① 都道府県知事は，幼保連携型認定こども園の設置者が，この法律若しくはこの法律に基づく命令若しくは条例の規定又はこれらに基づいてする処分に違反したときは，第17条第1項の認可を取り消すことができる。
② 都道府県知事は，前項の規定による認可の取消しをしようとするときは，あらかじめ，第25条に規定する審議会その他の合議制の機関の意見を聴かなければならない。

（運営の状況に関する評価等）
第23条　幼保連携型認定こども園の設置者は，主務省令で定めるところにより当該幼保連携型認定こども園における教育及び保育並びに子育て支援事業（以下「教育及び保育等」という。）の状況その他の運営の状況について評価を行い，その結果に基づき幼保連携型認定こども園の運営の改善を図るため必要な措置を講ずるよう努めなければならない。

（運営の状況に関する情報の提供）
第24条　幼保連携型認定こども園の設置者は，当該幼保連携型認定こども園に関する保護者及び地域住民その他の関係者の理解を深めるとともに，これらの者との連携及び協力の推進に資するため，当該幼保連携型認定こども園における教育及び保育等の状況その他の当該幼保連携型認定こども園の運営の状況に関する情報を積極的に提供するものとする。

（都道府県における合議制の機関）
第25条　第17条第3項，第21条第2項及び第22条第2項の規定によりその権限に属させられた事項を調査審議するため，都道府県に，条例で幼保連携型認定こども園に関する審議会その他の合議制の機関を置くものとする。

（学校教育法の準用）
第26条　学校教育法第5条，第6条本文，第7条，第9条，第10条，第81条第1項及び第137条の規定は，幼保連携型認定こども園について準用する。この場合において，同法第10条中「私立学校」とあるのは「国（国立大学法人法第2条第1項に規定する国立大学法人を含む。）及び地方公共団体以外の者の設置する幼保連携型認定こども園（就学前の子どもに関する教育，保育等の総合的な提供の推進に関する法律第2条第7項に規定する幼保連携型認定こども園をいう。以下同じ。）」と，「大学及び高等専門学校にあつては文部科学大臣に，大学及び高等専門学校以外の学校にあつては都道府県知事」とあるのは「都道府県知事（指定都市等（同法第13条第1項に規定する指定都市等をいう。以下この条において同じ。）の区域内にあつては，当該指定都市等の長）」と，同法第81条第1項中「該当する幼児，児童及び生徒」とあるのは「該当する就学前の子どもに関する教育，保育等の総合的な提供の推進に関する法律第14条第6項に規定する園児（以下この項において単に「園児」という。）」と，「必要とする幼児，児童及び生徒」とあるのは「必要とする園児」と，「文部科学大臣」とあるのは「同法第36条第1項に規定する主務大臣」と，「ものとする」とあるのは「ものとする。この場合において，特別支援学校においては，幼保連携型認定こども園の要請に応じて，園児の教育に関し必要な助言又は援助を行うよう努めるものとする」と，同法第137条中「学校教育上」とあるのは「幼保連携型認定こども園の運営上」と読み替えるものとするほか，必要な技術的読替えは，政令で定める。

（学校保健安全法の準用）
第27条　学校保健安全法（昭和33年法律第56号）第3条から第10条まで，第13条から第21条まで，第23条及び第26条から第31条までの規定は，幼保連携型認定こども園について準用する。この場合において，これらの規定中「文部科学省令」とあるのは「就

学前の子どもに関する教育,保育等の総合的な提供の推進に関する法律第36条第2項に規定する主務省令」と読み替えるほか,同法第9条中「学校教育法第16条」とあるのは「就学前の子どもに関する教育,保育等の総合的な提供の推進に関する法律第2条第11項」と,「第24条及び第30条」とあるのは「第30条」と,同法第17条第2項中「第11条から」とあるのは「第13条から」と,「第11条の健康診断に関するものについては政令で,第13条」とあるのは「第13条」と読み替えるものとするほか,必要な技術的読替えは,政令で定める。

第4章 認定こども園に関する情報の提供等

（教育・保育等に関する情報の提供）
第28条　都道府県知事は,第3条第1項又は第3項の認定をしたとき,第16条の届出を受けたとき,第17条第1項の認可をしたとき,第18条第2項の書類の写しの送付を受けたとき又は同条第3項の書類の提出を受けたときは,インターネットの利用,印刷物の配布その他適切な方法により,これらに係る施設において提供されるサービスを利用しようとする者に対し,第4条第1項各号に掲げる事項及び教育保育概要（当該施設において行われる教育及び保育等の概要をいう。次条第1項において同じ。）についてその周知を図るものとする。第3条第9項の規定による公示を行う場合及び都道府県が幼保連携型認定こども園を設置する場合も,同様とする。

（変更の届出）
第29条　① 認定こども園の設置者（都道府県を除く。次条及び第10条第1項において同じ。）は,第4条第1項各号に掲げる事項及び教育保育概要として前条の規定により周知された事項の変更（主務省令で定める軽微な変更を除く。）をしようとするときは,あらかじめ,その旨を都道府県知事に届け出なければならない。
② 都道府県知事は,前項の規定による届出があったときは,前条に規定する方法により,同条に規定する者に対し,当該届出に係る事項についてその周知を図るものとする。都道府県が設置する認定こども園について同項に規定する変更を行う場合も,同様とする。

（報告の徴収等）
第30条　① 認定こども園の設置者は,毎年,主務省令で定めるところにより,その運営の状況を都道府県知事に報告しなければならない。
② 第19条第1項に定めるもののほか,都道府県知事は,認定こども園の適正な運営を確保するため必要があると認めるときは,その設置者に対し,認定こども園の運営に関し必要な報告を求めることができる。

（名称の使用制限）
第31条　① 何人も,認定こども園でないものについて,認定こども園という名称又はこれと紛らわしい名称を用いてはならない。
② 何人も,幼保連携型認定こども園でないものについて,幼保連携型認定こども園という名称又はこれと紛らわしい名称を用いてはならない。

第5章　雑　則

（学校教育法の特例）
第32条　認定こども園である幼稚園又は認定こども園である連携施設を構成する幼稚園に係る学校教育法第24条,第25条並びに第27条第4項から第7項まで及び第11項の規定の適用については,同法第24条中「努めるものとする」とあるのは「努めるとともに,就学前の子どもに関する教育,保育等の総合的な提供の推進に関する法律（平成18年法律第77号）第2条第12項に規定する子育て支援事業（以下単に「子育て支援事業」という。）を行うものとする」と,同法第25条中「保育内容」とあるのは「保育内容（子育て支援事業を含む。）」と,同法第27条第4項から第7項まで及び第11項中「園務」とあるのは「園務（子育て支援事業を含む。）」とする。

（児童福祉法の特例）
第33条　第3条第1項の認定を受けた公私連携型保育所（児童福祉法第56条の8第1項

に規定する公私連携型保育所をいう。）に係る同法第56条の8の規定の適用については，同条第1項中「保育及び」とあるのは，「保育（満3歳以上の子どもに対し学校教育法第23条各号に掲げる目標が達成されるよう保育を行うことを含む。）及び」とする。

（公私連携幼保連携型認定こども園に関する特例）
第34条 ① 市町村長（特別区の区長を含む。以下この条において同じ。）は，当該市町村における保育の実施に対する需要の状況等に照らし適当であると認めるときは，公私連携幼保連携型認定こども園（次項に規定する協定に基づき，当該市町村から必要な設備の貸付け，譲渡その他の協力を得て，当該市町村との連携の下に教育及び保育等を行う幼保連携型認定こども園をいう。以下この条において同じ。）の運営を継続的かつ安定的に行うことができる能力を有するものであると認められるもの（学校法人又は社会福祉法人に限る。）を，その申請により，公私連携幼保連携型認定こども園の設置及び運営を目的とする法人（以下この条において「公私連携法人」という。）として指定することができる。
② 市町村長は，前項の規定による指定（第11項及び第14項において単に「指定」という。）をしようとするときは，あらかじめ，当該指定をしようとする法人と，次に掲げる事項を定めた協定（以下この条において単に「協定」という。）を締結しなければならない。
一　協定の目的となる公私連携幼保連携型認定こども園の名称及び所在地
二　公私連携幼保連携型認定こども園における教育及び保育等に関する基本的事項
三　市町村による必要な設備の貸付け，譲渡その他の協力に関する基本的事項
四　協定の有効期間
五　協定に違反した場合の措置
六　その他公私連携幼保連携型認定こども園の設置及び運営に関し必要な事項
③ 公私連携法人は，第17条第1項の規定にかかわらず，市町村長を経由し，都道府県知事に届け出ることにより，公私連携幼保連携型認定こども園を設置することができる。

④ 市町村長は，公私連携法人が前項の規定による届出をした際に，当該公私連携法人が協定に基づき公私連携幼保連携型認定こども園における教育及び保育等を行うために設備の整備を必要とする場合には，当該協定に定めるところにより，当該公私連携法人に対し，当該設備を無償若しくは時価よりも低い対価で貸し付け，又は譲渡するものとする。
⑤ 前項の規定は，地方自治法第96条及び第237条から第238条の5までの規定の適用を妨げない。
⑥ 公私連携法人は，第17条第1項の規定による廃止等の認可の申請を行おうとするときは，市町村長を経由して行わなければならない。この場合において，当該市町村長は，当該申請に係る事項に関し意見を付すことができる。
⑦ 市町村長は，公私連携幼保連携型認定こども園の運営を適切にさせるため必要があると認めるときは，公私連携法人若しくは園長に対して必要と認める事項の報告を求め，又は当該職員に関係者に対して質問させ，若しくはその施設に立ち入り，設備，帳簿書類その他の物件を検査させることができる。
⑧ 第19条第2項及び第3項の規定は，前項の規定による立入検査について準用する。
⑨ 第7項の規定により，公私連携法人若しくは園長に対し報告を求め，又は当該職員に関係者に対し質問させ，若しくは公私連携幼保連携型認定こども園に立入検査をさせた市町村長（指定都市等の長を除く。）は，当該公私連携幼保連携型認定こども園につき，第20条又は第21条第1項の規定による処分が行われる必要があると認めるときは，理由を付して，その旨を都道府県知事に通知しなければならない。
⑩ 市町村長は，公私連携幼保連携型認定こども園が正当な理由なく協定に従って教育及び保育等を行っていないと認めるときは，公私連携法人に対し，協定に従って教育及び保育等を行うことを勧告することができる。
⑪ 市町村長は，前項の規定により勧告を受けた公私連携法人が当該勧告に従わないときは，指定を取り消すことができる。

⑫ 公私連携法人は，前項の規定による指定の取消しの処分を受けたときは，当該処分に係る公私連携幼保連携型認定こども園について，第17条第1項の規定による廃止の認可を都道府県知事に申請しなければならない。

⑬ 公私連携法人は，前項の規定による廃止の認可の申請をしたときは，当該申請の日前1月以内に教育及び保育等を受けていた者であって，当該廃止の日以後においても引き続き当該教育及び保育等に相当する教育及び保育等の提供を希望する者に対し，必要な教育及び保育等が継続的に提供されるよう，他の幼保連携型認定こども園その他関係者との連絡調整その他の便宜の提供を行わなければならない。

⑭ 指定都市等の長が指定を行う公私連携法人に対する第3項の規定の適用については，同項中「市町村長を経由し，都道府県知事」とあるのは，「指定都市等の長」とし，第6項の規定は，適用しない。

（緊急時における主務大臣の事務執行）

第35条 ① 第19条第1項，第20条及び第21条第1項の規定により都道府県知事の権限に属するものとされている事務は，園児の利益を保護する緊急の必要があると主務大臣が認める場合にあっては，主務大臣又は都道府県知事が行うものとする。この場合においては，この法律の規定中都道府県知事に関する規定（当該事務に係るもの（同条第2項を除く。）に限る。）は，主務大臣に関する規定として主務大臣に適用があるものとする。

② 前項の場合において，主務大臣又は都道府県知事が当該事務を行うときは，相互に密接な連携の下に行うものとする。

（主務大臣等）

第36条 ① この法律における主務大臣は，内閣総理大臣，文部科学大臣及び厚生労働大臣とする。

② この法律における主務省令は，主務大臣の発する命令とする。

（政令等への委任）

第37条 この法律に規定するもののほか，この法律の施行のため必要な事項で，地方公共団体の機関が処理しなければならないものについては政令で，その他のものについては主務省令で定める。

第6章 罰 則

第38条 第21条第1項の規定による事業の停止又は施設の閉鎖の命令に違反した者は，6月以下の懲役若しくは禁錮又は50万円以下の罰金に処する。

第39条 次の各号のいずれかに該当する場合には，その違反行為をした者は，30万円以下の罰金に処する。

一 第15条第1項又は第4項の規定に違反して，相当の免許状を有しない者又は登録を受けていない者を主幹保育教諭，指導保育教諭，保育教諭，助保育教諭又は講師に任命し，又は雇用したとき。

二 第15条第1項又は第4項の規定に違反して，相当の免許状を有せず，又は登録を受けていないにもかかわらず主幹保育教諭，指導保育教諭，保育教諭，助保育教諭又は講師となったとき。

三 第15条第2項，第3項又は第5項の規定に違反して，相当の免許状を有しない者を主幹養護教諭，養護教諭，主幹栄養教諭，栄養教諭又は養護助教諭に任命し，又は雇用したとき。

四 第15条第2項，第3項又は第5項の規定に違反して，相当の免許状を有しないにもかかわらず主幹養護教諭，養護教諭，主幹栄養教諭，栄養教諭又は養護助教諭となったとき。

五 第31条第1項の規定に違反して，認定こども園という名称又はこれと紛らわしい名称を用いたとき。

六 第31条第2項の規定に違反して，幼保連携型認定こども園という名称又はこれと紛らわしい名称を用いたとき。

附 則 （平成24年8月22日法律第66号）

（施行期日）

第1条 この法律は，子ども・子育て支援法（平成24年法律第65号）の施行の日から施行する。ただし，附則第9条から第11条までの規定は，公布の日から施行する。

（検　討）
第2条　① 政府は，幼稚園の教諭の免許及び保育士の資格について，一体化を含め，その在り方について検討を加え，必要があると認めるときは，その結果に基づいて所要の措置を講ずるものとする。
② 政府は，前項に定める事項のほか，この法律の施行後5年を目途として，この法律の施行の状況を勘案し，必要があると認めるときは，この法律による改正後の就学前の子どもに関する教育，保育等の総合的な提供の推進に関する法律（以下「新認定こども園法」という。）の規定について検討を加え，その結果に基づいて所要の措置を講ずるものとする。

（認定こども園である幼保連携施設に関する経過措置）
第3条　① この法律の施行の際現に存するこの法律による改正前の就学前の子どもに関する教育，保育等の総合的な提供の推進に関する法律第7条第1項に規定する認定こども園である同法第3条第3項に規定する幼保連携施設（幼稚園（同法第2条第2項に規定する幼稚園をいう。以下同じ。）及び保育所（同法第2条第3項に規定する保育所をいう。）で構成されるものに限る。以下この項及び次項において「旧幼保連携型認定こども園」という。）であって，国（国立大学法人法（平成15年法律第112号）第2条第1項に規定する国立大学法人を含む。次条第1項において同じ。）及び地方公共団体以外の者が設置するものについては，この法律の施行の日（以下「施行日」という。）に，新認定こども園法第17条第1項の設置の認可があったものとみなす。ただし，当該旧幼保連携型認定こども園の設置者が施行日の前日までに，新認定こども園法第36条第2項の主務省令（以下単に「主務省令」という。）で定めるところにより，別段の申出をしたときは，この限りでない。
② 前項の規定により新認定こども園法第17条第1項の設置の認可があったものとみなされた旧幼保連携型認定こども園（以下この項において「みなし幼保連携型認定こども園」という。）の設置者は，施行日から起算して3月以内に，同法第4条第1項各号に掲げる事項を記載した書類を都道府県知事（指定都市等の区域内に所在するみなし幼保連携型認定こども園の設置者については，当該指定都市等の長）に提出しなければならない。
③ 指定都市等の長は，前項の規定による書類の提出を受けたときは，速やかに，当該書類の写しを都道府県知事に送付しなければならない。
④ 都道府県知事は，第2項の書類の提出又は前項の書類の写しの送付を受けたときは，新認定こども園法第28条に規定する方法により，同条に規定する者に対し，当該書類又は当該書類の写しに記載された事項についてその周知を図るものとする。

（幼保連携型認定こども園の設置に係る特例）
第4条　① 施行日の前日において現に存する幼稚園を設置している者であって，次に掲げる要件の全てに適合するもの（国，地方公共団体，私立学校法（昭和24年法律第270号）第3条に規定する学校法人及び社会福祉法（昭和26年法律第45号）第22条に規定する社会福祉法人を除く。）は，当分の間，新認定こども園法第12条の規定にかかわらず，当該幼稚園を廃止して幼保連携型認定こども園（新認定こども園法第2条第7項に規定する幼保連携型認定こども園をいい，当該幼稚園の所在した区域と同一の区域内にあることその他の主務省令で定める要件に該当するものに限る。以下この条及び附則第7条において同じ。）を設置することができる。
一　新認定こども園法第13条第1項の基準に適合する設備又はこれに要する資金及び当該幼保連携型認定こども園の経営に必要な財産を有すること。
二　当該幼保連携型認定こども園を設置する者が幼保連携型認定こども園を経営するために必要な知識又は経験を有すること。
三　当該幼保連携型認定こども園を設置する者が社会的信望を有すること。
② 前項の規定により幼保連携型認定こども園を設置しようとする者（法人以外の者に限る。）に係る新認定こども園法第17条第2

項の規定の適用については,「一　申請者が,この法律その他国民の福祉若しくは学校教育に関する法律で政令で定めるものの規定により罰金の刑に処せられ,その執行を終わり,又は執行を受けることがなくなるまでの者であるとき。」とあるのは「一　申請者が,禁錮以上の刑に処せられ,その執行を終わり,又は執行を受けることがなくなるまでの者であるとき。一の二　申請者が,この法律その他国民の福祉若しくは学校教育に関する法律で政令で定めるものの規定により罰金の刑に処せられ,その執行を終わり,又は執行を受けることがなくなるまでの者であるとき。」とするほか,必要な技術的読替えは,政令で定める。

③　第一項の規定により設置された幼保連携型認定こども園の運営に必要な事項は,主務省令で定める。

（保育教諭等の資格の特例）

第5条　①　施行日から起算して5年間は,新認定こども園法第15条第1項の規定にかかわらず,幼稚園の教諭の普通免許状（教育職員免許法（昭和24年法律第147号）第4条第2項に規定する普通免許状をいう。）を有する者又は児童福祉法（昭和22年法律第164号）第18条の18第1項の登録（第3項において単に「登録」という。）を受けた者は,主幹保育教諭,指導保育教諭,保育教諭又は講師（保育教諭に準ずる職務に従事するものに限る。）となることができる。

②　施行日から起算して5年間は,新認定こども園法第15条第4項の規定にかかわらず,幼稚園の助教諭の臨時免許状（教育職員免許法第4条第4項に規定する臨時免許状をいう。）を有する者は,助保育教諭又は講師（助保育教諭に準ずる職務に従事するものに限る。）となることができる。

③　施行日から起算して5年間は,教育職員免許法及び教育公務員特例法の一部を改正する法律（平成19年法律第98号）附則第2条第7項に規定する旧免許状所持者であって,同条第2項に規定する更新講習修了確認を受けずに同条第3項に規定する修了確認期限を経過し,その後に同項第3号に規定する免許管理者による確認を受けていないもの（登録を受けている者に限る。）については,同条第7項の規定は,適用しない。

（名称の使用制限に関する経過措置）

第6条　この法律の施行の際現に幼保連携型認定こども園という名称又はこれと紛らわしい名称を使用している者については,新認定こども園法第31条第2項の規定は,この法律の施行後六月間は,適用しない。

（幼稚園の名称の使用制限に関する経過措置）

第7条　施行日において現に幼稚園を設置しており,かつ,当該幼稚園の名称中に幼稚園という文字を用いている者が,当該幼稚園を廃止して幼保連携型認定こども園を設置した場合には,学校教育法（昭和22年法律第26号）第135条第1項の規定にかかわらず,当該幼保連携型認定こども園の名称中に引き続き幼稚園という文字を用いることができる。

（罰則に関する経過措置）

第8条　施行日前にした行為に対する罰則の適用については,なお従前の例による。

（準備行為）

第9条　この法律を施行するために必要な条例の制定又は改正,新認定こども園法第17条第1項の認可の手続その他の行為は,施行日前においても行うことができる。

（政令への委任）

第10条　附則第3条から前条までに定めるもののほか,この法律の施行に関し必要な経過措置は,政令で定める。

（関係法律の整備等）

第11条　この法律の施行に伴う関係法律の整備等については,別に法律で定めるところによる。

Ⅱ 資料編　① 法令

④ 子ども・子育て関係法律整備法により改正された法律(抄)
〔子ども・子育て支援法及び就学前の子どもに関する教育,保育等の総合的な提供の推進に関する法律の一部を改正する法律の施行に伴う関係法律の整備等に関する法律〕の関係条文

各法律の施行日は,子ども・子育て支援法の施行の日。
但し⑳内閣府設置法については,当該箇所参照。

(下線部分は政府案による改正部分,波線部分は修正後整備法による影響部分)

(1) 教育公務員特例法
(昭和24年法律第1号)

◆整備法による改正後の条文
(定　義)
第2条　この法律において「教育公務員」とは,地方公務員のうち,学校(学校教育法(昭和22年法律第26号)第1条に規定する学校及び就学前の子どもに関する教育,保育等の総合的な提供の推進に関する法律(平成18年法律第77号)第2条第7項に規定する幼保連携型認定こども園(以下「幼保連携型認定こども園」という。)をいう。以下同じ。)であつて地方公共団体が設置するもの(以下「公立学校」という。)の学長,校長(園長を含む。以下同じ。),教員及び部局長並びに教育委員会の教育長及び専門的教育職員をいう。
2　この法律において「教員」とは,公立学校の教授,准教授,助教,副校長(副園長を含む。以下同じ。),教頭,主幹教諭(幼保連携型認定こども園の主幹養護教諭及び主幹栄養教諭を含む。以下同じ。),指導教諭,教諭,助教諭,養護教諭,養護助教諭,栄養教諭,主幹保育教諭,指導保育教諭,保育教諭,助保育教諭及び講師(常時勤務の者及び地方公務員法(昭和25年法律第261号)第28条の5第1項に規定する短時間勤務の職を占める者に限る。第23条第2項を除き,以下同じ。)をいう。
3～5　(略)

(採用及び昇任の方法)
第11条　公立学校の校長の採用並びに教員の採用及び昇任は,選考によるものとし,その選考は,大学附置の学校にあつては当該大学の学長,大学附置の学校以外の公立学校(幼保連携型認定こども園を除く。)にあつてはその校長及び教員の任命権者である教育委員会の教育長,大学附置の学校以外の公立学校(幼保連携型認定こども園に限る。)にあつてはその校長及び教員の任命権者である地方公共団体の長が行う。

(条件附任用)
第12条　公立の小学校,中学校,高等学校,中等教育学校,特別支援学校,幼稚園及び幼保連携型認定こども園(以下「小学校等」という。)の教諭,助教諭,保育教諭,助保育教諭及び講師(以下「教諭等」という。)に係る地方公務員法第22条第1項に規定する採用については,同項中「6月」とあるのは「1年」として同項の規定を適用する。
2　(略)

(校長及び教員の給与)
第13条　(略)
2　前項に規定する給与のうち地方自治法(昭和22年法律第67号)第204条第2項の規定により支給することができる義務教育等教員特別手当は,これらの者のうち次に掲げるものを対象とするものとし,その内容は,条例で定める。
一　(略)
二　前号に規定する校長及び教員との権衡上必要があると認められる公立の高等学校,中等教育学校の後期課程,特別支援学校の高等部若しくは幼稚部,幼稚園又は幼保連携型認定こども園に勤務する校長及び教員

(初任者研修)
第23条　公立の小学校等の教諭等の任命権者は,当該教諭等(政令で指定する者を除く。)に対して,その採用の日から1年間の教諭又

は保育教諭の職務の遂行に必要な事項に関する実践的な研修(以下「初任者研修」という。)を実施しなければならない。
2 任命権者は,初任者研修を受ける者(次項において「初任者」という。)の所属する学校の副校長,教頭,主幹教諭(養護又は栄養の指導及び管理をつかさどる主幹教諭を除く。),指導教諭,教諭,主幹保育教諭,指導保育教諭,保育教諭又は講師のうちから,指導教員を命じるものとする
3 指導教員は,初任者に対して教諭又は保育教諭の職務の遂行に必要な事項について指導及び助言を行うものとする。
　(指導改善研修)
第25条の2　(略)
2〜4　(略)
5　任命権者は,第一項及び前項の認定に当たつては,教育委員会規則(幼保連携型認定こども園にあつては,地方公共団体の規則。次項において同じ。)で定めるところにより,教育学,医学,心理学その他の児童等に対する指導に関する専門的知識を有する者及び当該任命権者の属する都道府県又は市町村の区域内に居住する保護者(親権を行う者及び未成年後見人をいう。)である者の意見を聴かなければならない。
6〜7　(略)
　(大学院修学休業の許可及びその要件等)
第26条　公立の小学校等の主幹教諭,指導教諭,教諭,養護教諭,栄養教諭,主幹保育教諭,指導保育教諭,保育教諭又は講師(以下「主幹教諭等」という。)で次の各号のいずれにも該当するものは,任命権者の許可を受けて,3年を超えない範囲内で年を単位として定める期間,大学(短期大学を除く。)の大学院の課程若しくは専攻科の課程又はこれらの課程に相当する外国の大学の課程(次項及び第28条第2項において「大学院の課程等」という。)に在学してその課程を履修するための休業(以下「大学院修学休業」という。)をすることができる。
一　主幹教諭(養護又は栄養の指導及び管理をつかさどる主幹教諭を除く。)指導教諭,教諭,主幹保育教諭,指導保育教諭,保育教諭又は

講師にあつては教育職員免許法(昭和24年法律第147号)に規定する教諭の専修免許状,養護をつかさどる主幹教諭又は養護教諭にあつては同法に規定する養護教諭の専修免許状,栄養の指導及び管理をつかさどる主幹教諭又は栄養教諭にあつては同法に規定する栄養教諭の専修免許状の取得を目的としていること。
二〜四　(略)
2　(略)
　　附　則
　(幼稚園等の教諭等に対する初任者研修等の特例)
第4条　幼稚園,特別支援学校の幼稚部及び幼保連携型認定こども園(以下この条において「幼稚園等」という。)の教諭等の任命権者については,当分の間,第23条第1項の規定は,適用しない。この場合において,幼稚園等の教諭等の任命権者(地方自治法第252条の19第1項の指定都市(以下「指定都市」という。)以外の市町村の設置する幼稚園及び特別支援学校の幼稚部の教諭等については当該市町村を包括する都道府県の教育委員会,当該市町村の設置する幼保連携型認定こども園の教諭等については当該市町村を包括する都道府県の知事)は,採用した日から起算して1年に満たない幼稚園等の教諭等(政令で指定する者を除く。)に対して,幼稚園等の教諭又は保育教諭の職務の遂行に必要な事項に関する研修を実施しなければならない。
2　市(指定都市を除く。)町村の教育委員会及び長は,その所管に属する幼稚園等の教諭等に対して都道府県の教育委員会及び知事が行う前項後段の研修に協力しなければならない。
3　(略)
　(幼稚園及び幼保連携型認定こども園の教諭等に対する10年経験者研修の特例)
第5条　指定都市以外の市町村の設置する幼稚園及び幼保連携型認定こども園の教諭等に対する10年経験者研修は,当分の間,第24条第1項の規定にかかわらず,幼稚園の教諭等については当該市町村を包括する都道府県の教育委員会が,幼保連携型認定こど

も園の教諭等については当該市町村を包括する都道府県の知事が実施しなければならない。
2　指定都市以外の市町村の教育委員会及び長は,その所管に属する幼稚園及び幼保連携型認定こども園の教諭等に対して都道府県の教育委員会及び知事が行う10年経験者研修に協力しなければならない。

（指定都市以外の市町村の教育委員会及び長に係る指導改善研修の特例）
第６条　指定都市以外の市町村の教育委員会及び長については,当分の間,第25条の2及び第25条の3の規定は,適用しない。この場合において,当該教育委員会及び長は,その所管に属する小学校等の教諭等（その任命権が当該教育委員会及び長に属する者に限る。）のうち,児童等に対する指導が不適切であると認める教諭等（政令で定める者を除く。）に対して,指導改善研修に準ずる研修その他必要な措置を講じなければならない。

⑵　**教育職員免許法**

（昭和24年法律第147号）

◆整備法による改正後の条文（抄）
（定　義）
第２条　この法律において「教育職員」とは,学校（学校教育法（昭和22年法律第26号）第1条に規定する幼稚園,小学校,中学校,高等学校,中等教育学校及び特別支援学校（第3項において「第1条学校」という。）並びに就学前の子どもに関する教育,保育等の総合的な提供の推進に関する法律（平成18年法律第77号）第2条第7項に規定する幼保連携型認定こども園（以下「幼保連携型認定こども園」という。）をいう。以下同じ。）の主幹教諭（幼保連携型認定こども園の主幹養護教諭及び主幹栄養教諭を含む。以下同じ。),指導教諭,教諭,助教諭,養護教諭,養護助教諭,栄養教諭,主幹保育教諭,指導保育教諭,保育教諭,助保育教諭及び講師（以下「教員」という。）をいう。
2　（略）
3　この法律において「所轄庁」とは,大学附置の国立学校（国（国立大学法人法（平成15年法律第112号）第2条第1項に規定する国立大学法人を含む。以下この項において同じ。）が設置する学校をいう。以下同じ。）又は公立学校（地方公共団体が設置する学校をいう。以下同じ。）の教員にあつてはその大学の学長,大学附置の学校以外の公立学校（第一条学校に限る。）の教員にあつてはその学校を所管する教育委員会,大学附置の学校以外の公立学校（幼保連携型認定こども園に限る。）の教員にあつてはその学校を所管する地方公共団体の長,私立学校（国及び地方公共団体以外の者が設置する学校をいう。以下同じ。）の教員にあつては都道府県知事（地方自治法（昭和22年法律第67号）第252条の19第1項の指定都市又は同法第252条の22第1項の中核市（以下この項において「指定都市等」という。）の区域内の幼保連携型認定こども園の教員にあつては,当該指定都市等の長）をいう。
4～5　（略）

（免　許）
第３条　（略）
2～4　（略）
5　幼保連携型認定こども園の教員の免許については,第1項の規定にかかわらず,就学前の子どもに関する教育,保育等の総合的な提供の推進に関する法律の定めるところによる。

（証明書の発行）
第７条　（略）
2　国立学校又は公立学校の教員にあつては所轄庁,私立学校の教員にあつてはその私立学校を設置する学校法人等（学校法人（私立学校法（昭和24年法律第270号）第3条に規定する学校法人をいう。以下同じ。）又は社会福祉法人（社会福祉法（昭和26年法律第45号）第22条に規定する社会福祉法人をいう。以下同じ。）をいう。以下同じ。）の理事長は,教育職員検定を受けようとする者から請求があつたときは,その者の人物,実務及び身体に関する証明書を発行しなければならない。
3　所轄庁が前項の規定による証明書を発行する場合において,所轄庁が大学の学長で,その証明書の発行を請求した者が大学附置

の国立学校又は公立学校の教員であるときは，当該所轄庁は，その学校の校長（幼稚園及び幼保連携型認定こども園の園長を含む。）の意見を聞かなければならない。

4〜5 （略）

（報　告）

第14条の2　学校法人等は，その設置する私立学校の教員について，第5条第1項第3号，第4号若しくは第7号に該当すると認めたとき，又は当該教員を解雇した場合において，当該解雇の事由が第11条第1項若しくは第2項第1号に定める事由に該当すると思料するときは，速やかにその旨を所轄庁に報告しなければならない。

　　附　則

14　第7条第2項及び別表第3備考第2号の私立学校を設置する学校法人等の理事長には，当分の間，学校法人等以外の者の設置する私立の幼稚園の設置者（法人にあつては，その法人を代表する権限を有する者）並びに就学前の子どもに関する教育，保育等の総合的な提供の推進に関する法律の一部を改正する法律（平成24年法律第66号。以下この項及び附則第19項において「認定こども園法一部改正法」という。）附則第3条第2項に規定するみなし幼保連携型認定こども園の設置者（学校法人及び社会福祉法人を除く。以下この項において「みなし幼保連携型認定こども園の設置者」という。）及び認定こども園法一部改正法附則第4条第1項の規定により幼保連携型認定こども園を設置する者を含むものとし，第14条の2の学校法人等には，当分の間，学校法人等以外の者の設置する私立の幼稚園の設置者並びにみなし幼保連携型認定こども園の設置者及び同項の規定により幼保連携型認定こども園を設置する者を含むものとする。

19　児童福祉法（昭和22年法律第164号）第18条の18第1項に規定する保育士の登録をしている者であつて学士の学位又は短期大学士の学位その他の文部科学省令で定める基礎資格を有するものに対して教育職員検定により幼稚園の教諭の一種免許状又は二種免許状を授与する場合における学力及び実務の検定は，認定こども園法一部改正法の施行の日から起算して5年を経過するまでの間は，第6条第2項の規定にかかわらず，当該基礎資格を取得した後文部科学省令で定める職員として良好な成績で勤務した旨の実務証明責任者の証明を有することを必要とする最低在職年数及び当該基礎資格を取得した後大学その他の文部科学省令で定める機関において修得することを必要とする最低単位数として文部科学省令で定めるものによるものとする。この場合において，同条第四項及び第9条第4項の規定の適用については，第6条第4項中「得た日」とあるのは「得た日又は附則第19項の文部科学省令で定める最低在職年数を満たし，かつ，同項の文部科学省令で定める最低単位数を修得した日」と，第9条第4項中「得た日」とあるのは「得た日若しくは附則第19項の文部科学省令で定める最低在職年数を満たし，かつ，同項の文部科学省令で定める最低単位数を修得した日」とする。

別表第3（第6条関係）

第1欄	第2欄	第3欄	第4欄
所要資格	有することを必要とする第1欄に掲げる教員（当該学校の助教諭を含む。第3欄において同じ。）の免許状の種類	第欄に定める各免許状を取得した後，第1欄に掲げる教員又は当該学校の主幹教諭（養護又は栄養の指導及び管理をつかさどる主幹教諭を除く。），指導教諭若しくは講師（これらに相当する中等教育学校の前期課程又は後期課程及び特別支援学校の各部の教員を含み，幼稚園教諭の専修免許状，一種免許状又は一種免許状の授与を受けようとする場合にあつては，幼保連携型認定こども園」園の主幹保育教諭，指導保育教諭，保育教諭又は	第2欄に定める各免許状を取得した後，大学において修得することを必要とする最低単位数

Ⅱ　資料編　① 法令

受けようとする免許状の種類			講師を含む。）として良好な成績で勤務した旨の実務証明責任者の証明を有することを必要とする最低在職年数
幼稚園教諭	専修免許状	一種免許状	3　15
	一種免許状	二種免許状	5　45
	二種免許状	臨時免許状	6　45

備考
一　（略）
二　第3欄の学校の教員についての同欄の実務証明責任者は，国立学校又は公立学校の教員にあつては所轄庁と，私立学校の教員にあつてはその私立学校を設置する学校法人等の理事長とする（別表第5の第1欄並びに別表第6，別表第6の2，別表第7及び別表第8の第3欄の場合においても同様とする。）。
三～七　（略）
八　2種免許状を有する者で教育職員に任命され，又は雇用された日から起算して12年を経過したもの（幼稚園及び幼保連携型認定こども園の教員を除く。）の免許管理者は，当該12年を経過した日（第10号において「経過日」という。）から起算して3年の間において，当該者の意見を聴いて，一種免許状を取得するのに必要とする単位を修得することができる大学の課程，文部科学大臣の認定する講習，大学の公開講座若しくは通信教育又は文部科学大臣が大学に委嘱して行う試験（次号及び第10号において「大学の課程等」という。）の指定を行う。
九～十　（略）

別表第7　（第6条関係）

第1欄	第2欄	第3欄	第4欄
所要資格	有することを必要とする特別支援学校の教員（一種免許状の授与を受けようとする場合にあつては，幼稚園，小学校，中学校又は高等学校の教員）の免許状の種類	第2欄に定める各免許状を取得した後，特別支援学校の教員（二種免許状の授与を受けようとする場合にあつては，幼稚園，小学校，中学校，高等学校，中等教育学校又は幼保連携型認定こども園の教員を含む。）として良好な成績で勤務した旨の実務証明責任者の証明を有することを必要とする最低在職年数	第欄に定める各免許状を取得した後，大学において修得することを必要とする最低単位数
特別支援学校教諭	専修免許状	一種免許状　3	15
	一種免許状	二種免許状　3	6
	二種免許状	幼稚園，小学校，中学校又は高等学校の教諭の普通免許状　3	6

別表第8　（第六条関係）

第1欄	第2欄	第3欄	第4欄
所用資格	有することを必要とする学校の免許状	第2欄に定める各免許状を取得した後，当該学校における主幹教諭（養護又は栄養の指導及び管理をつかさどる主幹教諭を除く。），指導教諭，教諭又は講師（これらに相当する中等教育学校の前期課程又は後期課程及び特別支援学校の各部の主幹教諭（養護又は栄養の指導及び管理をつかさどる主幹教諭を除く。），指導教諭，教諭又は講師を含み，小学校教諭の二種免許状の	第2欄に定める免許状を取得した後，大学において修得することを要する単位数

受けようとする免許状の種類	務証明責任	を有することを必要とする最低在職年数	
小学校教諭第二種免許状	幼稚園教諭普通免許状	3	13
	中学校教諭普通免許状	3	12

授与を受けようとする場合にあつては,幼保連携型認定こども園の主幹保育教諭,指導保育教諭,保育教諭又は講師を含む。)として良好な勤務成績で勤務した旨の実者の証明

(3) 私立学校法
(昭和24年法律第270号)

◆整備法による改正後の条文
(定　義)
第2条　この法律において「学校」とは,学校教育法(昭和22年法律第26号)第1条に規定する学校及び<u>就学前の子どもに関する教育,保育等の総合的な提供の推進に関する法律(平成18年法律第77号)第2条第7項に規定する幼保連携型認定こども園(以下「幼保連携型認定こども園」という。)</u>をいう。
2～3　(略)
(所轄庁)
第4条　この法律中「所轄庁」とあるのは,第1号,第3号及び第5号に掲げるものにあつては文部科学大臣とし,第2号及び第四号に掲げるものにあつては都道府県知事<u>(第2号に掲げるもののうち地方自治法(昭和22年法律第67号)第252条の19第1項の指定都市又は同法第252条の22第1項の中核市(以下この条において「指定都市等」という。)の区域内の幼保連携型認定こども園にあつては,当該指定都市等の長)</u>とする。
一～五　(略)
(学校教育法の特例)
第5条　私立学校<u>(幼保連携型認定こども園を除く。第8条第1項において同じ。)</u>には,学校教育法第十四条の規定は,適用しない。
　　附　則
12　第4条第2号,第6条,第9条第2項及び第59条の規定中私立学校には,当分の間,<u>学校法人立以外の私立の学校(学校教育法附則第6条の規定により学校法人以外の者によつて設置された私立の学校をいう。以下この項において同じ。)並びに学校法人立等以外の幼保連携型認定こども園(就学前の子どもに関する教育,保育等の総合的な提供の推進に関する法律の一部を改正する法律(平成24年法律第66号。以下この項において「認定こども園法一部改正法」という。)附則第3条第2項に規定するみなし幼保連携型認定こども園(以下この項において「みなし幼保連携型認定こども園」という。)を設置する者(学校法人及び社会福祉法人(社会福祉法(昭和26年法律第45号)第22条に規定する社会福祉法人をいう。以下この項において同じ。)を除く。)によつて設置されたみなし幼保連携型認定こども園及び認定こども園法一部改正法附則第4条第1項の規定により設置された幼保連携型認定こども園をいう。以下この項において同じ。)及び社会福祉法人によつて設置された幼保連携型認定こども園</u>を含むものとし,第5条及び第8条第1項の規定中私立学校には,当分の間,<u>学校法人立以外の私立の学校</u>を含むものとし,第59条の規定中学校法人には,当分の間,<u>学校法人立以外の私立の学校を設置する者並びに学校法人立等以外の幼保連携型認定こども園を設置する者及び幼保連携型認定こども園を設置する社会福祉法人</u>を含むものとする。

(4) 社会福祉法
(昭和26年法律第45号)

◆整備法による改正後の条文

(定　義)
第2条　この法律において「社会福祉事業」とは,第一種社会福祉事業及び第二種社会福祉事業をいう。事業をいう。事業をいう。
2　(略)
3　次に掲げる事業を第二種社会福祉事業とする。
一　(略)
二　児童福祉法に規定する障害児通所支援事業,障害児相談支援事業,児童自立生活援助事業,放課後児童健全育成事業,子育て短期支援事業,乳児家庭全戸訪問事業,養育支援訪問事業,地域子育て支援拠点事業,一時預かり事業,<u>小規模住居型児童養育事業,小規模保育事業,病児保育事業又は子育て援助活動支援事業</u>,同法に規定する助産施設,保育所,児童厚生施設又は児童家庭支援センターを経営する事業及び児童の福祉の増進について相談に応ずる事業<u>2の2　就学前の子どもに関する教育,保育の等の総合的な提供の推進に関する法律(平成18年法律第77号)に規定する幼保連携型認定こども園を経営する事業</u>
三〜十三　(略)
4　(略)

---

(5)　国有財産特別措置法
(昭和27年法律第219号)

◆整備法による改正後の条文
(無償貸付)
第2条　(略)
2　普通財産は,次の各号に掲げる場合においては,当該各号の地方公共団体,社会福祉法人,<u>学校法人</u>又は更生保護法人に対し,政令で定めるところにより,無償で貸し付けることができる。
一　(略)
二　地方公共団体において,児童福祉法(昭和22年法律第164号)第7条第1項に規定する児童福祉施設のうち,政令で定めるものの用に供するとき,又は社会福祉法人において,次に掲げるいずれかの用に主として供する施設の用に供するとき。
イ　児童福祉法の規定に基づき都道府県又は市町村の委託を受けて行う当該委託に係る措置(<u>就学前の子どもに関する教育,保育等の総合的な提供の推進に関する法律(平成18年法律第77号)第2条第7項に規定する幼保連携型認定こども園(以下「幼保連携型認定こども園」という。)が委託を受けて行うものを除く。</u>)の用
ロ,ハ　(略)
(削る)
ニ　(略)
ホ　<u>子ども・子育て支援法(平成24年法律第65号)の規定による施設型給付費又は特例施設型給付費の支給に係る同法に規定する小学校就学前子どもに対する保育(児童福祉法第35条第四項の認可を得た児童福祉施設において実施するものに限る。)の用</u>
三〜四　(略)
五　<u>地方公共団体,社会福祉法人又は私立学校法(昭和24年法律第270号)第3条に規定する学校法人(以下「学校法人」という。)において,幼保連携型認定こども園の施設の用に供するとき。</u>
六〜七　(略)
3　(略)

(減額譲渡又は貸付)
第3条　普通財産は,次の各号に掲げる場合においては,当該各号の地方公共団体又は法人に対し,時価からその五割以内を減額した対価で譲渡し,又は貸し付けることができる。
一〜三　(略)
四　<u>学校法人</u>,社会福祉法人,更生保護法人又は日本赤十字社において学校施設,社会福祉事業施設,更生保護事業施設又は日本赤十字社の業務の用に供する施設の用に供するとき。するとき。施設,社会福祉事業設又は日本赤十字社の業務の用に供するとき。
2　(略)

(6) 私立学校教職員共済法

(昭和28年法律第245号)

◆整備法による改正後の条文
附　則
（学校法人とみなされるもの）
10　私立の幼稚園を設置する者並びに就学前の子どもに関する教育，保育等の総合的な提供の推進に関する法律の一部を改正する法律（平成24年法律第66号。以下この項において「認定こども園法一部改正法」という。）附則第3条第2項に規定するみなし幼保連携型認定こども園を設置する者及び認定こども園法一部改正法附則第4条第1項の規定により幼保連携型認定こども園（就学前の子どもに関する教育，保育等の総合的な提供の推進に関する法律（平成18年法律第77号）第2条第7項に規定する幼保連携型認定こども園をいう。）を設置する者は，学校法人でない場合においても，当分の間，この法律の適用については，学校法人とみなす。

(7) 女子教職員の出産に際しての補助教職員の確保に関する法律

(昭和30年法律第125号)

◆整備法による改正後の条文
（定　義）
第2条　この法律において「学校」とは，幼稚園，小学校，中学校，高等学校，中等教育学校，特別支援学校及び幼保連携型認定こども園をいう。
2　この法律において「教職員」とは，校長（園長を含む。以下同じ。），副校長（副園長を含む。），教頭，主幹教諭（幼保連携型認定こども園の主幹養護教諭及び主幹栄養教諭を含む。），指導教諭，教諭，養護教諭，栄養教諭，主幹保育教諭，指導保育教諭，保育教諭，助教諭，養護助教諭，助保育教諭，講師（常時勤務の者及び地方公務員法（昭和25年法律第261号）第28条の5第1項に規定する短時間勤務の職を占める者に限る。），実習助手，寄宿舎指導員，学校栄養職員（学校給食法（昭和29年法律第160号）第7条に規定する職員のうち栄養の指導及び管理をつかさどる主幹教諭並びに栄養教諭以外の者をいう。以下同じ。）及び事務職員をいう。

(8) 地方教育行政の組織及び運営に関する法律

(昭和31年法律第162号)

◆整備法による改正後の条文
（指導主事その他の職員）
第19条　（略）
2　（略）
3　指導主事は，上司の命を受け，学校（学校教育法（昭和22年法律第26号）第1条に規定する学校及び就学前の子どもに関する教育，保育等の総合的な提供の推進に関する法律（平成18年法律第77号）第2条第7項に規定する幼保連携型認定こども園（以下「幼保連携型認定こども園」という。）をいう。以下同じ。）における教育課程，学習指導その他学校教育に関する専門的事項の指導に関する事務に従事する。
4～9　（略）
（教育委員会の職務権限）
第23条　教育委員会は，当該地方公共団体が処理する教育に関する事務で，次に掲げるものを管理し，及び執行する。
一　（略）
二　教育委員会の所管に属する学校その他の教育機関の用に供する財産（以下「教育財産」という。）の管理に関すること。
三　教育委員会及び教育委員会の所管に属する学校その他の教育機関の職員の任免その他の人事に関すること。
四　（略）
五　教育委員会の所管に属する学校の組織編制，教育課程，学習指導，生徒指導及び職業指導に関すること。
六～九　（略）
十　教育委員会の所管に属する学校その他の教育機関の環境衛生に関すること。
十一～十九　（略）

(長の職務権限)
第24条 地方公共団体の長は,次に掲げる教育に関する事務を管理し,及び執行する。
　一　(略)
　二　幼保連携型認定こども園に関すること。
　三　(略)
　四　(略)
　五　(略)
　六　(略)

(幼保連携型認定こども園に関する意見聴取)
第27条の2　地方公共団体の長は,当該地方公共団体が設置する幼保連携型認定こども園に関する事務のうち,幼保連携型認定こども園における教育課程に関する基本的事項の策定その他の当該地方公共団体の教育委員会の権限に属する事務と密接な関連を有するものとして当該地方公共団体の規則で定めるものの実施に当たつては,当該教育委員会の意見を聴かなければならない。
2　地方公共団体の長は,前項の規則を制定し,又は改廃しようとするときは,あらかじめ,当該地方公共団体の教育委員会の意見を聴かなければならない。

(幼保連携型認定こども園に関する意見の陳述)
第27条の3　教育委員会は,当該地方公共団体が設置する幼保連携型認定こども園に関する事務の管理及び執行について,その職務に関して必要と認めるときは,当該地方公共団体の長に対し,意見を述べることができる。

(幼保連携型認定こども園に関する資料の提供等)
第27条の4　教育委員会は,前2条の規定による権限を行うため必要があるときは,当該地方公共団体の長に対し,必要な資料の提供その他の協力を求めることができる。

(幼保連携型認定こども園に関する事務に係る教育委員会の助言又は援助)
第27条の5　地方公共団体の長は,第24条第2号に掲げる幼保連携型認定こども園に関する事務を管理し,及び執行するに当たり,必要と認めるときは,当該地方公共団体の教育委員会に対し,学校教育に関する専門的事項について助言又は援助を求めることができる。

(教育機関の所管)
第32条　学校その他の教育機関のうち,大学及び幼保連携型認定こども園は地方公共団体の長が,その他のものは教育委員会が所管する。ただし,第24条の2第1項の条例の定めるところにより地方公共団体の長が管理し,及び執行することとされた事務のみに係る教育機関は,地方公共団体の長が所管する。

(幼保連携型認定こども園に係る事務の処理に関する指導,助言及び援助等)
第54条の2　地方公共団体の長が管理し,及び執行する当該地方公共団体が設置する幼保連携型認定こども園に関する事務に係る第48条から第50条の2まで,第53条及び前条第2項の規定の適用については,これらの規定(第48条第四項を除く。)中「都道府県委員会」とあるのは「都道府県知事」と,第48条第4項中「都道府県委員会に」とあるのは「都道府県知事に」と,第49条及び第50条中「市町村委員会」とあるのは「市町村長」と,「当該教育委員会」とあるのは「当該地方公共団体の長」と,第50条の2「長及び議会」とあるのは「議会」と,第53条第1項中「第48条第1項及び第51条」とあるのは「第48条第1項」と,「地方公共団体の長又は教育委員会」とあるのは「地方公共団体の長」と,同条第2項中「市町村長又は市町村委員会」とあるのは「市町村長」と,前条第2項中「地方公共団体の長又は教育委員会」とあるのは「地方公共団体の長」と,「市町村長又は市町村委員会」とあるのは「市町村長」とする。

---

(9)　公立の学校の事務職員の休職の特例に関する法律

(昭和32年法律第117号)

◆整備法による改正後の条文
　公立の学校(学校教育法(昭和22年法律第26号)第1条に規定する学校及び就学前の子

もに関する教育,保育等の総合的な提供の推進に関する法律(平成18年法律第77号)第2条第7項に規定する幼保連携型認定こども園をいい,大学を除く。以下同じ。)の事務職員が結核性疾患のため長期の休養を要する場合に該当して休職にされたときは,当該休職の期間及び当該休職の期間中の給与については,他の法令の規定にかかわらず,教育公務員特例法(昭和24年法律第1号)第14条の規定を準用する。

(10) 社会福祉施設職員等退職手当共済法
　　　　　　　　　　　(昭和36年法律第155号)

◆整備法による改正後の条文
（定　義）
第2条　この法律において「社会福祉施設」とは,次に掲げる施設をいう。
一　生活保護法(昭和25年法律第144号)第41条第2項の規定による認可を受けた救護施設,更生施設,授産施設及び宿所提供施設
二　児童福祉法(昭和22年法律第164号)第35条第4項の規定による認可を受けた乳児院,母子生活支援施設,保育所,児童養護施設,障害児入所施設,情緒障害児短期治療施設及び児童自立支援施設
二の二　就学前の子どもに関する教育,保育等の総合的な提供の推進に関する法律(平成18年法律第77号)第17条第1項の規定による認可を受けた幼保連携型認定こども園
三　老人福祉法(昭和38年法律第133号)第15条第4項の規定による認可を受けた養護老人ホーム
四　社会福祉法(昭和26年法律第45号)第62条第1項の規定による届出がなされた障害者自立支援法(平成17年法律第123号)に規定する障害者支援施設
五　削除
六　その他前各号に準ずる施設で政令で定めるもの
2～13　(略)

(11) 社会福祉施設職員等退職手当共済法の一部改正に伴う経過措置
　　　　(波線部分は修正による影響部分)

◆整備法の条文
（社会福祉施設職員等退職手当共済法の一部改正に伴う経過措置）
第30条　この法律の施行の際に前条の規定による改正前の社会福祉施設職員等退職手当共済法第4条第1項の規定により成立している退職手当共済契約(この法律の施行の際現に存する旧児童福祉法第35条第4項の規定により設置された保育所又は学校教育法(昭和22年法律第26号)第1条に規定する幼稚園(社会福祉施設職員等退職手当共済法第2条第四項に規定する申出施設等であるものに限る。)の経営者であった者であって,当該保育所又は幼稚園を廃止して就学前の子どもに関する教育,保育等の総合的な提供の推進に関する法律の一部を改正する法律(平成24年法律第66号。以下この条において「認定こども園法一部改正法」という。)により改正された就学前の子どもに関する教育,保育等の総合的な提供の推進に関する法律(平成18年法律第77号。以下「新認定こども園法」という。)第17条第1項の規定により幼保連携型認定こども園の設置の認可を受けたもの又は認定こども園法一部改正法附則第3条第2項に規定するみなし幼保連携型認定こども園(以下この条において「みなし幼保連携型認定こども園」という。)を設置する者に係るもの(当該認可を受けるまでの間(みなし幼保連携型認定こども園にあっては認定こども園法一部改正法の施行の日までの間)に社会福祉施設職員等退職手当共済法第6条第1項の規定により当該退職手当共済契約を解除されていないものに限る。)に限る。)は,新認定こども園法第17条第1項の規定による設置の認可を受けた日(みなし幼保連携型認定こども園にあっては認定こども園法一部改正法の施行の日)以後,当該認可を受けた幼保連携型認定こども園又はみなし幼保連携型認定こども園に係る退職手当共済契約とみなす。
2　施行日前に前条の規定による改正前の社

会福祉施設職員等退職手当共済法の規定によってした退職手当共済契約の申込みその他の手続は,同条の規定による改正後の同法の相当の規定によってしたものとみなす。

⑿　母子及び寡婦福祉法
（昭和39年法律第129号）

◆整備法による改正後の条文
（特定教育・保育施設の利用等に関する特別の配慮）
第28条　市町村は,子ども・子育て支援法（平成24年法律第65号）第27条第1項に規定する特定教育・保育施設（次項において「特定教育・保育施設」という。）又は同法第43条第3項に規定する特定地域型保育事業（次項において「特定地域型保育事業」という。）の利用について,同法第42条第1項若しくは第54条第1項の規定により相談,助言若しくはあつせん若しくは要請を行う場合又は児童福祉法第24条第3項の規定により調整若しくは要請を行う場合には,母子家庭等の福祉が増進されるように特別の配慮をしなければならない。
2　特定教育・保育施設の設置者又は子ども・子育て支援法第29条第1項に規定する特定地域型保育事業者は,同法第33条第2項又は第45条第2項の規定により当該特定教育・保育施設を利用する児童（同法第19条第1項第2号又は第3号に該当する児童に限る。以下この項において同じ。）又は当該特定地域型保育事業者に係る特定地域型保育事業を利用する児童を選考するときは,母子家庭等の福祉が増進されるように特別の配慮をしなければならない。

⒀　激甚災害に対処するための特別の財政援助等に関する法律
（昭和37年法律第150号）

◆整備法による改正後の条文
（特別の財政援助及びその対象となる事業）

第3条　（略）
一～六　（略）
六の二　就学前の子どもに関する教育,保育等の総合的な提供の推進に関する法律（平成18年法律第77号）第12条若しくは就学前の子どもに関する教育,保育等の総合的な提供の推進に関する法律の一部を改正する法律（平成24年法律第66号。以下この号において「認定こども園法一部改正法」という。）附則第4条第1項の規定により設置された幼保連携型認定こども園（国立大学法人法（平成15年法律第112号）第2条第1項に規定する国立大学法人を含む。）が設置したものを除く。）又は認定こども園法一部改正法附則第3条第2項に規定するみなし幼保連携型認定こども園の災害復旧事業
六の三　（略）
七～十一　（略）
十一の二　子ども・子育て支援法（平成24年法律第65号）第27条第1項の規定により確認された私立の学校教育法（昭和22年法律第26号）第1条に規定する幼稚園（第17条第1項において「特定私立幼稚園」という。）の災害復旧事業
十二～十四　（略）

⒁　児童手当法
（昭和46年法律第73号）

◆整備法による改正後の条文
第22条　市町村長は,児童福祉法第56条第3項の規定により費用を徴収する場合又は同条第11項若しくは第12項の規定により地方税の滞納処分の例により処分することができる費用を徴収する場合において,第7条（第17条第1項において読み替えて適用する場合を含む。）の認定を受けた受給資格者が同法第56条第3項の規定により徴収する費用を支払うべき扶養義務者又は同条第11項若しくは第12項の規定により地方税の滞納処分の例により処分することができる費用を支払うべき保護者である場合には,政令で定めるところにより,当該扶養義務者又は

保護者に児童手当の支払をする際に保育料（同条第3項の規定により徴収する費用又は同条第11項若しくは第12項の規定により地方税の滞納処分の例により処分することができる費用をいう。次項において同じ。）を徴収することができる。

2　市町村長は，前項の規定による徴収（以下この項において「特別徴収」という。）の方法によって保育料を徴収しようとするときは，特別徴収の対象となる者（以下この項において「特別徴収対象者」という。）に係る保育料を特別徴収の方法によって徴収する旨，当該特別徴収対象者に係る特別徴収の方法によって徴収すべき保育料の額その他内閣府令で定める事項を，あらかじめ特別徴収対象者に通知しなければならない。

(15)　私立学校振興助成法

（昭和50年法律第61号）

◆整備法による改正後の条文
（定　義）
第2条　この法律において「学校」とは，学校教育法（昭和22年法律第26号）第1条に規定する学校及び就学前の子どもに関する教育，保育等の総合的な提供の推進に関する法律（平成18年法律第77号）第2条第7項に規定する幼保連携型認定こども園（以下「幼保連携型認定こども園」という。）をいう。
2～4　（略）

（学校法人に対する都道府県の補助に対する国の補助）
第9条　都道府県が，その区域内にある幼稚園，小学校，中学校，高等学校，中等教育学校，特別支援学校又は幼保連携型認定こども園を設置する学校法人に対し，当該学校における教育に係る経常的経費について補助する場合には，国は，都道府県に対し，政令で定めるところにより，その一部を補助することができる。

　　附　則
（学校法人以外の私立の幼稚園の設置者等に対する措置）

第2条　第3条，第9条，第10条及び第12条から第15条までの規定中学校法人には，当分の間，学校法人以外の私立の幼稚園の設置者（学校教育法附則第六条の規定により私立の幼稚園を設置する者をいう。次項において同じ。）及び学校法人等以外の幼保連携型認定こども園の設置者（就学前の子どもに関する教育，保育等の総合的な提供の推進に関する法律の一部を改正する法律（平成24年法律第66号。以下この項において「認定こども園法一部改正法」という。）附則第3条第2項に規定するみなし幼保連携型認定こども園を設置する者（学校法人及び社会福祉法人（社会福祉法（昭和26年法律第45号）第22条に規定する社会福祉法人をいう。以下同じ。）を除く。）及び認定こども園法一部改正法附則第4条第1項の規定により幼保連携型認定こども園を設置する者をいう。次項において同じ。）を含むものとする。

2　学校法人以外の私立の幼稚園の設置者及び学校法人等以外の幼保連携型認定こども園の設置者（以下この条において「学校法人以外の私立の幼稚園の設置者等」という。）に係る第12条から第14条までの規定の適用については，これらの規定のうち次の表の上欄に掲げる規定中同表の中欄に掲げる字句は，それぞれ同表の下欄に掲げる字句に読み替えるものとする。

第12条第1号	その業務	当該幼稚園若しくは幼保連携型認定こども園の経営に関する業務
	学校法人の関係者	幼稚園若しくは幼保連携型認定こども園の経営に関係のある者
	質問させ	当該幼稚園若しくは幼保連携型認定こども園の経営に関し質問させ
	その帳簿	当該幼稚園若しくは幼保連携型認定こども園の経営に関する帳簿
第12条第3号	予算が	当該幼稚園又は幼保連携型認定こども園の経営に関する予算が
第12条第4号	当該学校法人の役員	当該幼稚園又は幼保連携型認定こども園の経営を担当する者（当該幼稚園

		又は幼保連携型認定こども園を設置する者が法人である場合にあつては当該幼稚園又は幼保連携型認定こども園の経営を担当する当該法人の役員をいい、当該幼稚園又は幼保連携型認定こども園を設置する者が法人以外の者である場合にあつては当該幼稚園又は幼保連携型認定こども園を設置する者をいう。)
	（略）	（略）
	（略）	（略）
	処分又は寄附行為	当該幼稚園若しくは幼保連携型認定こども園についての処分
	当該役員の解職すべき旨	当該幼稚園又は幼保連携型認定こども園の経営を担当する者の担当を解くべき旨（当該幼稚園又は幼保連携型認定こども園を設置する者が法人以外の者である場合にあつては、当該幼稚園又は幼保連携型認定こども園の経営に関する人事の是正のため必要な措置をとるべき旨）
第13条第1項	（略）	（略）
	当該学校法人の理事	当該幼稚園若しくは幼保連携型認定こども園を設置する者（当該幼者（当該幼稚園又は幼保連携型認合こども園定こども園を設置する者が法人で者が法人である場合にあつては、当該法人の代表者代表者）
	（略）	（略）

3 学校法人以外の私立の幼稚園の設置者等で第1項の規定に基づき第9条又は第10条の規定により助成を受けるものは、当該助成に係る幼稚園又は幼保連携型認定こども園の経営に関する会計を他の会計から区分し、特別の会計として経理しなければならない。この場合において、その会計年度については、私立学校法第48条の規定を準用する。

4 （略）

5 学校法人以外の私立の幼稚園の設置者等で第1項の規定に基づき第9条又は第10条の規定により補助金の交付を受けるものは、当該交付を受けることとなつた年度の翌年度の4月1日から起算して五年以内に、当該補助金に係る幼稚園又は幼保連携型認定こども園が学校法人によって設置されるように措置しなければならない。ない。うに措置しなければ

6 第2項の規定により読み替えて適用される第12条、第12条の2第1項及び第2項、第13条第1項並びに第14条第2項及び第3項の規定により都道府県が処理することとされている事務は、地方自治法第2条第9項第1号に規定する第1号法定受託事務とする。

（幼保連携型認定こども園を設置する社会福祉法人に対する措置）

第2条の2 第3条、第9条、第10条及び第12条から第15条までの規定中学校法人には、当分の間、幼保連携型認定こども園を設置する社会福祉法人を含むものとする。

2 前項の社会福祉法人に係る第12条から第14条までの規定の適用については、これらの規定のうち次の表の上欄に掲げる規定中同表の中欄に掲げる字句は、それぞれ同表の下欄に掲げる字句に読み替えるものとする。

第12条各号列記以外の部分	所轄庁	都道府県知事
第12条第1号	その業務	当該幼保連携型認定こども園の経営に関する業務
	学校法人の関係者	幼保連携型認定こども園の経営に関係のある者
	質問させ	当該幼保連携型認定こども園の経営に関し質問させ
	その帳簿	当該幼保連携型認定こども園の経営に関する帳簿
第12条第3号	予算が	当該幼保連携型認定こども園の経営に関する予算が

第12条第4号	当該学校法人の役員	当該幼保連携型認定こども園の経営を担当する当該社会福祉法人の役員
	，法令	又は法令
	所轄庁	都道府県知事
	処分又は寄附行為	当該幼保連携型認定こども園についての処分
	当該役員の解職をすべき旨	当該幼保連携型認定こども園の経営を担当する役員の担当を解くべき旨
第12条の2第1項から第3項まで（第13条第2項において準用する場合を含む。）	所轄庁	都道府県知事
第13条第1項	所轄庁	都道府県知事
	当該学校法人の理事	当該幼保連携型認定こども園を設置する社会福祉法人の代表者
	解職しようとする役員	担当を解こうとする役員
第14条第1項	文部科学大臣	附則第2条の2第3項の規定による特別の会計について，文部科学大臣
第14条第2項及び第3項	所轄庁	都道府県知事

3 幼保連携型認定こども園を設置する社会福祉法人で第1項の規定に基づき第九条又は第10条の規定により助成を受けるものは，当該助成に係る幼保連携型認定こども園の経営に関する会計を他の会計から区分し，特別の会計として経理しなければならない。この場合において，その会計年度については，私立学校法第48条の規定を準用する。

4 前項の規定による特別の会計の経理に当たつては，当該会計に係る収入を他の会計に係る支出に充ててはならない。

5 第2項の規定により読み替えて適用される第12条，第12条の2第1項及び第2項，第13条第1項並びに第14条第2項及び第

3項の規定により都道府県が処理することとされている事務は，地方自治法第2条第9項第1号に規定する第1号法定受託事務とする。

---

(16) **日本私立学校振興・共済事業団法**
（平成9年法律第48号）

◆整備法による改正後の条文
（定　義）
第2条　この法律において，次の各号に掲げる用語の意義は，当該各号に定めるところによる。
一　私立学校学校教育法（昭和22年法律第26号）第2条第2項に規定する私立学校及び学校法人が設置する幼保連携型認定こども園（就学前の子どもに関する教育，保育等の総合的な提供の推進に関する法律（平成18年法律第77号）第2条第7項に規定する幼保連携型認定こども園をいう。附則第13条において同じ。）をいう。
二～五　（略）

附　則
（私立学校等の特例）
第13条　この法律（第23条第1項第1号を除く。）において，私立学校には，当分の間，学校教育法附則第六条の規定により学校法人以外の者によって設置された私立の幼稚園並びに就学前の子どもに関する教育，保育等の総合的な提供の推進に関する法律の一部を改正する法律（平成24年法律第66号。以下この条において「認定こども園法一部改正法」という。）附則第3条第2項に規定するみなし幼保連携型認定こども園を設置する者（学校法人を除く。以下この条において「学校法人以外のみなし幼保連携型認定こども園の設置者」という。）によって設置された当該みなし幼保連携型認定こども園及び認定こども園法一部改正法附則第4条第1項の規定により設置された幼保連携型認定こども園（以下この条において「特例設置幼保連携型認定こども園」という。）を含み，学校法人には，当分の間，学校教育法附則第6条の規定により

幼稚園を設置する学校法人以外の者並びに学校法人以外のみなし幼保連携型認定こども園の設置者及び特例設置幼保連携型認定こども園の設置者を含むものとする。

---

(17) 児童虐待の防止等に関する法律
（平成12年法律第82号）

◆整備法による改正後の条文
（児童虐待を受けた児童等に対する支援）
第13条の2 市町村は，子ども・子育て支援法（平成24年法律第65号）第27条第1項に規定する特定教育・保育施設（次項において「特定教育・保育施設」という。）又は同法第43条第3項に規定する特定地域型保育事業（次項において「特定地域型保育事業」という。）の利用について，同法第42条第1項若しくは第54条第1項の規定により相談，助言若しくはあっせん若しくは要請を行う場合又は児童福祉法第24条第3項の規定により調整若しくは要請を行う場合には，児童虐待の防止に寄与するため，特別の支援を要する家庭の福祉に配慮をしなければならない。
2 特定教育・保育施設の設置者又は子ども・子育て支援法第29条第1項に規定する特定地域型保育事業者は，同法第33条第2項又は第45条第2項の規定により当該特定教育・保育施設を利用する児童（同法第19条第1項第2号又は第3号に該当する児童に限る。以下この項において同じ。）又は当該特定地域型保育事業者に係る特定地域型保育事業を利用する児童を選考するときは，児童虐待の防止に寄与するため，特別の支援を要する家庭の福祉に配慮をしなければならない。
3 （略）
4 （略）

---

(18) 独立行政法人日本スポーツ振興センター法
（平成14年法律第162号）

◆整備法による改正後の条文

（センターの目的）
第3条 行政法人日本スポーツ振興センター（以下「センター」という。）は，スポーツの振興及び児童，生徒，学生又は幼児（以下「児童生徒等」という。）の健康の保持増進を図るため，その設置するスポーツ施設の適切かつ効率的な運営，スポーツの振興のために必要な援助，小学校，中学校，高等学校，中等教育学校，高等専門学校，特別支援学校，幼稚園又は幼保連携型認定こども園（第15条第1項第7号を除き，以下「学校」と総称する。）の管理下における児童生徒等の災害に関する必要な給付その他スポーツ及び児童生徒等の健康の保持増進に関する調査研究並びに資料の収集及び提供等を行い，もって国民の心身の健全な発達に寄与することを目的とする。

（学校の設置者が地方公共団体である場合の事務処理）
第30条 この法律に基づき学校の設置者が処理すべき事務は，学校の設置者が地方公共団体である場合においては，当該地方公共団体の教育委員会（幼保連携型認定こども園にあっては，当該地方公共団体の長）が処理するものとする。

附　則
（保育所等の災害共済給付）
第8条 センターは，当分の間，第15条及び附則第6条第1項に規定する業務のほか，保育所等（保育所（児童福祉法第39条第1項に規定する保育所をいう。）及び就学前の子どもに関する教育，保育等の総合的な提供の推進に関する法律第2条第6項に規定する認定こども園であって児童福祉法第59条第1項に規定する施設のうち同法第39条第1項に規定する業務を目的とするものをいう。）の管理下における同法第4条に規定する児童の災害につき，当該児童の保護者に対し，災害共済給付を行うことができる。
2 （略）
3 センターが第1項に規定する業務を行う場合における第31条第1項及び第2項並びに第40条第2号の規定の適用については，第31条第1項中「学校」とあるのは「附則

第8条第1項に規定する保育所等」と，同条第2項中「児童生徒等」とあるのは「附則第8条第1項に規定する児童」と，第40条第2号中「第15条」とあるのは「第15条及び附則第8条第1項」とする。

---

(19) 次世代育成支援対策推進法

(平成15年法律第120号)

◆整備法による改正後の条文

第7条 (略)
2 (略)
 一～二 (略)
 (削る。)
 三 (略)
3 (略)
4 主務大臣は，行動計画策定指針を定め，又はこれを変更しようとするときは，あらかじめ，子ども・子育て支援法(平成24年法律第65号)第72条に規定する子ども・子育て会議の意見を聴き，かつ，内閣総理大臣に協議するとともに，次条第1項の市町村行動計画及び第9条第1項の都道府県行動計画に係る部分について総務大臣に協議しなければならない。
5 (略)

（市町村行動計画）
第8条 市町村は，行動計画策定指針に即して，5年ごとに，当該市町村の事務及び事業に関し，5年を1期として，地域における子育ての支援，母性並びに乳児及び幼児の健康の確保及び増進，子どもの心身の健やかな成長に資する教育環境の整備，子どもを育成する家庭に適した良質な住宅及び良好な居住環境の確保，職業生活と家庭生活との両立の推進その他の次世代育成支援対策の実施に関する計画（以下「市町村行動計画」という。）を策定することができる。
2～5 (略)
6 市町村は，市町村行動計画を策定したときは，おおむね1年に1回，市町村行動計画に基づく措置の実施の状況を公表するよう努めるものとする。
7 市町村は，市町村行動計画を策定したときは，定期的に，市町村行動計画に基づく措置の実施の状況に関する評価を行い，市町村行動計画に検討を加え，必要があると認めるときは，これを変更することその他の必要な措置を講ずるよう努めなければならない。
8 (略)

（都道府県行動計画）
第9条 都道府県は，行動計画策定指針に即して，5年ごとに，当該都道府県の事務及び事業に関し，5年を1期として，地域における子育ての支援，保護を要する子どもの養育環境の整備，母性並びに乳児及び幼児の健康の確保及び増進，子どもの心身の健やかな成長に資する教育環境の整備，子どもを育成する家庭に適した良質な住宅及び良好な居住環境の確保，職業生活と家庭生活との両立の推進その他の次世代育成支援対策の実施に関する計画（以下「都道府県行動計画」という。）を策定することができる。
2～5 (略)
6 都道府県は，都道府県行動計画を策定したときは，おおむね1年に1回，都道府県行動計画に基づく措置の実施の状況を公表するよう努めるものとする。う努めるものとする。
7 都道府県は，都道府県行動計画を策定したときは，定期的に，都道府県行動計画に基づく措置の実施の状況に関する評価を行い，都道府県行動計画に検討を加え，必要があると認めるときは，これを変更することその他の必要な措置を講ずるよう努めなければならない。
8 (略)

---

(20) 発達障害者支援法

(平成16年法律第167号)

◆整備法による改正後の条文

（保 育）
第7条 市町村は，児童福祉法（昭和22年法律第164号）第24条第1項の規定により保育所における保育を行う場合又は同条第2

項の規定による必要な保育を確保するための措置を講じる場合は,発達障害児の健全な発達が他の児童と共に生活することを通じて図られるよう適切な配慮をするものとする。

⑵1 **障害者虐待の防止,障害者の養護者に対する支援等に関する法律**
(平成23年法律第79号)

◆整備法による改正後の条文
(保育所等に通う障害者に対する虐待の防止等)
第30条 保育所等(児童福祉法(昭和22年法律第164号)第39条第1項に規定する保育所若しくは同法第59条第1項に規定する施設のうち同法第39条第1項に規定する業務を目的とするもの(少数の乳児又は幼児を対象とするものその他の厚生労働省令で定めるものを除く。)又は就学前の子どもに関する教育,保育等の総合的な提供の推進に関する法律(平成18年法律第77号)第2条第6項に規定する認定こども園をいう。以下同じ。)の長は,保育所等の職員その他の関係者に対する障害及び障害者に関する理解を深めるための研修の実施及び普及啓発,保育所等に通う障害者に対する虐待に関する相談に係る体制の整備,保育所等に通う障害者に対する虐待に対処するための措置その他の当該保育所等に通う障害者に対する虐待を防止するため必要な措置を講ずるものとする。

⑵2 **内閣府設置法**
(平成11年7月16日法律第89号)

◆整備法による改正後の条文
〔※平成25年4月施行〕
　　第3款　審議会等
(設置)
第37条　(略)
2　(略)
3　第1項に定めるもののほか,別に法律の定めるところにより内閣府に置かれる審議会等で本府に置かれるものは,次の表の上欄に掲げるものとし,それぞれ同表の下欄に掲げる法律(これらに基づく命令を含む。)の定めるところによる。

(略)	(略)
食品安全委員会	食品安全基本法
子ども・子育て会議	子ども・子育て支援法(平成24年法律第65号)
独立行政法人評価委員会	独立行政法人通則法(平成11年法律第103号)
(略)	(略)

◆整備法による改正後の条文
〔※平成26年4月施行〕
　附　則
(所掌事務の特例)
第2条　内閣府は,第3条第1項の任務を達成するため,第4条第1項各号に掲げる事務のほか,国家公務員制度改革推進本部が置かれている間,公務員庁設置法附則第2項に規定する事務をつかさどる。
2～4　(略)
5　内閣府は,第3条第2項の任務を達成するため,第4条第3項及び前3項に規定する事務のほか,それぞれ政令で定める日までの間,次に掲げる事務をつかさどる。
　一～三　(略)
　四　子ども・子育て支援法附則第10条第1項に規定する保育緊急確保事業に関すること。

◆整備法による改正後の条文
〔※平成27年4月施行〕
(所掌事務)
第4条　内閣府は,前条第1項の任務を達成するため,行政各部の施策の統一を図るために必要となる次に掲げる事項の企画及び立案並びに総合調整に関する事務(内閣官房が行う内閣法(昭和22年法律第5号)第12条第2項第2号に掲げる事務を除く。)をつかさどる。
　一～十八　(略)
　十九　子ども及び子どもを養育している者に必要な支援をするための基本的な政策並

びに少子化の進展への対処に関する事項
二十　各行政機関がその職員について行う人事管理に関する方針及び計画その他の公務の能率的な運営に関する方針及び計画に関する事項
2　前項に定めるもののほか，内閣府は，前条第1項の任務を達成するため，高齢化の進展への対処，障害者の自立と社会参加の促進，交通安全の確保，犯罪被害者等の権利利益の保護及び自殺対策の推進に関する政策その他の内閣の重要政策に関して閣議において決定された基本的な方針に基づいて，当該重要政策に関し行政各部の施策の統一を図るために必要となる企画及び立案並びに総合調整に関する事務をつかさどる。
3　前2項に定めるもののほか，内閣府は，前条第2項の任務を達成するため，次に掲げる事務をつかさどる。
一～二十七の三　（略）
二十七の四　少子化に対処するための施策の大綱（少子化社会対策基本法（平成15年法律第133号）第7条に規定するものをいう。）の作成及び推進に関すること。
二十七の五　子ども・子育て支援法（平成24年法律第65号）に規定する子ども・子育て支援給付その他の子ども及び子どもを養育している者に必要な支援に関すること（同法第69条に規定する拠出金の徴収に関することを除く。）。
二十七の六　認定こども園（就学前の子どもに関する教育，保育等の総合的な提供の推進に関する法律（平成18年法律第77号）に規定するものをいう。）に関する制度に関すること。
二十八～四十一　（略）
四十二　削除
四十三～六十三　（略）

第5款　特別の機関
（設　置）
第40条　本府に，北方対策本部，子ども・子育て本部及び金融危機対応会議を置く。
2　第18条，第37条，前条及び前項に定めるもののほか，本府には，特に必要がある場合においては，第4条第3項に規定する所掌事務の範囲内で，法律の定めるところにより，特別の機関を置くことができる。
3　第1項に定めるもののほか，別に法律の定めるところにより内閣府に置かれる特別の機関で本府に置かれるものは，次の表の上欄に掲げるものとし，それぞれ同表の下欄の法律（これらに基づく命令を含む。）の定めるところによる。
（表略）
（子ども・子育て本部）
第41条の2　子ども・子育て本部は，第4条第1項第19号及び第3項第27号の4から第27号の6までに掲げる事務をつかさどる。
2　子ども・子育て本部の長は，子ども・子育て本部長とし，第11条の3の特命担当大臣をもって充てる。
3　子ども・子育て本部長は，子ども・子育て本部の事務を統括する。
4　子ども・子育て本部長は，子ども・子育て本部の所掌事務を遂行するために必要があると認めるときは，関係行政機関の長に対し，資料の提出，意見の表明，説明その他必要な協力を求め，又は意見を述べることができる。
5　子ども・子育て本部に，子ども・子育て副本部長を置く。本部長を置く。
6　子ども・子育て副本部長は，子ども・子育て本部長の職務を助ける。
7　子ども・子育て本部に，所要の職員を置く。
8　第2項から前項までに定めるもののほか，子ども・子育て本部の組織に関し必要な事項は，政令で定める。

2 立法資料

(1) 附帯決議（衆議院）

子ども・子育て支援法案，就学前の子どもに関する教育，保育等の総合的な提供の推進に関する法律の一部を改正する法律案及び子ども子ども・子育て支援法案，就学前の子どもに関する教育，保育等の総合的な提供の推進に関する法律の一部を改正する法律案及び子ども子育て支援法及び総合こども園法の施行に伴う関係法律の整備等に関する法律案に対する附帯決議

平成 24 年 6 月 26 日
衆議院社会保障と税の一体改革に関する特別委員会

政府は，本法の施行に当たっては，次の諸点について適切な措置を講ずべきである。

一　制度施行までの間，安心こども基金の継続・充実を含め，子ども・子育て支援の充実のために必要な予算の確保に特段の配慮を行うものとすること。

二　妊婦健診の安定的な制度運営の在り方について検討を加え，その結果に基づいて所要の施策を講ずるものとすること。

三　幼児教育・保育の無償化について，検討を加え，その結果に基づいて所要の施策を講ずるものとすること。

四　新たな給付として創設される施設型給付を受けない幼稚園に対する私学助成及び幼稚園就園奨励費補助の充実に努めるものとすること。

五　新たな給付として創設される施設型給付及び地域型保育給付の設定に当たっては，認定こども園における認可外部分並びに認可基準を満たした既存の認可外保育施設の給付について配慮するとともに，小規模保育の普及に努めること。

六　放課後児童健全育成事業の対象として，保護者の就労だけでなく，保護者の疾病や介護なども該当することを地方自治体をはじめ関係者に周知すること。

(2) 附帯決議（参議院）

子ども・子育て支援法案，就学前の子どもに関する教育，保育等の総合的な提供の推進に関する法律の一部を改正する法律案及び子ども・子育て支援法及び総合こども園法の施行に伴う関係法律の整備等に関する法律案に対する附帯決議

平成 24 年 8 月 10 日
参議院社会保障と税の一体改革に関する特別委員会

政府は，本法の施行に当たっては，次の諸点について適切な措置を講ずべきである。

一　施設型給付等については，幼保間の公平性，整合性の確保を図るとともに，受け入れる子どもの数にかかわらず施設が存続していく上で欠かせない固定経費等への配慮が不可欠であることにも十分留意して，定員規模や地域の状況など，施設の置かれている状況を反映し得る機関補助的な要素を加味したものとし，その制度設計の詳細については関係者も含めた場において丁寧に検討すること。

二　施設型給付及び地域型保育給付の設定に当たっては，認定こども園における認可外部分並びに認可

(1) 附帯決議（衆議院），(2) 附帯決議（参議院）

　基準を満たした既存の認可外保育施設の給付について配慮するとともに，小規模保育，家庭的保育，居宅訪問型保育及び事業所内保育の普及に努めること。
三　施設型給付，地域型保育給付等の設定に当たっては，3歳児を中心とした職員配置等の見直し，保育士・教員等の待遇改善等，幼稚園・小規模保育の0から2歳保育への参入促進など，幼児教育・保育の質の改善を十分考慮するとともに，幼稚園や保育所から幼保連携型認定こども園への移行が進むよう，特段の配慮を行うものとすること。
四　施設整備に対する交付金による支援については，現行児童福祉法第56条の2の規定に基づく安心こども基金からの施設整備補助（新設，修理，改造，拡張又は整備に要する費用の4分の3以内。耐震化その他の老朽化した施設の改築を含む。）の水準の維持を基本とすること。また，給付費・委託費による長期に平準化された支援との適切な組合せにより，それぞれの地域における保育の体制の維持，発展に努めること。
五　保育を必要とする子どもに関する施設型給付，地域型保育給付等の保育単価の設定に当たっては，施設・事業者が，短時間利用の認定を受けた子どもを受け入れる場合であっても，安定的，継続的に運営していくことが可能となるよう，特段の配慮を行うものとすること。
六　大都市部を中心に待機児童が多数存在することを踏まえるとともに，地方自治体独自の認定制度が待機児童対策として大きな役割を果たしていることを考慮し，大都市部の保育所等の認可に当たっては，幼児教育・保育の質を確保しつつ，地方自治体が特例的かつ臨時的な対応ができるよう，特段の配慮をすること。
七　市町村による地域の学校教育・保育の需要把握や，都道府県等による認定こども園の認可・認定について，国として指針や基準を明確に示すことにより，地方公共団体における運用の適正を確保すること。
八　新たな幼保連携型認定こども園の基準は，幼児期の学校教育・保育の質を確保し，向上させるものとすること。
九　現行の幼保連携型認定こども園以外の認定こども園からの新たな幼保連携型認定こども園への移行の円滑化及び支援に配慮すること。
十　特別支援教育のための人材の確保と育成により幼児期の特別支援教育の充実を図ること。
十一　安心こども基金については，その期限の延長，要件の緩和，基金の拡充等を図り，新制度施行までの間の実効性を伴った活用しやすい支援措置となるよう改善すること。その際には，現行の幼稚園型や保育所型の認定こども園における認可外部分に対して，安心こども基金が十分に活用されるよう，特に留意すること。
十二　新制度により待機児童を解消し，すべての子どもに質の高い学校教育・保育を提供できる体制を確保しつつ，幼児教育・保育の無償化について検討を加え，その結果に基づいて所要の施策を講ずるものとすること。当面，幼児教育に係る利用者負担について，その軽減に努めること。
十三　施設型給付，地域型保育給付等の利用者負担は，保護者の所得に応じた応能負担とし，具体的な水準の設定に当たっては，現行の幼稚園と保育所の利用者負担の水準を基に，両者の整合性の確保に十分配慮するものとすること。
十四　施設型給付を受けない幼稚園に対する私学助成及び幼稚園就園奨励費補助の充実に努めるものとすること。
十五　幼児教育・保育・子育て支援の質・量の充実を図るためには，1兆円超程度の財源が必要であり，今回の消費税率の引上げにより確保する0.7兆円程度以外の0.3兆円超について，速やかに確保の道筋を示すとともに，今後の各年度の予算編成において，財源の確保に最大限努力するものとすること。
十六　放課後児童健全育成事業をはじめとする地域子ども・子育て支援事業については，住民のニーズを市町村の事業計画に的確に反映させるとともに，市町村の事業計画に掲げられた各年度の取組に応

じて，住民にとって必要な量の確保と質の改善を図るための財政支援を行う仕組みとすること。
十七　放課後児童健全育成事業の対象として，保護者の就労だけでなく，保護者の疾病や介護なども該当することを地方自治体をはじめ関係者に周知すること。
十八　妊婦健診の安定的な制度運営の在り方について検討を加え，その結果に基づいて所要の施策を講ずるものとすること。
十九　ワーク・ライフ・バランスの観点から，親が子どもとともに家族で過ごす時間や地域で過ごす時間を確保できるよう国民の働き方を見直し，家族力や地域力の再生と向上に取り組むこと。
　　右決議する。

(3) 社会保障・税一体改革に関する確認書（社会保障部分）

平成 24 年 6 月 15 日
民主党・自由民主党・公明党社会保障・税一体改革（社会保障部分）に関する実務者間会合

　民主党，自由民主党及び公明党の三党は，社会保障・税一体改革の推進（社会保障部分）について，別紙のとおり，確認する。

（別紙）
一　社会保障制度改革推進法案について
　別添の骨子に基づき，社会保障制度改革推進法案を速やかにとりまとめて提出し，社会保障・税一体改革関連法案とともに今国会での成立を図る。
二　社会保障改革関連5法案について
　政府提出の社会保障改革関連5法案については，以下のとおり修正等を行い，今国会での成立を図る。
⑴　子育て関連の3法案の修正等
①　認定こども園法の一部改正法案を提出し，以下を措置する。
　○　幼保連携型認定こども園について，単一の施設として認可・指導監督等を一本化した上で，学校及び児童福祉施設としての法的位置づけを持たせる。
　○　新たな幼保連携型認定こども園については，既存の幼稚園及び保育所からの移行は義務づけない。
　○　新たな幼保連携型認定こども園の設置主体は，国，地方公共団体，学校法人又は社会福祉法人とする。
②　子ども・子育て支援法案については，以下のように修正する。
　○　認定こども園，幼稚園，保育所を通じた共通の給付（「施設型給付」）及び小規模保育等への給付（「地域型保育給付」）を創設し，市町村の確認を得たこれらの施設・事業について財政支援を行う。
　○　ただし，市町村が児童福祉法第24条に則って保育の実施義務を引き続き担うことに基づく措置として，民間保育所については，現行どおり，市町村が保育所に委託費を支払い，利用者負担の徴収も市町村が行うものとする。
　○　保育の必要性を市町村が客観的に認定する仕組みを導入する。
　○　この他，市町村が利用者支援を実施する事業を明記するなどの修正を行う。
　○　指定制に代えて，都道府県による認可制度を前提としながら，大都市部の保育需要の増大に機動的に対応できる仕組みを導入する（児童福祉法の改正）。
　　　その中で，社会福祉法人及び学校法人以外の者に対しては，客観的な認可基準への適合に加えて，経済的基礎，社会的信望，社会福祉事業の知識経験に関する要件を満たすことを求める。

(3) 社会保障・税一体改革に関する確認書（社会保障部分）

　　その上で，欠格事由に該当する場合や供給過剰による需給調整が必要な場合を除き，認可するものとする。
　○　地域需要を確実に反映するため，認可を行う都道府県は，実施主体である市町村への協議を行うこととする。
　○　小規模保育等の地域型保育についても，同様の枠組みとした上で，市町村認可事業とする。
③　関係整備法案については，児童福祉法第24条等について，保育所での保育については，市町村が保育の実施義務を引き続き担うこととするなどの修正を行う。
④　上記の修正にあわせて，内閣府において子ども・子育て支援法及び改正後の認定こども園法を所掌する体制を整備することなど所要の規定の整備を行う。
⑤　その他，法案の附則に以下の検討事項を盛り込む。
　○　政府は，幼稚園の教諭の免許及び保育士の資格について，一体化を含め，その在り方について検討を加え，必要があると認めるときは，その結果に基づいて所要の措置を講ずるものとする。
　○　政府は，質の高い教育・保育の提供のため，幼稚園教諭，保育士及び放課後児童クラブ指導員等の処遇の改善のための施策の在り方並びに潜在保育士の復職支援など人材確保のための方策について検討を加え，必要があると認めるときは，その結果に基づいて所要の施策を講ずるものとする。
　○　政府は，幼児教育・保育・子育て支援の質・量の充実を図るため，安定財源確保に努めるものとする。
　○　政府は，この法律の施行後2年を目途として，総合的な子ども・子育て支援を実施するための行政組織の在り方について検討を加え，必要があると認めるときは，その結果に基づいて所要の措置を講ずるものとする。
　○　政府は，次世代育成支援対策推進法の平成27年度以降の延長について検討を加え，必要があると認めるときは，その結果に基づいて所要の施策を講ずるものとする。
⑥　幼児教育・保育・子育て支援の質・量の充実を図るため，今回の消費税率の引き上げによる財源を含めて1兆円超程度の財源が必要であり，政府はその確保に最大限努力するものとする。

(2) 年金関連の2法案の修正
①　低所得高齢者・障害者等への年金額加算
　○　低所得高齢者・障害者等への年金額加算の規定は削除するが，消費税率引上げにより増加する消費税収を活用して，平成27年10月から，新たな低所得高齢者・障害者等への福祉的な給付措置を講ずるものとし，今回の消費税率引上げを含む税制抜本改革が「社会保障制度の改革とともに」行うとされている（税制抜本改革法案第1条）趣旨に則り，税制抜本改革法案の公布後6月以内に必要な法制上の措置を講ずる旨を規定する。
　○　本措置は，年金受給者（65歳以上の老齢基礎年金受給者，障害基礎年金受給者，遺族基礎年金受給者等）を対象とする。
　○　本措置の対象となる低所得高齢者の具体的な範囲は，介護保険制度の保険料軽減の低所得者区分2の範囲等を参考に，「住民税家族全員非課税かつ年金収入及びその他所得の合計額が老齢基礎年金満額以下」の者とする。障害者等については，20歳前障害基礎年金の支給範囲を参考として決定する。
　○　低所得高齢者への給付額は，基準額を定めた上で保険料納付済み期間に応じて決定する（基準額×保険料納付済み期間／480月）。基準額は，月額5千円（近年の単身無業の高齢者の基礎的な消費支出と老齢基礎年金満額との差額等から計算）を基本に定める。保険料免除期間がある低所得高齢者に対しては，老齢基礎年金満額の6分の1を基本とする給付を別途行う（老齢基礎年金満額×1／6×保険料免除期間／480月）。
　○　本措置による所得の逆転を生じさせないよう，低所得高齢者の範囲に該当しない一定範囲の者に

Ⅱ　資料編　②　立法資料

対しても，補足的な給付を行う。
○　障害者等への給付額は，上記の基準額とする。障害1級相当の者の給付額は，基準額の1.25倍とする。
○　給付金は，国が支給するものとし，事務は日本年金機構に委任する。給付金は年金と同様に2ヶ月毎に支給する。
○　給付額その他の本措置の内容については，低所得高齢者等の生活状況，低所得者対策の実施状況等を踏まえた見直しを行う。

② 高所得者の年金額調整
○　高所得者の年金額調整の規定は削除するが，引き続き検討する旨を規定する。

③ 短時間労働者の社会保険適用拡大
○　拡大の対象となる者の月額賃金の範囲及び厚生年金の標準報酬月額の下限を，7.8万円から8.8万円に改める。
○　実施時期を半年後ろ倒し，平成28年10月1日施行とする。
○　「施行後3年までに適用範囲をさらに拡大する」規定を「施行後3年以内に検討を加え，その結果に基づき，必要な措置を講じる」に改める。

④ 交付国債
○　交付国債関連の規定は削除する。

⑤ 国民年金第1号被保険者に対する産前産後の保険料免除措置の検討
○　年金機能強化法案の附則に，国民年金第1号被保険者に対する産前6週間産後8週間の保険料免除措置について検討する旨の規定を盛り込む。

⑥　上記の修正にあわせて，年金機能強化法案及び被用者年金一元化法案の技術的な修正など所要の規定の整備を行う。

（別添）

社会保障制度改革推進法案骨子

一　目　的

　近年の急速な少子高齢化の進展等による社会保障給付に要する費用の増大及び生産年齢人口の減少に伴い，社会保険料に係る国民の負担が増大するとともに，国及び地方公共団体の財政状況が社会保障制度に係る負担の増大により悪化していること等に鑑み，所得税法等の一部を改正する法律（平成21年法律第13号）附則第104条の規定の趣旨を踏まえて安定した財源を確保しつつ受益と負担の均衡がとれた持続可能な社会保障制度の確立を図るため，社会保障制度改革について，その基本的な考え方その他の基本となる事項を定めるとともに，社会保障制度改革国民会議を設置すること等により，これを総合的かつ集中的に推進する。

二　基本的な考え方

　社会保障制度改革は，次に掲げる事項を基本として実施する。
1　自助・共助・公助の最適バランスに留意し，自立を家族相互，国民相互の助け合いの仕組みを通じて支援していく。
2　社会保障の機能の充実と給付の重点化，制度運営の効率化を同時に行い，税金や社会保険料を納付する者の立場に立って，負担の増大を抑制しつつ，持続可能な制度を実現する。
3　年金，医療及び介護においては，社会保険制度を基本とし，国及び地方公共団体の負担は，社会保険料に係る国民の負担の適正化に充てることを基本とする。
4　国民が広く受益する社会保障の費用をあらゆる世代が広く公平に分かち合う観点などから，社会保障給付に要する公費負担の費用は，消費税収（国・地方）を主要な財源とする。

(3) 社会保障・税一体改革に関する確認書（社会保障部分）

三　改革の実施及び目標時期
　政府は，四から七までに定める基本方針に基づき，社会保障制度改革を行うものとし，このために必要な法制上の措置については，この法律の施行後1年以内に，八の社会保障制度改革国民会議における審議の結果等を踏まえて実施する。

四　公的年金制度
　政府は，公的年金制度については，次に掲げる措置その他必要な改革を実施する。
1　今後の公的年金制度については，財政の現況および見通し等を踏まえ，社会保障制度改革国民会議において議論し，結論を得ることとする。
2　年金記録の管理の不備に起因した様々な問題への対処及び社会保障番号制度の早期導入を実施する。

五　医療保険制度
　政府は，高齢化の進展，高度な医療の普及等による医療費の増大が見込まれる中で，健康保険法，国民健康保険法その他の法律に基づく医療保険制度（以下単に「医療保険制度」という。）に原則として全ての国民が加入する仕組みを維持するとともに，次に掲げる措置その他必要な改革を実施する。
1　健康の維持増進，疾病の予防及び早期発見等を積極的に促進するとともに，医療従事者，医療施設等の確保及び有効活用等を図ることにより，国民負担の増大を抑制しつつ必要な医療を確保する。
2　医療保険制度については，財政基盤の安定化，保険料に係る国民の負担に関する公平の確保，保険給付の対象となる療養の範囲の適正化等を図る。
3　医療の在り方については，個人の尊厳が重んぜられ，患者の意思がより尊重されるよう必要な見直しを行い，特に人生の最終段階を穏やかに過ごすことができる環境を整備する。
4　今後の高齢者医療制度については，状況等を踏まえ，必要に応じて，社会保障制度改革国民会議において議論し，結論を得ることとする。

六　介護保険制度
　政府は，介護保険の保険給付の対象となる保健医療サービス及び福祉サービス（以下「介護サービス」という。）の範囲の適正化等による介護サービスの効率化及び重点化を図るとともに，低所得者をはじめとして保険料に係る国民の負担の増大を抑制しつつ必要な介護サービスを確保する。

七　少子化対策
　政府は，急速な少子高齢化の進展の下で，社会保障制度を持続させていくためには，社会保障制度の基盤を維持するための少子化対策を総合的かつ着実に実施していく必要があることに鑑み，単に子ども及び子どもの保護者に対する支援にとどまらず，就労，結婚，出産，育児等の各段階に応じた支援を幅広く行い，子育てに伴う喜びを実感できる社会を実現する。このため，待機児童（保育所における保育を行うことの申込みを行った保護者の当該申込みに係る児童であって保育所における保育が行われていないもの）に関する問題を解消するための即効性のある施策等の推進に向けて，必要な法制上，財政上の措置その他の措置を講じる。

八　社会保障制度改革国民会議
1　平成24年2月17日に閣議決定された社会保障・税一体改革大綱その他の既往の方針のみにかかわらず幅広い観点に立って，二の基本的な考え方にのっとり，かつ，四から七までに定める基本方針に基づき社会保障制度改革を行うために必要な事項を審議するため，内閣に，社会保障制度改革国民会議（以下「国民会議」という。）を設置する。
2　国民会議は，委員20人以内で組織し，委員は，優れた識見を有する者のうちから，内閣総理大臣が任命する。委員は，国会議員であることを妨げない。

九　その他（生活保護制度の見直し）
　政府は，生活保護制度に関し，次に掲げる措置その他必要な見直しを
実施する。

Ⅱ　資料編　② 立法資料

1　不正な手段により保護を受けた者等への厳格な対処，生活扶助，医療扶助等の給付水準の適正化，保護を受けている世帯に属する者の就労の促進その他の必要な見直しを早急に実施する。
2　生活困窮者対策及び生活保護制度の見直しに総合的に取り組み，保護を受けている世帯に属する子どもが成人になった後に再び保護を受けることを余儀なくされることを防止するための支援の拡充を図るとともに，就労が困難でない者に対し，就労が困難な者とは別途の支援策の構築や正当な理由なく就労しない場合に厳格に対処する措置等を検討する。

(4) 子ども・子育て新システムに関する基本制度

平成24年3月2日
少子化社会対策会議決定

　子どもは社会の希望であり，未来をつくる力である。
　子どもが，それぞれの個性と能力を十分に発揮すること，人の気持ちを理解し互いに認め合い，共に生きることができるようになること，このような子どもの健やかな育ちは，子どもの親のみならず，今の社会を構成するすべての大人にとって，願いであり，また喜びである。
　幼児期の学校教育・保育は，生涯にわたる人格形成の基礎を培う，極めて重要なものである。そして，子どもの健やかな育ちは，我が国にとっての最大の資源である「人」づくりの基礎であり，子どもの育ちと子育てを支援することは，未来への投資でもある。
　親の経済状況や幼少期の成育環境によって格差が生じることがないなど，子どもの最善の利益を考慮し，幼児期の学校教育・保育のさらなる充実・向上を図るとともに，すべての子どもが尊重され，その育ちが等しく確実に保障されるよう取り組まなければならない。
　他方，子どもの育ちや子育てをめぐる環境の現実は厳しい。非正規労働者の増加などの雇用基盤の変化，核家族化や地域のつながりの希薄化による家庭や地域の子育て力・教育力の低下により，若者が雇用など将来の生活に不安を抱き，結婚や出産に関する希望の実現をあきらめ，子育て当事者が悩みを抱えながら苦労している。
　子育てとは本来，日々成長する子どもの姿を通じて親に大きな喜びや生きがいをもたらす営みである。親が子育ての充実感を得られるなど「親としての成長」を支援していく必要がある。
　さらに，仕事と子育て・家庭の両立が図られるよう，ワーク・ライフ・バランスを推進していく必要がある。これと合わせて，子ども・子育て支援を質量ともに充実させることにより，家庭を築き，子どもを生み育てるという希望がかなえられる社会を実現していかなければならない。
　そのためには，子育てについての第一義的な責任が親にあることを前提としつつ，かつては家族や地域が担っていた子育てに関する支え合いの機能や，企業による日本型の生活保障機能が低下していることを踏まえ，こうした子ども・子育てを支える機能を新しい形で再生させる必要がある。こうした機能の再生は，地域社会そのものの再生にも大きく寄与する。
　昨年の東日本大震災においては，子どもと大人，被災者と支援者など，地域の中あるいは地域を超えた様々な人と人とのつながり，地域の人々の参画と助け合いの大切さが再認識されている。
　子ども・子育て支援についても，こうした助け合いの気持ちを確かなものとして国民が共有し，子どもの育ちと子育てを皆で支える新たな絆の仕組みを構築しなければならない。
　上記の理念を踏まえ，これまで子ども・子育て新システム検討会議作業グループの下でワーキングチームが開催され，「子ども・子育て新システムの基本制度案要綱（平成22年6月29日少子化社会対策会議決定）に掲げられた幼保一体化（こども園（仮称））等の基本的方向性を踏まえて議論を重ね（基本

(4) 子ども・子育て新システムに関する基本制度

制度ワーキングチーム20回，幼保一体化ワーキングチーム9回，こども指針（仮称）ワーキングチーム6回，合計35回開催），「子ども・子育て新システムの具体的制度設計がとりまとめられた。政府においては，今後，本とりまとめを踏まえ，法案をとりまとめ，今国会に関連法案を提出する。また，幼保一体化を含む子ども・子育て新システムの理念の実現に向けた取組を推進していくことが必要である。

新システムは，恒久財源を得て早期に本格実施を行うこととするが，本格施行の具体的な期日については，「社会保障・税一体改革大綱」（平成24年2月17日閣議決定）において，平成26年4月より8％へ，平成27年10月より10％へとされている消費税の引き上げの時期を踏まえるとともに，地方公共団体での円滑な実施に向けた準備に一定期間を要することも考慮して，検討することとする。また，法案成立後，平成25年度を目途に，子ども・子育て会議（仮称）や国の基本指針など可能なものから段階的に実施するとともに，地方公共団体を始めとする関係者とも丁寧に意見交換を行い，円滑な施行に向けた準備を行うこととする。

Ⅰ 市町村，都道府県，国の役割

○ 子どもの育ち・子育て家庭を社会全体で支えるため，市町村（基礎自治体）が制度を実施し，国・都道府県等が制度の実施を重層的に支える仕組みを構築する。
○ 事業ごとに所管や制度，財源が様々に分かれている現在の子ども・子育て支援対策を再編成し，幼保一体化を含め，制度・財源・給付について，包括的・一元的な制度を構築する。
○ 実施主体は市町村（基礎自治体）とし，新システムに関する子ども・子育て関連の国庫補助負担金，事業主拠出等からなる財源を給付・事業に応じて一本化し，市町村に対して包括的に交付される仕組み（子ども・子育て包括交付金（仮称）。Ⅵで後述）を導入する。

1 市町村の役割
(1) 市町村の権限と責務
○ 市町村は，新システムの実施主体としての役割を担い，国・都道府県等と連携し，自由度を持って地域の実情に応じた給付等を設計し，当該市町村の住民に新システムの給付等を提供・確保する。そのために必要な以下の権限及び責務を法律上位置付ける。
・子どもや家庭の状況に応じた給付の保障，事業の実施
・質の確保された給付・事業の提供
・給付・事業の確実な利用の支援
・事業の費用・給付の支払い
・計画的な提供体制の確保，基盤整備

(2) 「市町村新システム事業計画」（仮称）の策定
○ 市町村は，潜在ニーズも含めた地域での子ども・子育てに係るニーズを把握した上で，管内における新システムの給付・事業の需要見込量，提供体制の確保の内容及びその実施時期等を盛り込んだ「市町村新システム事業計画」（仮称）を策定し，本計画をもとに，給付・事業を実施する。
○ 市町村新システム事業計画（仮称）の策定及び記載事項を法定する。
○ 市町村新システム事業計画（仮称）の必須記載事項及び任意記載事項は，以下の事項とする（5年ごとに策定。その他，計画記載事項は別紙のとおり）。
（必須記載事項）
・圏域の設定
・幼児期の学校教育・保育，子ども・子育て支援事業（仮称）に係る需要量の見込み
・幼児期の学校教育・保育，子ども・子育て支援事業（仮称）に係る提供体制の確保の内容及びその実施時期
・幼保一体化を含む子ども・子育て支援の推進方策

Ⅱ　資料編　2　立法資料

※幼児期の学校教育・保育，家庭における養育支援の充実方策を含む。
(任意記載事項)
・産後休業・育児休業明けのスムーズな保育利用のための方策
・都道府県が行う事業との連携方策
・職業生活と家庭生活との両立に関すること
○　市町村新システム事業計画（仮称）の策定における市町村内の関係当事者の参画の仕組みとして，子育て当事者等の関係当事者の意見を反映させるよう必要な措置を講ずる（関係当事者の範囲及び合議体の設置はⅦで後述）。

(3) 市町村の権限と責務の法律上の位置付け

○　市町村が(1)の権限と責務を果たし，子どもが確実に学校教育・保育を受けることができる仕組みとすることが必要であり，その視点から現在の児童福祉法第二十四条を見直し，これらの権限と責務を児童福祉法及び子ども・子育て支援法（仮称）の二法の中に位置付ける。
○　児童福祉法には，保育を必要とする子どもに対し，市町村が必要な保育を確保するための措置を講ずるとともに，関係者の連携・調整を図る旨の全体的な責務規定に加え，虐待事例など特別な支援を必要とする子どもに対する利用の勧奨や入所の措置等の規定を設けることにより，保育の利用保障を全体的に下支えする。
○　子ども・子育て支援法（仮称）には，市町村による計画的な幼児期の学校教育・保育の整備，こども園給付（仮称）等による個人給付と権利保障，契約による利用手続・利用支援等の規定を設けることにより，確実な給付の保障を図る。
○　これらにより，子ども・子育てに関する市町村の役割・責務を明確にし，すべての子どもの健やかな育ちを重層的に保障する。

(4) 利用支援

○　新システムの給付・事業の導入に伴い，市町村における利用支援の取組が必要になる。
○　具体的には，市町村が中心となり，都道府県（児童相談所など）や給付・事業の主体，地域子育て支援拠点事業など多様な主体と連携し，地域の子ども・子育て家庭を支援する。
○　特に，地域子育て支援拠点事業では，子育て家庭に身近な立場から，個々の事情に応じた，利用支援の役割を果たすことが強く期待される。そのため，地域子育て支援拠点事業に地域の子育て資源に精通した「子育て支援コーディネーター」（仮称）を配置するなど，市町村の利用支援の体制づくりが必要である。
※総合こども園（仮称）の家庭における養育の支援の強化は，Ⅲ9（2）③で後述

2　都道府県の役割

○　都道府県は，広域自治体として，新システムの給付・事業が健全かつ円滑に運営されるよう，必要な助言・援助等を行うとともに，子ども・子育て支援施策のうち，広域的な対応が必要な事業等を行う。
○　都道府県は，「都道府県新システム事業支援計画」（仮称）に基づき，市町村を支援する。「都道府県新システム事業支援計画」（仮称）の策定及び記載事項を法定する（5年ごとに策定。計画記載事項は別紙のとおり）。
○　都道府県新システム事業支援計画（仮称）は，新たな給付・事業を実施する上で必要な取組について，必須記載事項とする。必須記載事項及び任意記載事項は，以下の事項とする。
(必須記載事項)
・幼児期の学校教育・保育に係る需要量の見込み，提供体制の確保の内容及びその実施時期
・幼保一体化を含む子ども・子育て支援の推進方策
※幼児期の学校教育・保育，家庭における養育支援の充実方策を含む。

(4) 子ども・子育て新システムに関する基本制度

・市町村が行う事業との連携が必要な社会的養護に係る事業，障害児の発達支援に着目した専門的な支援に係る事業
・人材の確保・資質向上
（任意記載事項）
・市町村の業務に関する広域調整
・指定施設・事業者に係る情報の開示
・職業生活と家庭生活との両立に関すること
○ 都道府県新システム事業支援計画（仮称）の策定における都道府県の関係当事者の参画の仕組みとして，子育て当事者等の関係当事者の意見を反映させるよう必要な措置を講ずる（関係当事者の範囲及び合議体の設置はⅦで後述）。

3 都道府県計画と市町村計画の策定時の調整

○ 需要量の見込みは，市町村新システム事業計画（仮称）の数値を足し上げ，都道府県新システム事業支援計画（仮称）に記載することを基本とする。
○ 市町村が，市町村新システム事業計画（仮称）を策定・変更しようとするときは，あらかじめ，都道府県に協議することとする。さらに，策定・変更したときは，遅滞なく，都道府県知事に提出することとする。
○市町村が計画策定段階で，関係市町村と調整する。

4 国の役割

○ 国は，新システムの制度設計，市町村への子ども・子育て包括交付金（仮称）の交付，基本指針（仮称）の策定等，新システムの給付・事業が健全かつ円滑に運営されるよう，必要な措置を講ずる。その際，地方公共団体とともに，子育て当事者，施設・事業者，事業主・労働者等の理解を得ることに努める。
○ 基本指針（仮称）については，その策定及び記載事項を法律上明記し，国の「子ども・子育て会議」（仮称）の審議を経て策定する（指針記載事項は別紙のとおり）。
○ 基本指針（仮称）には，家庭・地域を含めたすべての子育て関係者を対象とした，子どもに関する理念，子育てに関する理念を示すものである「こども指針（仮称）」を位置付ける。

Ⅱ 給付設計

○ 市町村は，子ども・子育て支援給付（仮称）及び子ども・子育て支援事業（仮称）を実施する。

1 子ども・子育て支援給付（仮称）

○ 子ども・子育て支援給付（仮称）は，個人に対する以下の給付とする。

(1) 子どものための手当（個人への現金給付）

○ 子どものための手当については，新システムにおける給付に位置付ける（具体的な内容については，「平成24年度以降の子どものための手当等の取扱いについて」（平成23年12月20日内閣官房長官・総務大臣・財務大臣・厚生労働大臣合意）参照。）。

(2) こども園給付（仮称）

○ こども園給付（仮称）については，質の確保のための客観的な基準を満たした施設として指定を受けたこども園（仮称）に関する給付とする。
　　※こども園（仮称）とは，指定を受けた総合こども園（仮称），幼稚園，保育所，それ以外の客観的な基準を満たした施設であり，その総称である。総合こども園（仮称）とは，学校教育と保育及び家庭における養育の支援を一体的に提供する施設。

(3) 地域型保育給付（仮称）

○ 地域型保育給付（仮称）については，質の確保のための客観的な基準を満たす事業者として指定を

受けた小規模保育事業者，家庭的保育事業者及び居宅訪問型保育事業者等に関する給付とする。
※こども園給付（仮称）及び地域型保育給付（仮称）は，休日保育，早朝・夜間保育についても対応する。
※出産・育児に係る休業に伴う給付（仮称）

○ 産前産後・育児休業中の現金給付から保育まで切れ目なく保障される仕組みの構築が課題であるが，出産手当金（健康保険），育児休業給付（雇用保険）の適用範囲や実施主体に違いがあること等を踏まえ，両給付を現行制度から移行し一本化することについては将来的な検討課題とする。

2　子ども・子育て支援事業（仮称）

○ 子ども・子育て支援事業は，市町村が実施する以下の事業とする。
(1) 地域子育て支援事業（仮称）
※地域子育て支援拠点事業，一時預かり及び乳児家庭全戸訪問事業等
（対象事業の範囲は法定）
(2) 延長保育事業，病児・病後児保育事業
(3) 放課後児童クラブ
(4) 妊婦健診
※子ども・子育て支援事業（仮称）の対象事業については，Ⅳで詳述。

Ⅲ　幼保一体化

1　基本的な考え方

○ すべての子どもの健やかな育ちと，結婚・出産・子育ての希望がかなう社会を実現するため，以下の三点を目的とする幼保一体化を推進する。
(1) 質の高い学校教育・保育の一体的提供
(2) 保育の量的拡大
(3) 家庭における養育支援の充実
※ここで言う「学校教育」とは，現行の学校教育法に位置付けられる小学校就学前の満3歳以上の子どもを対象とする教育（幼児期の学校教育）を言い，「保育」とは児童福祉法に位置付けられる乳幼児を対象とした保育を言う。以下同じ。

○ 具体的には，以下の給付システムの一体化と施設の一体化を推進する。

(1)　給付システムの一体化

① 地域における学校教育・保育の計画的整備（市町村新システム事業計画（仮称）の策定）
　○ 市町村は，地域における学校教育・保育の需要を始め，子ども・子育てに係る需要の見込み及び提供体制の確保の内容及びその実施時期等を内容とする市町村新システム事業計画（仮称）を策定する。
② 多様な保育事業の量的拡大（指定制度の導入）
　○ 客観的基準を満たした施設及び多様な保育事業への財政措置を行うこと等により，多様な事業主体の保育事業への参入を促進し，質の確保された保育の量的拡大を図る。
③ 給付の一体化及び強化（こども園給付（仮称）の創設等）
　○ 学校教育・保育に係る給付を一体化したこども園給付（仮称）を創設することにより，学校教育・保育に関する財政措置に関する二重行政の解消及び公平性の確保を図る。

(2)　施設の一体化（総合こども園（仮称）の創設）

○ 学校教育・保育及び家庭における養育支援を一体的に提供する総合こども園（仮称）を創設する。

2　子どもや家庭の状況に応じた子ども・子育て支援

○ 子ども・子育て家庭については，乳幼児の子育てをしている，産後休業・育児休業中の家庭，共働き家庭，ひとり親家庭，いわゆる専業主婦家庭など，様々な状況の子ども・子育て家庭がある。

(4) 子ども・子育て新システムに関する基本制度

○ 子ども・子育て新システムにおいては，すべての子どもに，良質な成育環境を保障するため，それぞれの子どもや家庭の状況に応じ，「子ども・子育て支援給付（仮称）」を保障する。
○ 子どもが満3歳となったとき，子どもが学齢期となったときなどに円滑に切れ目のない支援を行うため，施設間・事業間（新システムの対象となっていないものを含む）の連携・提携等の方策を講じる。
○ また，子育てに孤立感・負担感を感じている保護者が多いこと等を踏まえ，すべての子ども・子育て家庭に，それぞれの子どもや家庭の状況に応じ，子育ての充実感を得られるような親子の交流の場づくり，子育て相談や情報提供，親子登園などの支援を行う。

3 幼保一体化の進め方

○ 国においては，幼保一体化を含む子ども・子育て支援に関する基本指針（仮称）を策定するとともに，給付の一体化及び強化等により総合こども園（仮称）への移行を政策的に誘導する。
○ 都道府県においては，広域自治体として，都道府県新システム事業支援計画（仮称）を策定し，市町村の業務に関する広域調整等を行う。
○ 市町村においては，国による制度改正及び基本指針（仮称）を踏まえ，市町村新システム事業計画（仮称）に基づき，地域における，満3歳以上の保育を利用する家庭の子どもの状況，満3歳以上の保育を利用しない家庭の子どもの状況，満3歳未満の保育を利用する家庭の子どもの状況など，地域の実情等に応じて，必要な施設・事業を計画的に整備する。
　※具体的な施策については，制度施行までに，地方自治体，関係者等と十分に協議を行う。
　※都道府県及び市町村においても，それぞれの新システム事業計画（仮称）に基づき，総合こども園（仮称）への円滑な移行への支援を行う。

4 地域における学校教育・保育の計画的整備（市町村新システム事業計画（仮称）の策定）

○ 市町村は，地域における学校教育・保育の需要を始め，子ども・子育てに係る需要の見込みを調査し，その結果に基づき市町村新システム事業計画（仮称）を策定する。
○ 市町村は，当該計画に基づき，指定されたこども園（仮称）や多様な保育事業を行う，多様な事業主体を共通の財政措置（子ども・子育て支援給付（仮称））の対象とするなど，地域の実情等に応じて提供体制を計画的に整備する。その際，保育の需要が増大している場合など，必要に応じて，公有財産の貸付等の措置を積極的に講じる。
○ 家庭における養育を支援する事業（地域子育て支援拠点事業等。Ⅳ2で後述。）についても，広く財政措置の対象とし，当該計画に基づき，計画的に推進する。

5 多様な保育事業の量的拡大（指定制度の導入）

(1) 基本的な考え方

○ 新システムにおいては，質の確保のための客観的基準を満たすことを要件に，認可外施設も含めて参入を認めるとともに，株式会社，NPO等，多様な事業主体の参入を認める。
○ 指定制の導入により，保育の量的拡大を図るとともに，多様なメニューの中から，あらかじめ質が確保されている施設や事業であることを行政が確認し，指定された施設又は事業者の中から，利用者がニーズに応じた施設や事業を選択できる仕組みとする。

(2) 具体的制度設計

① 参入段階の要件
○ こども園（仮称）については，学校法人，社会福祉法人，株式会社，NPO等，多様な事業主体の参入を可能とする。ただし，安定的・継続的な運営を担保する観点から，法人格を条件とする。
○ 地域型保育給付（仮称）の対象となる多様な保育事業（以下，地域型保育（仮称）という。）を行う指定事業者については，地方単独事業の対象の個人立の認可外保育施設が存在することも踏まえ，法人でない場合でも，一定の条件を満たせば，指定の対象とする。

Ⅱ　資料編　②　立法資料

　○　指定要件については，現行の基準を基礎として，人員配置基準・面積基準等，客観的な基準を定め，適合すれば原則指定を行うことで透明性を確保する。
　　　※指定基準の具体的内容については，Ⅲ 7（2），8で後述
　○　介護保険制度におけるこれまでの改正を参考として，必要な欠格要件（開設者が刑罰執行中，指定取消後5年以内など）を定め，基準に違反した場合などに対する厳格なペナルティを設ける。
②　運営段階・撤退段階の要件等
　○　繰入れや剰余金の配当に関する法的な規制は行わず，他事業会計との区分会計を求める。
　○　継続的な運営が基本であるが，やむを得ず事業を撤退する場合には，指定辞退の事前届出を行わせる。
　○　指定辞退・事業の廃止の届けについては，法律で3ヶ月以上の予告期間を設定するとともに，利用している児童が他の施設等で継続的に利用できるようにするための調整義務を施設・事業者に課す。
　○　施設・事業者による調整が円滑に行われるために必要な場合は，都道府県又は市町村が関係者相互間の連絡調整等の援助を行うことができることとする。
　○　指定については，質の確保の観点から，5年ごとに更新する。
　○　透明性を高め，学校教育・保育の質の向上を促すとともに，保護者が子どもにとって最善の選択を行えるように，情報開示の義務化を行う。
　○　具体的には，以下の項目について情報開示を行う。
　　ア　学校教育・保育の理念など，施設の運営方針
　　イ　学校教育・保育の内容及びその特徴
　　ウ　一人の職員が担当する子どもの数
　　エ　職員の保有免許・資格，常勤・非常勤の別や経験年数・勤続年数
　　オ　定員以上に応募がある場合の選考基準
　　カ　上乗せ徴収（実費徴収を除く）の有無
　　キ　カで「有」の場合，その理由及び上乗せ徴収額等
　　　※学校教育・保育の質に直接関わる職員の常勤・非常勤の別，経験年数等については，公定価格への反映を検討する。
　○　指定を受けた施設・事業者は，介護保険制度，障害者自立支援制度と同様に，法令遵守等に係る業務管理体制を整備し，これに関する届出を行うこととする。
③　指定・指導監督の主体
ア　こども園（仮称）
　ⅰ）指定・指導監督の主体
　　○　新システムの実施主体が市町村（基礎自治体）であることから，こども園（仮称）の指定・指導監督の主体は市町村とする。
　　○　こども園（仮称）の指定等の行政権限について，透明性を確保するため，こども園（仮称）の指定・指導監督の主体となる市町村では，当該行政権限を行使する際には，子ども・子育て支援法において条例により市町村に設置することができるとされる合議体（地方版子ども・子育て会議）又は子どもの保護者や子ども・子育て支援に係る当事者の意見を聴くこととする（Ⅶで後述）。
　　　※地方版子ども・子育て会議の構成員について，住民その他の関係者の意見を聴き，地域の子ども及び子育て家庭の実情を踏まえた調査審議ができるように配慮
　ⅱ）指定する際の都道府県と市町村との調整
　　○　市町村長は，指定をしようとするときは，あらかじめ，都道府県知事との協議を行うことを法令に規定する（関係市町村との調整も留意）。

(4) 子ども・子育て新システムに関する基本制度

　　イ　地域型保育（仮称）を行う指定事業者
　　○　地域型保育（仮称）を行う指定事業者の指定・指導監督の主体については，地域の実情に応じた供給量の確保の観点から市町村とする。
　　○　事業所が市町村の区域外にある場合，所在地の市町村長の同意を必要とすることを法令に規定する。
　④　指定・指導監督の権限
　　○　指定事業者には，指定基準に従い，事業を実施しなければならない義務を課すほか，指定・指導監督主体である市町村に，報告徴収，立入検査，基準遵守の勧告・措置命令，指定取消等の権限を与える。
　　○　また，市町村が上記の指導監督権限を実施する場合，その実効性を高めるため，立入検査などを総合こども園（仮称）などの認可権者である都道府県と共同で実施する等の取組を可能とする。
　⑤　需給調整
　　○　指定制度においては，指定基準を満たす施設については，すべて指定する。
　　○　ただし，市町村が策定する新システム事業計画（仮称）における需要見込み量を超えた供給がなされている場合など，施設数が過大となっている場合については，指定主体の権限において新規の指定や更新を行わないことができることとする。
　　　※目標供給量を盛り込む市町村の計画に関する策定手続きを含めた国による策定のための指針を示すに当たっては，子ども・子育て会議（仮称）の審議を経ること，事後の点検・評価を含めた必要な情報の開示を行うこと等により，適正性・透明性を確保する。
○　その際，恣意的な需給調整が行われることがないよう，指定基準等の策定及び指定の段階，事業計画の策定の段階，実際の需給調整の段階において，それぞれ透明性・客観性を確保する。
○　実際の需給調整のうち，新規の指定を行わないことについては，以下のような事項を勘案しながら，幅広い関係当事者からの意見聴取等，停止権限の発動に当たってのルール，プロセスにおける透明性を確保する。
　　ア　広域調整が必要となる市町村域を超えた需要見込み量の取扱い
　　イ　需要見込み量に対して一定割合を超える供給がなされている場合に限定するなど，需給調整の発動の要件
　　ウ　新規指定の申請が競合し，両者を指定すると需要見込み量を超過する場合などにおける，他地域における実績，利用者の利便性，社会的養護を必要とする子どもの育ちの支援に果たしている役割，夜間保育・病児保育等の特別な機能への考慮
○　実際の需給調整のうち，指定の更新を行わないことについては，基本的な考え方は新規の指定を行わないことと同様であるが，その際，対象となる指定施設の利用者・事業者への影響が大きいことから，可能な限り抑制的に行うこととする。したがって，
　　ア　利用者や事業者の選択，判断による供給の適正化
　　イ　なおも供給が需要を上回る場合における，都道府県，市町村，対象地域内の事業主体など関係当事者の合意を得て計画的に行われる供給体制の再構築
　を前提とし，それでも供給体制の再構築を進める上でやむを得ない場合に限ることを基本とする。
　⑥　会計基準
　　○　個人給付となるこども園給付（仮称）の創設に伴い，事業者の法人種別に応じた会計処理方式とする。その際，複数事業部門を有する事業者の場合，こども園給付（仮称）の資金の流れが分かるよう，部門ごとの会計状況が明確になるような仕組みを設ける。
　　　※詳細については，介護保険制度等を参考に，制度施行までに検討する。
　　　※なお，総合こども園（仮称）における資金流出を制限するための仕組みについては９(3)②イを参照。

(3) 制度施行時の経過措置
○ 新たな制度を施行する際に，現に幼稚園又は保育所の認可を受けている施設については，こども園（仮称）の指定があったものとみなす。
　※施行前に現に認可を受けている施設については，法人格を有しなくても指定を受けられることとする。
　※現行の幼稚園，保育所，認定こども園からの円滑な移行に留意する。

6　新システムにおける行政が関与した利用手続
(1) 契約方式
○ こども園給付（仮称）については，保護者に対する個人給付を基礎とし，確実に学校教育・保育に要する費用に充てるため，法定代理受領の仕組みとする。
① 保育の必要性の認定
　○ 例外のない保育の保障の観点から，市町村が客観的基準に基づき，保育の必要性を認定する仕組みとする。
　　※制度施行の際，現に幼稚園・保育所を利用している子どもに関する認定については，必要な準備期間を設けつつ，簡素な手続きとなるよう検討する。
　　ア　保育の必要性の認定を受ける子どもの認定基準及び認定手続
　○ 国は，「事由」「区分」「優先利用」に関する認定基準を策定する。
　○ 具体的な認定基準と認定手続は，以下のとおりとする。
　ⅰ) 認定基準
　　A　事由
　　a．就労
　○ フルタイムのほか，パートタイム，夜間の就労など基本的にすべての就労
　　※一時預かりで対応可能な極めて短時間の就労は除く。
　　b．就労以外の事由
　○ 保護者の疾病・障害，産前産後，同居親族の介護，災害復旧，求職活動及び就学等
　　※現行の政令で定めている「同居親族等が保育できない場合」という条件は，外す又は必要度を低くするなど，詳細については制度施行までに検討する。
　○ その他これらに類するものとして市町村が定める事由
　　B　区分
　○ 月単位の保育の必要量に関する区分（2区分程度（「主にフルタイムの就労を想定した長時間利用（現行の11時間の開所時間に相当）」及び「主にパートタイムの就労を想定した短時間利用」））を設定
　　C　優先利用
　○ ひとり親家庭や虐待のおそれのあるケースの子ども等
　ⅱ) 認定手続
　　○ 市町村は，認定基準に従って審査を行い，認定を行う。また，これとあわせて保護者負担の区分も決定する。
　　○ 市町村は，認定を行った利用者（保護者）に対して，認定証を交付する。
　　○ 認定証には，事由，区分（長時間利用又は短時間利用），優先利用及び保護者負担の区分を記載する。
　　イ　保育の必要性の認定を受けない子どもの受給手続（満3歳以上の学校教育のみを受ける場合）
　　○ 満3歳以上の学校教育のみの利用を希望する場合，市町村に申請を行う。
　　○ 申請を受けた市町村は，当該市町村に居住する満3歳以上の子どもであることが確認できた場合は，保護者負担の区分の決定を行い，これを認定証に記載して交付する。

(4) 子ども・子育て新システムに関する基本制度

※認定証は，主として，施設が保護者負担の区分を確認するためのものであるが，事務ができるだけ簡素なものとなるよう，制度施行までに検討する。

② 公的契約
○ 契約については，保育の必要性の認定を受けた子どもと受けない子どものいずれについても，市町村の関与の下，保護者が自ら施設を選択し，保護者が施設と契約する公的契約とする。
○ 公的契約については，「正当な理由」がある場合を除き，施設に応諾義務を課す。「正当な理由」については次のとおりとする。
ア 定員に空きがない場合
イ 定員以上に応募がある場合
（この場合，選考の実施が必要となる。）
ウ その他特別な事情がある場合
○ 定員については，保育の必要性の認定を受けた子どもの利用と，保育の必要性の認定を受けない子どもの利用を，地域の需要に応じ，ともに保障する観点から，保育の必要性の認定を受けた子ども，保育の必要性の認定を受けない子どもの別に設定し，上記イの場合に行う選考についても，それぞれの定員枠ごとに行う。
○ 定員以上に応募がある場合の選考については，その基準を国が定め，施設は，国の選考基準に基づき選考を行うものとする。
○ 国が定める選考基準については，概ね次のとおりとする。
ア 保育の必要性の認定を受けた子ども
ⅰ）家庭の状況や保護者の就労状況等に基づく保育の必要度に応じて選定する。
ⅱ）ひとり親家庭，虐待のおそれのあるケースなどは，ⅰ）に関わらず，優先的に選定する。
ⅲ）特別な支援が必要な子どもの受入れ体制が整っている施設については，ⅰ）に関わらず，特別な支援が必要な子どもを優先的に選定する。
※保育の必要度の判断の具体的な手続については，今後，更に検討する。
イ 保育の必要性の認定を受けない子ども
ⅰ）①抽選，②先着順，③建学の精神等設置者の理念に基づく選考など，施設の設置者が定める選考基準（選考方法）に基づき，選定する。
ⅱ）特別な支援が必要な子どもの受入れ体制が整っている施設については，ⅰ）に関わらず，特別な支援が必要な子どもを優先的に選定する。
○ 施設の設置者が定める選考基準（選考方法）については，指定制度の一環である情報開示の標準化の開示項目として，開示する。

⑵ **市町村の関与**
① 関与の具体的仕組み
○ 保護者が選択した施設・事業者に申し込むことを基本とする。市町村は，管内の施設・事業者の情報を整理し，子育て家庭に広く情報提供し，相談に対応する。
○ 要保護児童，障害児等の特別な支援が必要な子どもなど，あっせん（市町村による，利用可能な施設との契約の補助）等による利用が必要と判断される場合には，市町村が，関係機関とも連携して利用調整を行い，認定証の交付と合わせて，利用可能な施設・事業者のあっせんを行うほか，当該施設・事業者に対して当該子どもの利用の要請を行うこととする。
② 当面，保育需要が供給を上回っている間の関与の仕組み
○ 市町村は，計画的な基盤整備により保育需要が供給を上回る状態を解消する取組を強力に推進することが制度の前提である。その上で，当面の対応のため，次のような対応を行うこととする。
・特別な支援が必要な子どもなど，まず，優先利用の対象となる子どもについて，市町村が利用調整

を行い，利用可能な施設・事業者をあっせん等する。
・それ以外の子どもについては，保護者が市町村に利用希望を提出し，市町村が利用調整を行い，利用可能な施設・事業者をあっせん等する。
③ 市町村による措置
○ 保育の利用が必要と判断されるにもかかわらず，保護者が進んで保育の利用をしない場合など，契約による利用が著しく困難と市町村が判断した場合には，当該子どもについて，市町村が施設に対して措置する（措置による入所・利用）こととする。
④ 利用者負担の強制徴収について
○ 新システムにおいては，現行の保護者が市町村と契約する仕組みから，保護者が施設と契約する仕組みへと変わるものの，利用者負担の確実な支払いが担保される必要性は従来と変わらないため，改正後の児童福祉法第二十四条に規定される市町村の責務も踏まえ，利用者負担の支払いに関して確実な支払いを担保する仕組みを設けることについて，更に検討する。

7　こども園給付（仮称）の創設
(1) こども園給付（仮称）の創設
○ 学校教育・保育に係る給付を一体化したこども園給付（仮称）を創設し，学校教育・保育に関する財政措置に関する二重行政の解消及び公平性の確保を図る。
　※こども園（仮称）とは，指定を受けた総合こども園（仮称），幼稚園，保育所，それ以外の客観的な基準を満たした施設であり，その総称である。

(2) 指定基準
○ こども園（仮称）の指定基準については，国が定める基準を踏まえ，指定権限を有する市町村が条例で定める。
○ 国が定める基準については，以下のとおりとする。
　ア　「職員の資格，員数」，「保育室及びその面積」，「施設が利用定員を定めること」，「乳幼児の適切な処遇の確保，安全の確保，秘密の保持並びに乳幼児の健全な発達に密接に関連するもの」については，「従うべき基準」とする。
　イ　それ以外の事項については，「参酌すべき基準」とする。
○ 学校教育・保育の質の確保・向上の観点から，職員配置基準の引き上げ等を検討する。
　※指定基準に係るそれぞれの事項の具体的内容については，学校教育・保育の質を確保する観点から，現行の幼保連携型認定こども園制度の基準を基礎としつつ，制度施行までに更に検討する。
　※現行の幼稚園，保育所，認定こども園からの円滑な移行に留意する。
　※制度施行までの間，「待機児童解消『先取り』プロジェクト」の認可外保育施設運営支援事業を最大限活用し，待機児童解消のため可能な限り多くの認可外保育施設が指定基準を満たすことができるよう支援する。

(3) 給付の内容
① 給付構成
○ こども園給付（仮称）については，次のような給付構成とする。
・満3歳以上の幼児に対する標準的な教育時間及び保護者の就労時間等に応じた保育に対応する給付
・満3歳未満児の保護者の就労時間等に応じた保育に対応する給付
　※「標準的な教育時間」とは，学校教育における教育課程に係る時間を言う。以下同じ。
　※休日保育，早朝・夜間保育についても対応する。
② 公定価格
○ こども園給付（仮称）については，質の確保・向上が図られた学校教育・保育を提供するために必要な水準の給付を，すべての子どもに保障する（公定価格）。

(4) 子ども・子育て新システムに関する基本制度

○ 新たな制度における価格設定方法については，次の考え方を基本とする。
・質の確保・向上が図られた学校教育・保育を提供するために必要な水準として，人員配置基準や設備環境を基に，人件費，事業費，管理費等に相当する費用を算定する。
・人件費相当分については，職員の配置基準や施設の開所時間を踏まえた価格設定を行う。この際，子どもの過ごす時間と職員が勤務する時間の違いを踏まえ，認定時間数に対応する価格設定ではなく，必要な職員の配置を考慮した価格設定を行う。
・子どもの年齢及び人数に対応した給付を基本とするが，施設の規模による経費構造の違いや地域別の人件費等の違いを考慮し，定員規模別，地域別の価格設定を行う。
・施設の減価償却費の一定割合に相当する費用等についても算定する。
○ 公定価格の具体的な設定については，今後，制度の施行までに検討する。

③ 支払い方法
○ 満3歳以上児については，標準的な教育時間に対応する区分及び月単位の保育の必要量に関する区分（2区分程度）に応じ，単価区分※（3区分程度）を設ける。その上で，各月初日の在籍児数を基本として，毎月給付する。
○ 満3歳未満児については，月単位の保育の必要量に関する区分（2区分程度）に応じ，単価区分※（2区分程度）を設ける。その上で，各月初日の在籍児数を基本として，毎月給付する。
※具体的な単価については，上記の単価区分に応じ，②で記述したとおり，年齢別，地域別，定員規模別に設定する。また，休日保育，早朝・夜間保育については加算により対応する。

④ 施設整備費
○ 保育所等の施設基準を考慮して設定する整備費用と施設運営における減価償却費の全国的な状況を踏まえ，その一定割合に相当する額を組み込む形で給付を設定することにより，施設整備を支援する。また，当該給付は，賃借によって施設を設置する場合の建物賃借料にも対応し，地域の実情に応じた設置形態による基盤整備を進める。
※施設整備費の補助金は基本的に廃止する。
※過去に施設整備補助を受けて整備した施設については，整備からの経過年数等に応じて調整。
※施設整備の際に必要な資金調達については，政策的な融資によって支援する。
○ これと併せて，当面，緊急に対応する必要がある
・増加する保育需要に対応するための施設の新築や増改築
・幼稚園における調理室の新設
・施設の耐震化
等については，別途の支援を行う。
○ これらを踏まえ，新システムへの円滑な移行のために，
・給付の設定
・（新たな給付の設定に伴う）政策的な融資
・当面の緊急対応である施設整備への支援
について，既存の財政措置との連続性を念頭に置きつつ，制度施行の際に重複なく適切な措置を講ずる。

⑤ 上乗せ徴収
ア 実費徴収
○ 国が定める基準に基づく学校教育・保育の活動の一環として行われる活動に係る費用であって，施設による費用のばらつきが大きいこと等から，こども園給付（仮称）の対象とすることが困難な費用（特別な教材費，制服代など）について，実費徴収を認める。
○ 国において，実費徴収の実態（各施設における実費徴収の費目と一人あたりの実費徴収の総額）

○ を勘案した上で，実費徴収の対象範囲及び各施設における実費徴収の上限額に関する基準を定める。
○ 低所得者に対しては，公費による補足給付を行うこととし，市町村において，国が定める実費徴収に関する基準，地域における実態を踏まえつつ，必要な給付を行う事業とする。
イ 実費徴収以外の上乗せ徴収
○ 次の要件を満たす施設については，その対価として，実費以外の上乗せ徴収を行うことを認める。
ⅰ）国が定める基準に基づく学校教育・保育であること
ⅱ）低所得者については，当該徴収を免除すること
ⅲ）指定制度の一環である情報開示の標準化制度の開示項目として，上乗せ徴収の理由及び額を開示すること
※当分の間，市町村及び社会福祉法人以外の者が設置する施設に限る。
○ なお，国が定める基準に基づく学校教育・保育以外の活動（教育課程終了後に行う体操教室など）については，選択できる旨や利用料額の説明をあらかじめ行い，利用者の了解を得た場合には，費用の徴収を可能とする。

8 地域型保育給付（仮称）の創設
(1) 基本的な制度設計
○ こども園（仮称）を対象とするこども園給付（仮称）に加え，以下の保育事業を地域型保育給付（仮称）の対象とし，多様な施設や事業の中から利用者が選択できる仕組みとする。
・小規模保育（利用定員6人以上19人以下）
・家庭的保育（利用定員5人以下）
・居宅訪問型保育
・事業所内保育（主として従業員のほか，地域において保育を必要とする子どもにも保育を提供）
○ 待機児童が都市部に集中し，また待機児童の大半が満3歳未満の児童であることを踏まえ，こうした小規模保育や家庭的保育などの量的拡充により，待機児童の解消を図る。
○ 小規模保育，家庭的保育など，地域の実情を踏まえつつ，事業それぞれの特性に応じた客観的な指定基準を設定し，質の確保を図る。
○ 各事業の指定基準については国が定める基準を踏まえ，市町村が条例で定める。
○ 国が定める基準については，以下のとおりとする。
 ア 「職員の資格，員数」，「事業者が利用定員を定めること」，「乳幼児の適切な処遇の確保，安全の確保，秘密の保持並びに児童の健全な発達に密接に関連するもの」については，「従うべき基準」とする。
 イ それ以外の事項については，「参酌すべき基準」とする。
  ※指定基準に係るそれぞれの事項の具体的内容については，制度施行までに検討する。その際，家庭的保育のように，実施に当たっての基準が既にあるものについては，現行の基準を基礎として検討する。
  ※小規模保育等においても，質の確保を図っていくこととなるが，その際に，地域の実情に応じて，公的スペースの活用・共用などが行いやすいよう，「保育室及びその面積」については「参酌すべき基準」とする。
○ 保育の必要性の認定，公的契約，市町村の関与，公定価格の算定の考え方，給付の支払方法などは，こども園給付（仮称）と同様とする。
 ※事業所内保育施設については，その利用実態も踏まえつつ，新システム等における取扱いの在り方を検討。
○ 3歳以上児の学校教育・保育を行うこども園（仮称）との連携を確保する（分園を含む）。なお，連携先のこども園（仮称）の確保が難しい場合，市町村が調整することも可能とする。
○ 新システムの施行の際，現に家庭的保育を実施している市町村については，特段の申し出がない限り，地域型保育事業者（仮称）の指定があったものとみなす経過措置を設ける。

(2) 小規模保育，居宅訪問型保育の創設等

(4) 子ども・子育て新システムに関する基本制度

○ 現在，法律上の根拠を有しない小規模保育，居宅訪問型保育については，家庭的保育と同様に，児童福祉法に事業の根拠（定義）を位置付ける。
　※現行法上，これらの保育は認可外保育との位置付け。
　※国の基準と地方の裁量の関係については，上記(1)のとおり。
○ また，事業開始の手続きや監督権限は，現行の家庭的保育と同様にする。
○ 現行制度では第二種社会福祉事業の要件を満たさないもの（通所定員20人未満）に該当する小規模保育のうち，一定規模（10人以上）を満たすものを第二種社会福祉事業として法令に位置付けることにより，小規模な放課後児童クラブなど他の事業を併設する基盤になることが可能となる。

(3) 地域型保育（仮称）の充実及び展開
① 地域型保育（仮称）の充実による都市部の待機児童対策
○ 地域型保育（仮称）を3歳未満児を重点にした小規模な保育の類型として新設することにより，都市部での小規模な拠点の整備を推進する（例：余裕教室等の公的スペース，賃貸スペース等を活用）。
○ 放課後児童クラブ，地域子育て支援拠点，一時預かりを併設し，一体的に取り組む形態も想定される。
② 一般市町村における地域型保育（仮称）の展開（多機能型）
○ 市町村内の保育ニーズについて，一定以上の規模を有するこども園（仮称）による対応を基本としつつ，子ども・子育て家庭にとって身近な地域における保育の利用を確保する観点から，地域型保育（仮称）を組み合わせて，地域の保育機能を確保する。
○ 放課後児童クラブ，地域子育て支援拠点，一時預かりなどを併設することにより，地域の多様な保育ニーズに対応可能な仕組みとする。これにより，郡部などの人口減少地域等でも，地域コミュニティの子育て支援の拠点を維持・確保することができる（放課後児童クラブ，地域子育て支援拠点，一時預かりなどの本来の要件についての考え方はⅣで後述）。
○ 郡部などの人口減少地域等においては，子ども・子育て家庭にとって身近な地域における学校教育・保育を確保する観点から，3歳未満児だけでなく，例外的に3歳以上児の利用も認める。この際，3歳以上児の学校教育・保育を保障するために必要な，こども園（仮称）や地域の小学校との連携を法令に位置付け，制度施行までに具体的な連携方策を検討する。
○ 都市部の待機児童対策としての地域型保育（仮称）との違いに留意する。

9 施設の一体化（総合こども園（仮称）の創設）
(1) 基本的位置付け
○ 学校教育・保育及び家庭における養育支援を一体的に提供する総合こども園（仮称）を創設する。総合こども園（仮称）の根拠法として総合こども園法（仮称）を制定する。
○ 総合こども園（仮称）においては，
① 満3歳以上児の受入れを義務付け，標準的な教育時間の学校教育をすべての子どもに保障する。また，保育を必要とする子どもには，学校教育の保障に加え，保護者の就労時間等に応じて保育を保障する。
② 保育を必要とする満3歳未満児については，保護者の就労時間等に応じて保育を保障する。
○ 総合こども園（仮称）については，学校教育，児童福祉及び社会福祉の法体系において，学校，児童福祉施設及び第二種社会福祉事業として位置付ける。
　※総合こども園（仮称）は，幼稚園と同様に，小学校就学前の学校教育を行う学校であることを明確にする。（総合こども園（仮称）における学校教育は，幼稚園と同様に，幼児の具体的な生活経験に基づいた総合的指導を行い，幼児の健やかな成長のための適当な環境における心身の発達を助長する目的で行われるもの。）
　※総合こども園（仮称）は，幼稚園とともに，小学校就学前の学校として，小学校教育との連携・接続が必

要であることについて明確にする。
- なお，満3歳未満児の受入れは義務付けないが，財政措置の一体化等により，満3歳未満児の受入れを含め，幼稚園及び保育所等の総合こども園（仮称）への移行を促進する。
  ※例えば，現行制度でいえば，幼稚園型認定こども園の保育所機能部分，保育所型認定こども園の幼稚園機能部分についても基準を満たせば財政措置を受けられるようにすることや，調理室（満3歳未満児については自園調理が必須）等への補助制度を創設すること，保育単価等によるインセンティブを付与することなどが挙げられる。

(2) 基本的な考え方

- 総合こども園（仮称）の創設により，次の内容を実現する。
① 学校及び児童福祉施設の位置付けの付与による学校教育・保育の質の保障
- 現行の保育所における幼児教育※に対し学校教育としての位置付けを付与するとともに，現行の幼稚園の預かり保育のうち，保育の必要性の認定を受けた子どもを対象とするものに対し児童福祉としての位置付けを付与する。
  ※満3歳以上の幼児を対象とするもの。満3歳以上の幼児を対象とする保育所については，一定の期間（制度の本格施行から3年程度（必要に応じて期間の延長を検討）。この間に設置基準（特例あり）を満たすこととする。）後にすべて総合こども園（仮称）へ移行する。また，財政措置の一体化等により，満3歳未満児の受入れを含め，幼稚園等の総合こども園（仮称）への移行を促進する。
- これにより，学校としての基準（学級担任制，面積基準等）と児童福祉施設としての基準（人員配置基準，給食の実施等）を併せ持つ基準を適用し，質の高い学校教育・保育を保障する。

② 保育の量的拡大
- 現行の幼稚園が保育機能を強化することにより，保育の量的拡大を図る。

③ 家庭における養育の支援の強化
- 現行の幼稚園・保育所が，地域の拠点として，地域の子ども・家庭に対する養育の支援を必須の事業として実施することにより，地域の子ども・家庭に対する養育の支援機能を強化する。
  ※他の事業も含めた施設の取組状況や地域の実情等に応じ，地域子育て支援事業等により行う。

④ 二重行政の解消
- 現行の幼稚園，保育所，認定こども園に対する行政庁（地方公共団体）の認可・認定を一本化することにより，二重行政の解消を図る。
- 総合こども園（仮称）に係る具体的制度設計については，質の高い学校教育・保育を保障する観点から，現行の幼稚園制度及び保育所制度の双方に求められる質の水準を基本とする。
- 総合こども園（仮称）における指導・援助の要領として「総合こども園保育要領（仮称）」を定める。
  ※総合こども園保育要領（仮称）については，こども指針（仮称）を踏まえ，策定する。その際，小学校教育との連携・接続を確保する。

(3) 設置主体等の在り方

① 基本的な考え方
- 総合こども園（仮称）の設置主体は，組織・資産等において永続性，確実性，公共性等を担保するため，国，地方公共団体，学校法人，社会福祉法人及び一定の要件を満たした株式会社，NPO等の法人とする。
  ※都道府県等が設置認可を行うにあたり，一定の要件を満たした株式会社，NPO等の法人は，学校法人，社会福祉法人と同列に扱う。

② 株式会社，NPO等の法人に求められる一定の要件
　ア　参入段階

(4) 子ども・子育て新システムに関する基本制度

- 〇 認可要件については，学校法人・社会福祉法人等に課されている要件を踏まえ，以下のような要件を課す。
- ⅰ）総合こども園設置基準（仮称）に適合する施設及び設備又はこれらに要する資金並びに当該総合こども園（仮称）の経営に必要な財産を有すること
- ⅱ）当該総合こども園（仮称）の経営を担当する役員が，学校教育・保育を一体的に提供する総合こども園（仮称）を経営するために必要な知識又は経験を有すること
- ⅲ）当該総合こども園（仮称）の経営を担当する役員が社会的信望を有すること
- イ　運営段階
- ⅰ）当該総合こども園（仮称）の経営に係る経理を他の経理と分離する。
- ⅱ）総合こども園会計からの資金流出を制限する。
- 〇　総合こども園（仮称）の永続性を担保するため，
- A　区分経理された「総合こども園会計」から「子ども・子育て新システム関係事業及び学校・社会福祉事業以外の事業に係る会計」への繰入れは認めない。
- B　総合こども園会計からの株主への配当については，一定の上限を設ける。
- ⅲ）業務状況書類等を作成し，関係者からの請求に応じて閲覧させる。
- ③　私立施設の撤退段階の規制（設置主体を問わない）
- 〇　施設の廃止は，広域自治体である都道府県等の「認可」を要することとし，都道府県等は，「現在及び将来の地域における学校教育・保育の需要」を考慮した上で，その可否を判断する。

(4) 設置認可・指導監督等

- ①　設置・廃止の手続き
- 〇　設置・廃止の手続きは，現行の幼稚園及び保育所に関する手続きを踏まえ，以下のとおりとする。
- ア　公立の総合こども園（仮称）の設置・廃止については，届出
- イ　私立の総合こども園（仮称）の設置・廃止については，認可
- ②　監督
- 〇　現行の幼稚園に対する閉鎖命令と現行の保育所に対する立入検査，改善勧告，改善命令，認可の取消の権限をあわせて，監督権者に付与するものとする。
  ※認可の取消については私立のみ。
- ③　設置認可・指導監督等の主体
- 〇　総合こども園（仮称）の設置認可，指導監督等の主体については，都道府県を基本としつつ，大都市（指定都市，中核市）については権限を移譲する。
- 〇　総合こども園（仮称）は，学校教育と保育を一体的に提供する施設であることから，その設置認可，指導監督等については，認定こども園の例にならい，学校教育と保育の双方を統括する都道府県知事（指定都市，中核市については市長）が行う。
- 〇　指定都市・中核市が認可をする場合，市長は，あらかじめ，都道府県知事との協議を行う。
- ④　審議会
- 〇　都道府県知事等が総合こども園（仮称）の設置認可や重大な行政処分（事業停止命令，閉鎖命令又は認可の取消）を行う場合には，行政処分の適正性を確保する観点から，教育や児童福祉に関し学識経験を有する者等からなる総合こども園（仮称）に関する審議会の意見を事前に聴かなければならないこととする。なお，総合こども園（仮称）に関する審議会は，学校教育と保育に関する既存の審議会を活用するなど，地域の実情に応じて，弾力的な設置・運営が行えるようにする。
- ⑤　地方公共団体の長と教育委員会の関係
- 〇　地方公共団体の長が総合こども園（仮称）に係る事務を行う場合には，教育委員会は，以下のとおり，一定の関与を行うこととする。

(公立)
- ○ 地方公共団体の長は，当該地方公共団体が設置する総合こども園（仮称）に関する事務を管理，執行するに当たり，当該地方公共団体の教育委員会の意見を聞かなければならないこととする。
- ○ 教育委員会は，当該地方公共団体が設置する総合こども園（仮称）に関する事務の管理及び執行について，必要と認めるときは，地方公共団体の長に対し，意見を述べることができることとする。

(私立)
- ○ 都道府県知事等は，私立の総合こども園（仮称）に関する事務を管理・執行するに当たり，必要と認めるときは，都道府県等教育委員会に対し，専門的事項について助言又は援助を求めることができることとする（現行制度と同様）。

(5) 設置基準

- ○ 学校教育・保育の質を確保する観点から，現行の幼保連携型認定こども園の基準を基礎とする。
  ※学校としての基準（学級担任制，面積基準等）と児童福祉施設としての基準（人員配置基準，給食の実施等）を併せ持つ基準を適用し，質の高い学校教育・保育を保障する。
  ※設置基準に係るそれぞれの事項の具体的内容については，制度施行までに更に検討する。
- ○ 総合こども園（仮称）における学校教育機能及び保育機能の充実等を図るため，職員配置基準（学級編制基準）の引き上げ等を検討する。
- ○ 総合こども園（仮称）の設置基準については，国が定める基準を踏まえ，都道府県等が条例で定める。
- ○ 国が定める基準については，以下のとおりとする。
  ア 「学級の編制」，「職員の資格，員数」，「保育室及びその面積」，「乳幼児の適切な処遇の確保，安全の確保，秘密の保持並びに乳幼児の健全な発達に密接に関連するもの」については，「従うべき基準」とする。
  イ それ以外の事項については，「参酌すべき基準」とする。
- ○ 既存施設から移行する場合，学校教育，保育の質を確保する観点に加え，幼稚園，保育所，認定こども園からの円滑な移行を考慮し，原則として，現行の幼保連携型認定こども園における基準の特例を下回らない特例を設ける。
  ※上記の取り扱いは特例であり，本来の基準を満たすことが基本である。また，この基準を満たすために必要な支援策についても検討する。

(6) 施設に置かれる職員

- ○ 総合こども園（仮称）は，学校教育・保育を一体的に提供する施設であることから，現行の幼稚園及び保育所の双方で必要とされる職員を置く。
- ○ 具体的には，園長，保育教諭（仮称），学校医，学校歯科医，学校薬剤師，調理員を必置とする。
  ※総合こども園（仮称）に置かれる職員のうち，資格要件に対して罰則を課す必要がある職員や特例が他の法律で規定されている職員については，法律で規定する。
- ○ 保育教諭（仮称）は，幼稚園教諭の免許状と保育士資格を併有することを原則とする。
  ※いずれかしか有しない者については，特例措置を講じる。
- ○ なお，職員の資格については，教員免許・養成制度の見直し及び保育士資格制度の見直しの検討状況等を踏まえた上で検討する。

(7) 職員の身分等

① 公立の総合こども園（仮称）の保育教諭（仮称）等の身分
- ○ 公立の総合こども園（仮称）の保育教諭（仮称）等については，基本的に教育公務員特例法に規定する教育公務員として取り扱う。

② 保育教諭等の研修

(4) 子ども・子育て新システムに関する基本制度

(公立)
○ 教育基本法第九条の規定により，保育教諭（仮称）等の研修の充実を図る。
  また，保育教諭（仮称）等は，絶えず研究と修養に努めなければならないとする。
○ 公立の幼稚園教員と同様に研修を受ける機会を付与するとともに，新任者に対する研修等を義務化する。

(私立)
○ 教育基本法第九条の規定により，保育教諭（仮称）等の研修の充実を図る。
  また，保育教諭（仮称）等は，必要な知識等の修得に努めるものとする。

③ 政治的行為の制限
(公立)
○ 総合こども園（仮称）における政治教育その他政治的行為を禁止する。
○ 保育教諭（仮称）等について，その政治的中立性を確保するため，現行の公立幼稚園教諭と同じ政治的行為の制限を課すことを基本とし，その具体的方法については今後更に検討する。

(私立)
○ 総合こども園（仮称）における政治教育その他政治的行為を禁止する。

④ 職員の給与及び福利厚生（退職金，年金及び医療保険）
(公立)
○ 総合こども園（仮称）の保育教諭（仮称）等は，保育所の職員に近い勤務態様となるため，教職調整額制度は適用せず，時間外勤務，休日勤務を行った場合はそれぞれ時間外勤務手当，休日勤務手当を支給する。
○ 公立総合こども園（仮称）の職員については，公立学校共済組合に加入することを基本とし，具体的には今後更に検討する。

(私立)
○ 私立総合こども園（仮称）の職員については，設置主体（学校法人・社会福祉法人等）に応じて，対象となる福利厚生制度に加入する。
  ※社会福祉法人等が設置する幼稚園，幼稚園型認定こども園，幼保連携型認定こども園が総合こども園（仮称）に移行した場合等については，移行前に加入していた年金・医療保険制度に加入できるようにすることについて検討。

(8) 評価，情報公開
○ 学校教育・保育の質の向上を図る観点から，自己評価を義務化し，関係者評価，第三者評価を努力義務化する。また，地域住民・保護者の理解増進及び連携・協力に資するため，総合こども園（仮称）の運営に関する情報提供を義務化する。

(9) その他
① 公的貸付
○ 設置主体により分けることとし，学校法人立の総合こども園（仮称）は日本私立学校振興・共済事業団の貸付対象，社会福祉法人立の総合こども園（仮称）は，独立行政法人福祉医療機構の貸付対象とする。

② 保健
○ 総合こども園（仮称）においては，乳児及び幼児の保健衛生の確保の観点から，以下のような措置を講じる。
ア 感染症の流行を防止するための措置として，総合こども園（仮称）においても出席停止や臨時休業を行えることとする。ただし，感染症の流行時においても保育を必要とする子どもに対して，確実に保育が提供される体制を事前に調整する等の対応を行うこととする。

イ 保健計画の策定，保健室の設置，健康診断の実施，学校医・学校歯科医・学校薬剤師の配置を行うこととする。
③ 災害給付
○ 総合こども園（仮称）については，幼稚園及び保育所と同様，独立行政法人日本スポーツ振興センターによる災害共済給付の対象とする。
④ 「総合こども園（仮称）」の名称の使用制限
○ 「総合こども園（仮称）」という名称について使用を制限する。
○ 当該名称の使用制限については，総合こども園法（仮称）の施行後，一定の猶予期間を設ける。
⑤ 税制上の措置
○ 総合こども園（仮称）に係る税制については，現行の幼稚園及び保育所に対する措置を踏まえ，平成25年度以降の税制改正要望を通じて検討する。
⑥ 認定こども園からの移行
○ 認定こども園については，現行制度において幼児期の学校教育・保育を一体的に提供する施設としての先駆的取組であることから，
ア 基準を満たすものについては，新制度において，総合こども園（仮称）に円滑に移行できるような特例を設ける。
※例えば，総合こども園（仮称）の認可の申請があった場合に，基準を満たしていれば，都道府県がこれを認可しなければならないとする特例を設けることなどについて，更に検討する。
イ 現在は基準を満たさないものについても，施設の実態を把握した上で，総合こども園（仮称）の基準を満たすために必要な支援策を検討する。
○ 異なる2法人が共同して運営している認定こども園が1つの総合こども園（仮称）に円滑に移行することのできる仕組みについて別途検討する。
○ 認定こども園制度自体は廃止するが，新制度施行までに認定こども園の認定を受けた施設については，新制度施行後も「認定こども園」の名称を使用することを妨げない。
(10) 経過措置等
○ 保育所（満3歳未満児のみを保育するいわゆる乳児保育所を除く。）については，小学校就学前のすべての子どもに学校教育を保障する観点から，一定の期間（制度の本格施行から3年程度（必要に応じて期間の延長を検討）。この間に設置基準（特例あり）を満たすこととする。）後にすべて総合こども園（仮称）に移行する。
※幼稚園からの移行については9（1）参照。
○ 公立保育所の総合こども園（仮称）への移行に係る法制上の取扱いについては，移行期間の延長を含めて，引き続き検討する。
○ 関係法令の適用についても，現行の幼稚園，保育所及び認定こども園からの円滑な移行に配慮して，関係規定を整理する。
○ この他，総合こども園（仮称）への移行に係る必要な経過措置等について，引き続き検討する。

Ⅳ 子ども・子育て支援事業（仮称）

1 子ども・子育て支援事業（仮称）の対象範囲

○ 子ども・子育て支援事業（仮称）は，子ども・子育て家庭等を対象とする事業として，市町村が地域の実情に応じて実施する以下の事業とする。また，対象事業の範囲は法定する。
① 地域子育て支援拠点事業
② 一時預かり
③ 乳児家庭全戸訪問事業

(4) 子ども・子育て新システムに関する基本制度

④　養育支援訪問事業その他要支援児童，要保護児童等の支援に資する事業
⑤　ファミリー・サポート・センター事業
⑥　子育て短期支援事業
⑦　延長保育事業
⑧　病児・病後児保育事業
⑨　放課後児童クラブ
⑩　妊婦健診
⑪　実費徴収に係る補足給付を行う事業（仮称）（Ⅲ7（3）⑤ア参照）
⑫　多様な主体が新システムに参入することを促進するための事業（例：特別支援教育に関する支援等）
　○　現在，法律上の根拠を有しない「④」，「⑤」，「⑦」，「⑧」，「⑪」，「⑫」については，法律に事業の根拠（定義）を位置付ける。
　○　子ども・子育て支援事業（仮称）の対象範囲については，「平成24年度以降の子どものための手当等の取扱いについて」（平成23年12月20日内閣官房長官，総務大臣，財務大臣，厚生労働大臣合意）との整合性に留意することが必要。

2　地域子育て支援事業（仮称）

○　上記「①」～「⑥」，「⑪」，「⑫」の事業を地域子育て支援事業（仮称）として，市町村が地域のニーズ調査等に基づき実施する旨を法定する。市町村は，市町村新システム事業計画（仮称）で需要の見込み，提供体制の確保の内容及びその実施時期を記載し，提供体制を計画的に確保する。
○　すべての子ども・子育て家庭を対象としたこれらの事業の実施が必要である。特に，地域子育て支援拠点事業については，地域の子育て資源に精通した「子育て支援コーディネーター」（仮称）を配置するなどにより，実施主体である市町村と当該事業者が連携し，個々の子育て家庭に身近な立場から，その事情に応じた，利用支援の役割を果たすものとする。
○　一時預かりは，保護者の働き方に関わらず，日常生活を営む上での利用や，社会参加を行うための利用など，普遍的に子ども・子育て家庭に必要なものであり，すべての子ども・子育て家庭が身近に利用できる事業とする。
○　乳児家庭全戸訪問事業，養育支援訪問事業は，都道府県等が実施する社会的養護，障害児支援と連携して実施することとし，市町村新システム事業計画（仮称）において，都道府県等との連携方策を位置付ける。
○　事業ごとに，質の確保を図る観点から，国は一律の基準を設定する。
○　その際，現在，国が法令上の基準を設定している地域子育て支援拠点事業及び一時預かり以外は，国が技術的助言（・交付金の基準）として提示する（新たな法令による基準は設定しない。基準の客観性は担保）。

3　延長保育事業，病児・病後児保育事業

○　保護者の残業，子どもの病気など，保育の利用にかかわる突発的な事情変化にきめ細かく対応できるよう，延長保育事業，病児・病後児保育事業を市町村の事業として位置付ける。
①　延長保育事業
　○　契約による利用時間以外の時間に，認定された保育の必要量を超えて保育を提供する事業
②　病児・病後児保育事業
　○　病気の際に就労等で保護者による自宅での保育が困難な場合に，病児等の特性を踏まえた保育を提供する事業
　○　延長保育事業，病児・病後児保育事業については，市町村が地域のニーズ調査等に基づき実施する旨を法定する。市町村は，市町村新システム事業計画（仮称）で需要の見込み，提供体制の確保の内容及びその実施時期を記載し，提供体制を計画的に確保する。

○ それぞれの事業について，質の確保を図る観点から，国は一律の基準を設定する。
○ その際，国が技術的助言（・交付金の基準）として提示する（新たな法令による基準は設定しない。基準の客観性は担保）。
○ 病児・病後児保育事業を行う場合の都道府県・指定都市・中核市への届出，指導監督は一時預かりと同様とする。

4　放課後児童クラブ
○ 小学校4年生以上も対象となることを明記し，4年生以上のニーズも踏まえた基盤整備を行う。
○ 放課後児童クラブについては，市町村が地域のニーズ調査等に基づき実施する旨を法定する。市町村は，市町村新システム事業計画（仮称）で需要の見込み，提供体制の確保の内容及びその実施時期を記載し，提供体制を計画的に確保する。
○ 質を確保する観点から，職員の資格，員数，施設，開所日数・時間などについて，国は法令上の基準を新たに児童福祉法体系に設定する。
○ 国が定める基準を踏まえ，市町村が基準を条例で定める。職員の資格，員数については，現行の事業実態を踏まえ，「従うべき基準」とすることも含め，法案提出までに整理する。
○ 利用手続きは市町村が定める。ただし，確実な利用を確保するため，市町村は，利用状況を随時把握し（事業者は市町村に状況報告），利用についてのあっせん，調整を行う。

5　妊婦健診
○ 妊婦健診については，市町村新システム事業計画（仮称）の記載事項に位置付けることとし，市町村において確実な実施を図る。
○ 国は「健診回数・実施時期」及び「検査項目」について，乳幼児健診の取扱いや現行の事業実態を踏まえ，法令上の基準を新たに母子保健法体系に示すこととする。

Ⅴ　社会的養護・障害児に対する支援

○ 子ども・子育て新システムの給付・事業は，社会的養護施策の要保護児童，障害児等を含め，地域の子ども・子育て家庭を対象とするものである。一方，都道府県は，社会的養護，障害等のニーズに対応する専門性が高い施策を引き続き担うこととし，市町村と都道府県の連携を確保する。
　　※都道府県等が担う児童相談所を中心とした体制，措置制度等は現行制度を維持する。
　　※障害児通所支援の実施主体については，「障がい者制度改革推進本部等における検討を踏まえて障害保健福祉施策を見直すまでの間において障害者等の地域生活を支援するための関係法律の整備に関する法律」（平成22年法律第71号）により，都道府県等から市町村に移行される
　　※障害児に対する支援については，障害者全般についての改革推進に係る議論の状況等を踏まえ検討することが必要である。
○ 市町村は，要保護児童，障害児等を含め，地域における学校教育・保育の需要の見込み及び提供体制の確保の内容及びその実施時期を市町村新システム事業計画（仮称）に明記する。また，市町村による利用調整により，確実な利用を支援する仕組みを設ける。
○ 虐待予防の観点から保育の利用が必要と判断される場合など，契約による利用が著しく困難と判断した場合において，市町村が措置による入所・利用を行うこととし，その仕組みを設ける。
○ 改正後の児童福祉法に規定される保育の措置は，市町村（新システムの実施主体）が判断して実施する。なお，都道府県等（措置制度等の実施主体）が，把握した児童に対して，保育の措置が必要と認めたときは，市町村に報告・通知しなければならない仕組みを設ける。また，要保護児童対策地域協議会を活用する等により，都道府県と市町村の間で，保育の措置を行った児童に関する情報交換を行う。
○ 市町村は，乳児家庭全戸訪問事業，養育支援訪問事業など，子どもに提供される一般施策を実施す

(4) 子ども・子育て新システムに関する基本制度

る。実施に際しては，都道府県が行う事業（社会的養護，障害等のニーズに対応する専門性が高い事業）と連携が必要であり，相互の連携について市町村新システム事業計画（仮称），都道府県新システム事業支援計画（仮称）に位置付ける。

Ⅵ 子ども・子育て包括交付金（仮称）等

○ 国から市町村に対し，市町村新システム事業計画（仮称）に盛り込まれた子どものための手当，こども園給付（仮称）及び地域型保育給付（仮称），市町村事業（子ども・子育て支援事業）の実施に必要な費用について，それぞれの給付・事業の性格に応じて，包括的に国庫負担及び国庫補助を行う（法令上及び予算上は区分）。これらの国庫負担金及び国庫補助金を「子ども・子育て包括交付金（仮称）」と総称する。
○ 財源保障の在り方としては，個人給付（子どものための手当，こども園給付（仮称）及び地域型保育給付（仮称））は，国庫負担金（義務的経費）とし，市町村事業は，国庫補助金（裁量的経費）とする。
○ 市町村は，子ども・子育て包括交付金（仮称）と地方の財源を合わせ，地域の実情に応じ，給付・事業を行う。市町村での交付金の経理は，交付金は子ども・子育てのために使われるものであるため，一般会計での対応を基本とする。あわせて，地域の実情に応じ，例えば地方版子ども・子育て会議（仮称）において費用の使途実績，事業の点検評価を分かりやすい形で行うことなどを通じ，子ども・子育てに使われたことが確認できることとする。
○ 国における会計については，Ⅷ3で後述のとおり，事業主拠出金を求めることを踏まえ，区分経理（特別会計における勘定）を行う。その際，子ども・子育て会議（仮称）によるチェックなど，関係当事者の参画による運営の透明性の確保を前提とする。

Ⅶ 子ども・子育て会議（仮称）

○ 子ども・子育て支援の給付・事業を，子ども・子育て当事者のニーズに即したものとするため，また，効果的かつ効率的な制度運用のため，地方公共団体，事業主代表・労働者代表，子育て当事者，子育て支援当事者等（子ども・子育て支援に関する事業に従事する者），有識者が子育て支援の政策プロセス等に参画・関与できる仕組みとして，国に子ども・子育て会議（仮称）を設置する。
○ 子ども・子育て会議（仮称）は，国の審議会等として設置し，透明性を担保し，効果的かつ効率的な制度運用を確保するため，以下の事務を所掌するものとする。
① 策定に当たって会議に諮ることを義務付ける事項
　ア　基本指針
　イ　給付の内容・費用負担の在り方に関する事項
② 必要に応じて会議で調査審議を行う事項
　ア　子ども・子育て支援法（仮称）の施行に関する重要事項
　イ　費用の使途実績，事業の効果等の点検・評価（ＰＤＣＡ機能）
○ 構成員については，費用負担者や実施主体（地方公共団体関係者）はもとより，上記のような幅広い関係者（地方公共団体，事業主代表・労働者代表，子育て当事者，子育て支援当事者等（子ども・子育て支援に関する事業に従事する者），有識者）が子育て支援の政策プロセス等に参画・関与できる仕組みとする。
○ 地方公共団体においても，国の子ども・子育て会議（仮称）と同様の関係当事者が新システムの運営に参画する仕組み（地方版子ども・子育て会議）を設けることが必要。地方公共団体の判断により，国に設置する会議と同様の事務を所掌する合議体が設置できる旨を法定する。
　※地方公共団体に合議体を設置することは，特に小規模な市町村において柔軟な対応ができるよう，義務付

○　ただし，こども園（仮称）の指定等の行政権限について，透明性を確保するため，当該権限を行使する際には，合議体を置く場合にはその合議体の意見を聴くこととし，合議体を置いていない場合には，子どもの保護者や子ども・子育て支援に係る当事者の意見を聴くこととする。
　　※いずれの場合も，合議体の構成員について，住民その他の関係者の意見を聴き，地域の子ども及び子育て家庭の実情を踏まえた調査審議ができるように配慮。

Ⅷ　費用負担

1　新システムの費用負担の在り方について

○　基本制度案要綱においては，「社会全体（国・地方・事業主・個人）による費用負担」と記載されている。

2　新システムの国・地方の費用負担

○　新システムにおける国・地方の費用負担については，「Ⅳ子ども・子育て包括交付金（仮称）等」で示した考え方に従い，それぞれの区分ごとに，以下のとおりとする。

(1)　子どものための手当

○　「平成24年度以降の子どものための手当等の取扱いについて」（平成23年12月20日内閣官房長官・総務大臣・財務大臣・厚生労働大臣合意）により決定されたとおり法律に規定する。
　・国：地方＝2：1
　・事業主は被用者（所得制限額未満）の3歳未満の子に係る7／15
　　※公務員分については所属庁が負担。

(2)　こども園給付（仮称），地域型保育給付（仮称）

○　それぞれの給付における国と地方の役割分担や，私立保育所，私立幼稚園に係る現行の制度等を踏まえて法律に規定する。
　・国：地方＝1：1
　　※公立施設に対するこども園給付（仮称）は，市町村が10／10負担。
　　※こども園給付のうち，当分の間，保育の必要性の認定を受けない子どもについて支給される，地域の実情を踏まえて市町村が定める額の部分については，地方が10／10負担する。

(3)　子ども・子育て支援事業（仮称）

○　国と地方の役割分担や，現行の事業等を踏まえて設定。
　・国等※：地方＝1：2
　　※放課後児童クラブ，延長保育事業，病児・病後児保育事業（これらの質の改善に係る費用を除く）については事業主，それ以外は国とする。（事業主拠出を充当する範囲は法律で規定する）
　・負担割合は，交付要綱等で設定（法律に規定しない）。

3　事業主負担の考え方

○　子ども・子育て施策については，公費で負担することが基本。事業主拠出の水準は，現行制度における事業主の負担をベースに設定する。
　　※事業主負担の在り方については，?の見直しに際して改めて検討する。

○　新システムは，事業計画の期間（5年）を一期間とした中期財政運営を基本とする。

○　事業主拠出を充当する対象範囲は法定する。具体的には，子どものための手当と両立支援のための子ども・子育て支援事業（仮称）（放課後児童クラブ，延長保育事業，病児・病後児保育事業。これらの事業の質の改善に要する経費を除く。）に充当することとする。
　　※Ⅺの見直しに際し，事業主拠出の充当範囲については，受益と負担の対応関係を踏まえた見直しを検討する。

○　事業主拠出を充当する割合について，子どものための手当については，「平成24年度以降の子ども

(4) 子ども・子育て新システムに関する基本制度

のための手当等の取扱いについて」(平成23年12月20日内閣官房長官・総務大臣・財務大臣・厚生労働大臣合意)により決定されたとおりとする。

　また、両立支援のための子ども・子育て支援事業(仮称)に対して事業主拠出を充当する割合については、従来どおりとする(交付要綱等において設定)。
○　事業主拠出は、従来の児童手当拠出金と同様に、厚生年金ルートでの拠出とする。
　※社会保障・税に関わる番号制度(マイナンバー)の活用等による新たな徴収ルートを求めることについては、事業主間の公平性を確保する観点から、マイナンバーの利用開始を踏まえ、改めて検討。
○　上記の事業主拠出を充当する対象範囲の給付・事業については、事業主拠出の額を勘案して「拠出金率」の上限について法定し、政令で拠出金率を定める。
　※法定する上限は、政府の平成24年度予算案と整合性を図る必要から1.5‰とする。
○　拠出金率に関し、事業主が意見を申し出ることができる旨を法定する。
　その際、事業主の意見提出の機会を実質的に保障するため、政府は十分な情報提供を行うとともに、事業主代表との意見交換を十分行い、提出された意見は尊重するものとする。
○　概算・清算等の仕組みについては、別途検討。
○　事業主拠出金の使途については、関係者が参画する子ども・子育て会議(仮称)で定期的にチェックし、透明性・効率性を確保する(Ⅶで既述)。
　また、定期的に事業主との意見交換を行うこととする。

4　新たな制度における利用者負担について
○　新システムにおける利用者負担については、すべての子どもに質の確保された学校教育・保育を保障するとの考え方を踏まえ、利用者の負担能力を勘案した応能負担を基本として定める。
○　具体的には、所得階層区分ごと、保育の必要性の認定の有無、認定時間(利用時間)の長短の区分ごとに定額の負担を設定する。

ア　保育の必要性の認定を受けた子どもの場合
・現行の保育制度の利用者負担の水準を基本に、所得階層区分ごと、認定時間(利用時間)の長短の区分ごとに定額(月額)の負担を設定する。
・満3歳以上児については、現行、一定階層以上の利用者には保育単価限度以上の負担を求めていないことや、保育の必要性の認定を受けない子どもに係る利用者負担の在り方との整合性を考慮し、一定階層以上については一律の負担とする。
・新システムの実施主体である市町村の事務簡素化を図るため、所得階層区分は市町村民税額を基に行う。
・同一世帯の複数の子どもが保育等を利用する場合、現行制度と同様の多子軽減措置を導入する。
・家庭的保育、小規模保育等の多様な保育に係る利用者負担についても、同様の整理を基本とする。
　※延長保育、病児・病後児保育等については、現行の各事業との整合性等を踏まえ、整理する。

イ　保育の必要性の認定を受けない子どもの場合
・現行の幼稚園制度の利用者負担の水準を基本とする。
・その上で、長時間利用の子どもの利用者負担の考え方との関係については、引き続き整理する。
○　利用者負担の設定については、国が定める全国基準額を踏まえ、市町村が費用徴収基準額を定めることとする※。その際、各市町村が単独事業として利用者負担を軽減する措置については、現行と同様に、各市町村の判断により行うことを妨げないものとする。
　※実費徴収や実費徴収以外の上乗せ徴収については、一定の要件の下で施設が定める(Ⅲ7参照)。
○　利用者負担の水準については、財源の在り方と併せて、検討する。

5　既存の財政措置との関係について
(1)　公立のこども園(仮称)について

Ⅱ　資料編　②　立法資料

○　公立のこども園（仮称）については，財源は現行と同様に地方交付税により措置しつつ，その役割等を踏まえ，新システムにおける「こども園給付（仮称）」の対象に含めることとし，利用手続や給付制度は公立・私立共通のものとする。
○　都道府県立及び市町村立のこども園（仮称）のどちらも，市町村長の指定を受けることとし，指定基準の遵守，指導監督等は，私立のこども園（仮称）と共通のものとする。
○　公立のこども園（仮称）についても，地域の実情に応じ，例えば地方版子ども・子育て会議（仮称）において費用の使途実績，事業の点検評価を分かりやすい形で行うことなどを通じ，子ども・子育てに使われたことが確認できることとする。

(2) 私立施設に対する機関補助（私学助成）について

○　現行の私学助成のうち，幼稚園運営の基本部分（一般補助）については，原則として，こども園給付（仮称）に統合する。
○　幼児期の学校教育における多様なニーズに対応する取組（特別補助）のうち，福祉的要素を併せ持ち，広く実施されているもの（預かり保育，子育て支援）については，その内容を見直しつつ，新システムの子ども・子育て支援事業（仮称）（一時預かり，地域子育て支援拠点）に位置付ける。
　　※現在の取組が継続できるよう，子ども・子育て支援事業（仮称）の実施要件等について教育の要素を追加するなど必要な見直しを行うとともに，広域利用の調整の在り方について検討する。その上で，万一広域利用の実態などから市町村事業として実施されない場合には，過渡的な措置として，広域的な見地から都道府県が私学助成の対象とする途を残すことを検討する。
○　一定の基準を満たす施設において行われる，特に質の高い特色ある取組として先駆的に行われるもの（例：特別支援教育，幼児期の学校教育と小学校教育の連携等のうち特に質の高い特色ある取組）については，幼児期の学校教育を振興するための奨励的な見地から私学助成で対応するが，「設置主体を問わず，同じ取組に対しては同じ支援を行う」との考え方に基づき，社会福祉法人立も含め総合こども園（仮称）を対象に追加する。
　　※株式会社，ＮＰＯ等の行う特別支援教育等については，子ども・子育て支援事業（仮称）による支援を検討（Ⅳ１参照）。
○　指定を受けない幼稚園の場合には，新システムの枠外で，私学助成を継続する。
　　※現に幼稚園の認可を受けている施設については，こども園（仮称）の指定があったものとみなす経過措置を設ける（Ⅲ５(3)参照）。

(3) 幼稚園就園奨励費補助

○　現行の私立幼稚園に通う子どもに係る幼稚園就園奨励費補助については，原則として，こども園給付（仮称）に統合し，こども園給付（仮称）の中で，現行制度の負担水準を基本とした利用者負担設定を図ることとする。
○　現行の公立幼稚園に関しては，新たな制度において，公立こども園（仮称）に通う保育の必要性の認定を受けない子どもの利用者負担について，現行制度の負担水準を基本とした利用者負担設定を図ることとする。
○　指定を受けない私立幼稚園に通う子どもについては，幼稚園就園奨励費補助その他の保護者負担の軽減のための補助により対応する。

(4) 国立大学運営費交付金

○　国立大学附属幼稚園については，市町村が新システム事業計画の下で地域の実情等に応じて計画的に整備する施設ではないことから，指定制及びこども園給付（仮称）の対象とせず，引き続き国立大学法人運営費交付金により財政措置することとする。

6　恒久財源の確保

○　潜在ニーズを含む保育等の量的拡充※は，最優先で実施すべき喫緊の課題である。

(4) 子ども・子育て新システムに関する基本制度

○　これと併せて，職員配置の充実など必要な事項※については，子ども・子育て新システムの制度の実施のため，税制抜本改革による財源を基本としつつ，必要に応じそれ以外の財源を含め，国・地方を通じた恒久的な財源を確保しながら実施することとする。
　　※主な内容
　　■保育，放課後児童クラブ，地域子育て支援，社会的養護等の量的拡充※子ども・子育てビジョンベース
　　■０～２歳児保育の体制強化による待機児童の解消
　　・現在の幼稚園の０～２歳児保育への参入の促進
　　・小規模保育など新たな保育の類型を創設
　　・長時間の保育ニーズへの対応・延長保育の充実等
　　■質の高い学校教育・保育の実現（幼保一体化の推進）
　　・３歳児を中心とした配置基準の改善
　　・病児・病後児保育（看護師等の施設への配置を含む。），休日保育の充実
　　・地域支援や療育支援の充実
　　・給付の一体化に伴う所要の措置（施設の事務体制を含む。）等
　　■総合的な子育て支援の充実
　　・「子育て支援コーディネーター」（仮称）による利用支援の充実等
　　■放課後児童クラブの充実
　　■社会的養護の充実
○　そのための追加所要額は，潜在ニーズを含む保育等の量的拡充と，職員配置の充実などの質の改善を合わせて2015年度で１兆円超と見込まれる。
　　※「社会保障・税一体改革成案」（平成23年６月30日政府・与党社会保障改革検討本部決定）においては，税制抜本改革によって財源を措置することを前提に，2015年における子ども・子育て分野の追加所要額（公費）は0.7兆円程度（税制抜本改革以外の財源も含めて１兆円程度の措置を今後検討）とされた。
　　※さらに，「平成24年度以降の子どものための手当等について」（平成23年12月20日内閣官房長官・総務大臣・財務大臣・厚生労働大臣合意）においては，「子ども・子育て新システムについては，「社会保障・税一体改革成案」（平成23年６月30日政府・与党社会保障改革本部決定）において，税制抜本改革以外の財源を含めて１兆円超程度の措置を今後検討するとされており，財源確保のために最大限努力を行う。」とされた。
　　※上記の額には施設整備費は含まれない（なお，幼稚園における調理室の新設や緊急的な基盤整備（耐震化を含む）等に係る施設整備費補助については引き続き実施する。）。
　　※指定制の導入等による保育等への多様な事業主体の参入を促進（質を確保するための基準とあわせて質の改善を図る）。
　　※質の改善に直接つながる職員配置の充実，その他の職員の処遇改善，食育の推進等については，順次，優先順位をつけながら，実現を図る。
　　※職員の定着・確保を図るため，キャリアアップの仕組みと併せた処遇の仕組みを検討することが必要。その際，職員のキャリアアップに資する観点から，幅広い業務経験を可能とするための運営の在り方についても検討を進める。

Ⅸ　国の所管及び組織体制について

○　すべての子どもに良質な育成環境を保障する財源・給付に係る「子ども・子育て支援法（仮称）」における事務については，内閣総理大臣が主たる責任を有し，企画立案から執行までを一元的に内閣府において所管する。
○　総合こども園（仮称）は，総合こども園法（仮称）に基づく「一体化施設」であり，子ども・子育

Ⅱ 資料編　2 立法資料

て支援法（仮称）を所管することとなる内閣府で所管することが適当である。
○ 同時に、総合こども園（仮称）の認可を受けることにより、その効果として、学校教育の法体系における学校及び児童福祉の法体系における児童福祉施設としての性格を併せ持つこととなり、その限りにおいて文部科学省、厚生労働省の所管は残ることから、事務の内容に応じて、両省と調整を図ることとする。
○ 省庁再編の際に実現を目指す子ども家庭省（仮称）の基盤となる組織体制として、当面、子ども・子育て施策の中核的役割を担うこととなる内閣府に、子ども・子育て支援法（仮称）及び総合こども園法（仮称）における権限を、内閣府特命担当大臣の下で、適切に実施するための体制を整備し、新システムの一元的な実施体制を担保することを目的として、法律上の総合調整権限を持たせることとする。

Ⅹ　ワーク・ライフ・バランスについて

○ 基本制度案要綱では、子ども・子育て新システムにおいて、「ワーク・ライフ・バランスの実現」を掲げている。
○ 新システムにおけるワーク・ライフ・バランスの実現に向けた、国、地方、事業主の取組については、以下のとおりとする。
① 国・地方の役割
　○ 次世代育成支援対策推進法に基づく「市町村行動計画」等又は子ども・子育て支援法（仮称）に基づく「市町村新システム事業計画（仮称）」等で、職業生活と家庭生活との両立に関することを規定するとともに、国が策定する指針等でその内容を明示することとする。
② 事業主の責務の位置付け
　○ 子ども・子育て支援法（仮称）に、事業主自らのワーク・ライフ・バランスへの取組や、国や地方の施策への協力を、事業主の責務として規定することとする。
③ 事業主行動計画の位置付け
　○ 基本制度ワーキングチームにおいて、子育て期の労働者のワーク・ライフ・バランスを確保する重要性についてのご意見があったことも踏まえ、今後、平成27年度以降の取扱いを政府において別途検討する（今回は改正しない）。

Ⅺ　制度施行後の見直し

○ 新制度施行から一定期間を経過した後、新システムの施行の状況を勘案し、必要があると認めるときは、制度全般（こども園給付（仮称）、地域型保育給付（仮称）、子ども・子育て支援事業（仮称）、総合こども園（仮称）、子ども・子育て包括交付金（仮称）、費用負担（事業主負担の在り方等）、既存の財政措置との関係（公立のこども園、私学助成等））等について見直しを図ることとする。

（別紙）市町村新システム事業計画（仮称）、都道府県新システム事業支援計画（仮称）、国の基本指針（仮称）の記載事項

1　市町村新システム事業計画（仮称）：5年ごとに計画を策定

（必須記載事項）
○ 圏域の設定
○ 需要の見込み
　・幼児期の学校教育の需要
　・保育の需要
　・地域子育て支援の需要
　・延長保育、病児・病後児保育の需要

(4) 子ども・子育て新システムに関する基本制度

　　・放課後児童クラブの需要
　　・妊婦健診の需要
○　提供体制の確保の内容及びその実施時期
　　・こども園（仮称）
　　・地域型保育（仮称）
　　・地域子育て支援事業（仮称）
　　・延長保育事業，病児・病後児保育事業
　　・放課後児童クラブ
　　・妊婦健診
○　幼保一体化を含む子ども・子育て支援の推進方策
　　※幼児期の学校教育・保育，家庭における養育支援の充実方策を含む。
（任意記載事項）
○　産後休業・育児休業明けのスムーズな保育利用のための方策
○　都道府県が行う事業との連携方策
○　職業生活と家庭生活との両立に関すること

2　都道府県新システム事業支援計画（仮称）：５年ごとに計画を策定

（必須記載事項）
○　幼児期の学校教育・保育に係る需要量の見込み，提供体制の確保の内容及び
　その実施時期
○　幼保一体化を含む子ども・子育て支援の推進方策
　　※幼児期の学校教育・保育，家庭における養育支援の充実方策を含む。
○　市町村が行う事業との連携が必要な社会的養護に係る事業，障害児の発達支援に着目した専門的な
　支援に係る事業
○　人材の確保・資質の向上
（任意記載事項）
○　市町村の業務に関する広域調整
○　指定施設・事業者に係る情報の開示
○　職業生活と家庭生活との両立に関すること

3　国の基本指針（仮称）

○　子ども・子育てに関する理念（こども指針（仮称））
○　提供体制の確保・事業の実施に関する基本的事項
　　・幼保一体化を含む子ども・子育て支援の推進方策
　　　※幼児期の学校教育・保育，家庭における養育支援の充実方策を含む。
　　・市町村間，市町村と都道府県との間の連携
　　・指定施設・事業者に係る情報の開示
　　・人材の確保・資質の向上等
○　需要を見込むに当たり，参酌すべき標準
　　・目標値の設定
　　・需要の見込量
　　・提供体制の確保の内容及びその実施時期
○　職業生活と家庭生活との両立に関すること等

Ⅱ　資料編　3　その他（通達など）

3 その他（通達など）

> **(1) 平成24年8月31日通知（公布通達）**
> 　子ども・子育て支援法，就学前の子どもに関する教育，保育等の総合的な提供の推進に関する法律の一部を改正する法律並びに子ども・子育て支援法及び就学前の子どもに関する教育，保育等の総合的な提供の推進に関する法律の一部を改正する法律の施行に伴う関係法律の整備等に関する法律の公布について（通知）
> 　　　　　　　　　府政共生第678号，24文科初第616号，雇児発0831第1号，平成24年8月31日
> 　　　　　　　　　内閣府政策統括官（共生社会政策担当），文部科学省初等中等教育局長，
> 　　　　　　　　　　　　　　　　　　　　　　　　　　　　　　　　厚生労働省雇用均等・児童家庭局長

　政府は，平成24年3月2日に少子化社会対策会議において決定された「子ども・子育て新システムに関する基本制度」（以下「基本制度」という。）等に基づき，同月30日に「子ども・子育て支援法案」，「総合こども園法案」及び「子ども・子育て支援法及び総合こども園法の施行に伴う関係法律の整備等に関する法律案」を閣議決定するとともに，同日，第180回国会（常会）に提出しました。これらの法律案は，5月以降，衆議院本会議及び衆議院社会保障と税の一体改革に関する特別委員会において審議が行われましたが，6月15日に，民主党・自由民主党・公明党社会保障・税一体改革（社会保障部分）に関する実務者間会合において「社会保障・税一体改革に関する確認書」がとりまとめられ，これを踏まえ，「子ども・子育て支援法案」及び「子ども・子育て支援法及び総合こども園法の施行に伴う関係法律の整備等に関する法律案」に対する議員修正案と，新たな議員立法として「就学前の子どもに関する教育，保育等の総合的な提供の推進に関する法律の一部を改正する法律案」が国会に提出され，同月26日に衆議院社会保障と税の一体改革に関する特別委員会及び衆議院本会議で可決されました。その後，これらの法律案は，参議院における審議を経て，8月10日に参議院社会保障と税の一体改革に関する特別委員会及び参議院本会議で可決され成立したところです。
　8月22日には，子ども・子育て支援法は平成24年法律第65号として，就学前の子どもに関する教育，保育等の総合的な提供の推進に関する法律の一部を改正する法律（以下「認定こども園法一部改正法」という。）は平成24年法律第66号として，子ども・子育て支援法及び就学前の子どもに関する教育，保育等の総合的な提供の推進に関する法律の一部を改正する法律の施行に伴う関係法律の整備等に関する法律（以下「整備法」という。）は平成24年法律第67号として，それぞれ公布されたところですが，これらの法律の趣旨，内容及びその施行に際し留意すべき事項は下記のとおりですので，各都道府県知事，各都道府県教育委員会及び各指定都市・中核市市長におかれては，十分御了知の上，貴管内の関係者に対して遅滞なく周知し，その運用に遺漏のないよう配意願います。
　これらの法律は，一部の規定を除き，社会保障の安定財源の確保等を図る税制の抜本的な改革を行うための消費税法の一部を改正する等の法律（平成24年法律第68号）附則第1条第2号に掲げる規定の施行の日の属する年の翌年の4月1日までの間において政令で定める日から施行するものであり，関係政省令等については，今後順次検討を行い，その内容については別途連絡する予定ですので，あらかじめ御承知おき願います。
　なお，本通知は，地方自治法（昭和22年法律第67号）第245条の4第1項の規定に基づく技術的助言であることを申し添えます。

(1) 平成24年8月31日通知（公布通達）

記

第一　法律の趣旨

　子どもは社会の希望，未来を作る力であり，安心して子どもを生み，育てることのできる社会の実現は社会全体で取り組まなければならない最重要課題の一つである。

　子どもは，親，保護者が育むことが基本である。しかしながら，現在，子どもや子育てをめぐる環境の現実は厳しく，近年の家族構成の変化や地域のつながりの希薄化によって，子育てに不安や孤立感を感じる家庭は少なくない。また，待機児童の解消が喫緊の課題となっていることや，本格的な人口減少社会が到来し，子どもを生み，育てたいという個人の希望がかなうようにするためのサポートが強く求められていることからも，国や地域を挙げて，社会全体で子ども・子育てを支援する，新しい支え合いの仕組みを構築するということが時代の要請，社会の役割となっている。

　また，幼児期の教育及び保育が生涯にわたる人格形成の基礎を培う重要なものであること等に鑑み，地域における創意工夫を生かしつつ，小学校就学前の子どもに対する教育及び保育並びに保護者に対する子育て支援の総合的な提供を推進する必要がある。

　これらの法律は，こうした観点から，認定こども園制度の改善，認定こども園，幼稚園，保育所を通じた共通の給付（施設型給付）及び小規模保育等への給付（地域型保育給付）の創設等を行い，質の高い幼児期の学校教育・保育の総合的な提供，保育の量的拡大・確保，地域の子ども・子育て支援の充実を目指すものである。

第二　法律の内容及び留意事項

第1　子ども・子育て支援法関係

1　総則（第1条から第7条まで関係）

(1)　目的（第1条関係）

　この法律は，我が国における急速な少子化の進行並びに家庭及び地域を取り巻く環境の変化に鑑み，児童福祉法（昭和22年法律第164号）その他の子どもに関する法律による施策と相まって，子ども・子育て支援給付その他の子ども及び子どもを養育している者に必要な支援を行い，もって一人一人の子どもが健やかに成長することができる社会の実現に寄与することを目的とすることとしたこと。

(2)　基本理念（第2条関係）

① 　子ども・子育て支援は，父母その他の保護者が子育てについての第一義的責任を有するという基本的認識の下に，家庭，学校，地域，職域その他の社会のあらゆる分野における全ての構成員が，各々の役割を果たすとともに，相互に協力して行われなければならないこととしたこと。（第2条第1項関係）

② 　子ども・子育て支援給付その他の子ども・子育て支援の内容及び水準は，全ての子どもが健やかに成長するように支援するものであって，良質かつ適切なものでなければならないこととしたこと。（第2条第2項関係）

③ 　子ども・子育て支援給付その他の子ども・子育て支援は，地域の実情に応じて，総合的かつ効率的に提供されるよう配慮して行われなければならないこととしたこと。（第2条第3項関係）

(3)　市町村等の責務（第3条関係）

① 　市町村は，この法律の実施に関し，次に掲げる責務を有することとしたこと。

ⅰ） 　子どもの健やかな成長のために適切な環境が等しく確保されるよう，子ども及びその保護者に必要な子ども・子育て支援給付及び地域子ども・子育て支援事業を総合的かつ計画的に行うこと。（第3条第1項第1号関係）

ii) 子ども及びその保護者が，確実に子ども・子育て支援給付を受け，及び地域子ども・子育て支援事業その他の子ども・子育て支援を円滑に利用するために必要な援助を行うとともに，関係機関との連絡調整その他の便宜の提供を行うこと。（第3条第1項第2号関係）
iii) 子ども及びその保護者が置かれている環境に応じて，子どもの保護者の選択に基づき，多様な施設又は事業者から，良質かつ適切な教育及び保育その他の子ども・子育て支援が総合的かつ効率的に提供されるよう，その提供体制を確保すること。（第3条第1項第3号関係）
② 都道府県は，市町村に対する必要な助言及び適切な援助を行うとともに，子ども・子育て支援のうち，特に専門性の高い施策及び各市町村の区域を超えた広域的な対応が必要な施策を講じなければならないこととしたこと。（第3条第2項関係）
③ 国は，市町村及び都道府県と相互に連携を図りながら，子ども・子育て支援の提供体制の確保に関する施策その他の必要な各般の措置を講じなければならないこととしたこと。（第3条第3項関係）

(4) **事業主の責務（第4条関係）**
事業主は，労働者の職業生活と家庭生活との両立が図られるようにするために必要な雇用環境の整備を行うことにより当該労働者の子育ての支援に努めるとともに，国又は地方公共団体が講ずる子ども・子育て支援に協力しなければならないこととしたこと。

(5) **国民の責務（第5条関係）**
国民は，子ども・子育て支援の重要性に対する関心と理解を深めるとともに，国又は地方公共団体が講ずる子ども・子育て支援に協力しなければならないこととしたこと。

(6) **定義（第6条及び第7条関係）**
① 子ども及び小学校就学前子ども（第6条第1項関係）
「子ども」とは，18歳に達する日以後の最初の3月31日までの間にある者をいい，「小学校就学前子ども」とは，子どものうち小学校就学の始期に達するまでの者をいうこととしたこと。
② 子ども・子育て支援（第7条第1項関係）
「子ども・子育て支援」とは，全ての子どもの健やかな成長のために適切な環境が等しく確保されるよう，国若しくは地方公共団体又は地域における子育ての支援を行う者が実施する子ども及び子どもの保護者に対する支援をいうこととしたこと。
③ 教育及び保育（第7条第2項及び第3項関係）
「教育」とは，満3歳以上の小学校就学前子どもに対して義務教育及びその後の教育の基礎を培うものとして教育基本法（平成18年法律第120号）に規定する法律に定める学校において行われる教育をいい，「保育」とは，児童福祉法に規定する保育をいうこととしたこと。
④ 教育・保育施設（第7条第4項関係）
「教育・保育施設」とは，認定こども園，幼稚園及び保育所をいうこととしたこと。
⑤ 地域型保育及び地域型保育事業（第7条第5項関係）
「地域型保育」とは，家庭的保育，小規模保育，居宅訪問型保育及び事業所内保育をいい，「地域型保育事業」とは，地域型保育を行う事業をいうこととしたこと。

2 子ども・子育て支援給付（第8条から第30条まで関係）
(1) **子ども・子育て支援給付（第8条関係）**
子ども・子育て支援給付は，子どものための現金給付及び子どものための教育・保育給付とすることとしたこと。
(2) **子どものための現金給付（第9条及び第10条関係）**
子どものための現金給付は，児童手当の支給とし，この法律に別段の定めがあるものを除き，児童手当法（昭和46年法律第73号）の定めるところによることとしたこと。

(1) 平成24年8月31日通知（公布通達）

(3) 子どものための教育・保育給付（第11条から第30条まで関係）
① 子どものための教育・保育給付（第11条関係）
　子どものための教育・保育給付は，施設型給付費，特例施設型給付費，地域型保育給付費及び特例地域型保育給付費の支給とすることとしたこと。
② 支給認定等（第19条から第26条まで関係）
ⅰ) 支給要件（第19条関係）
　子どものための教育・保育給付は，次に掲げる小学校就学前子どもの保護者に対し，その小学校就学前子どもの特定教育・保育，特別利用保育，特別利用教育，特定地域型保育又は特例保育の利用について行うこととしたこと。（第19条第1項関係）
　ア　満3歳以上の小学校就学前子ども（イに掲げる小学校就学前子どもに該当するものを除く。）
　イ　満3歳以上の小学校就学前子どもであって，保護者の労働又は疾病その他の内閣府令で定める事由により家庭において必要な保育を受けることが困難であるもの
　ウ　満3歳未満の小学校就学前子どもであって，イの内閣府令で定める事由により家庭において必要な保育を受けることが困難であるもの
ⅱ) 市町村の認定等（第20条から第22条まで関係）
　ア　ⅰ)のアからウまでに掲げる小学校就学前子どもの保護者は，子どものための教育・保育給付を受けようとするときは，市町村に対し，子どものための教育・保育給付を受ける資格を有すること及びその小学校就学前子どもの区分についての認定を申請し，認定を受けなければならないこととしたこと。（第20条第1項関係）
　イ　アの認定は，原則として当該保護者の居住地の市町村が行うこととしたこと。（第20条第2項関係）
　ウ　市町村は，アの申請があった場合において，当該申請に係る小学校就学前子どもがⅰ)のイ又はウに該当すると認めるときは，当該小学校就学前子どもに係る保育必要量（施設型給付費等を支給する保育の量をいう。）の認定を行うこととしたこと。（第20条第3項関係）
　エ　ア及びウの認定（以下「支給認定」という。）は，有効期間内に限り，その効力を有することとしたこと。（第21条関係）
　オ　支給認定を受けた保護者（以下「支給認定保護者」という。）は，市町村に対し，その労働又は疾病の状況等を届け出，かつ，書類その他の物件を提出しなければならないこととしたこと。（第22条関係）
③ 施設型給付費及び地域型保育給付費等の支給（第27条から第30条まで関係）
ⅰ) 施設型給付費の支給（第27条関係）
　ア　市町村は，支給認定に係る小学校就学前子ども（以下「支給認定子ども」という。）が，市町村長が施設型給付費の支給に係る施設として確認する教育・保育施設（以下「特定教育・保育施設」という。）から当該確認に係る教育・保育（②のⅰ)のアに掲げる小学校就学前子どもに該当する支給認定子どもにあっては認定こども園において受ける教育・保育又は幼稚園において受ける教育に限り，②のⅰ)のイに掲げる小学校就学前子どもに該当する支給認定子どもにあっては認定こども園において受ける教育・保育又は保育所において受ける保育に限り，②のⅰ)のウに掲げる小学校就学前子どもに該当する支給認定子どもにあっては認定こども園又は保育所において受ける保育に限る。以下「特定教育・保育」という。）を受けたときは，当該支給認定子どもに係る支給認定保護者に対し，施設型給付費を支給することとしたこと。（第27条第1項関係）
　イ　施設型給付費の額は，特定教育・保育に通常要する費用の額を勘案して内閣総理大臣が定める基準により算定した費用の額から当該支給認定保護者の属する世帯の所得の状況等を勘案して市町村が定める額を控除して得た額とすることとしたこと。（第27条第3項関係）

Ⅱ　資料編　3　その他（通達など）

　　ウ　支給認定子どもが特定教育・保育施設から特定教育・保育を受けたときは，市町村は，支給認定保護者が当該特定教育・保育施設に支払うべき費用について，施設型給付費として支給すべき額の限度において，当該支給認定保護者に代わり，当該特定教育・保育施設に支払うことができることとしたこと。（第27条第5項関係）
　ⅱ）　特例施設型給付費の支給（第28条関係）
　　市町村は，②のⅰ）のアに掲げる小学校就学前子どもに該当する支給認定子どもが，特定教育・保育施設（保育所に限る。）から特別利用保育（当該支給認定子どもに対して提供される教育に係る標準的な1日当たりの時間及び期間を勘案して内閣府令で定める1日当たりの時間及び期間の範囲内において行われる保育をいう。）を受けたとき，②のⅰ）のイに掲げる小学校就学前子どもに該当する支給認定子どもが，特定教育・保育施設（幼稚園に限る。）から特別利用教育（教育のうち②のⅰ）のイに掲げる小学校就学前子どもに該当する支給認定子どもに対して提供されるものをいい，特定教育・保育を除く。）を受けたときその他必要があると認めるときは，特例施設型給付費を支給することができることとしたこと。（第28条第1項関係）
　ⅲ）　地域型保育給付費の支給（第29条関係）
　　ア　市町村は，支給認定子ども（②のⅰ）のウに掲げる小学校就学前子どもに該当する支給認定子どもに限る。以下「満3歳未満保育認定子ども」という。）が，当該市町村の長が地域型保育給付費の支給に係る事業を行う者として確認する地域型保育を行う事業者（以下「特定地域型保育事業者」という。）から当該確認に係る地域型保育（以下「特定地域型保育」という。）を受けたときは，当該満3歳未満保育認定子どもに係る支給認定保護者に対し，地域型保育給付費を支給することとしたこと。（第29条第1項関係）
　　イ　地域型保育給付費の額は，当該特定地域型保育に通常要する費用の額を勘案して内閣総理大臣が定める基準により算定した費用の額から当該支給認定保護者の属する世帯の所得の状況等を勘案して市町村が定める額を控除して得た額とすることとしたこと。（第29条第3項関係）
　　ウ　満3歳未満保育認定子どもが特定地域型保育事業者から特定地域型保育を受けたときは，市町村は，支給認定保護者が当該特定地域型保育事業者に支払うべき費用について，地域型保育給付費として支給すべき額の限度において，当該支給認定保護者に代わり，当該特定地域型保育事業者に支払うことができることとしたこと。（第29条第5項関係）
　ⅳ）　特例地域型保育給付費の支給（第30条関係）
　　市町村は，特定教育・保育及び特定地域型保育の確保が著しく困難である離島等に居住地を有する支給認定保護者に係る支給認定子どもが，特例保育（特定教育・保育及び特定地域型保育以外の保育をいう。）を受けたときその他必要があると認めるときは，特例地域型保育給付費を支給することができることとしたこと。（第30条第1項関係）

3　特定教育・保育施設及び特定地域型保育事業者（第31条から第58条まで関係）
(1)　特定教育・保育施設（第31条から第42条まで関係）
① 教育・保育施設の確認（第31条関係）
　ⅰ）　教育・保育施設の確認は，教育・保育施設の設置者の申請により，教育・保育施設の区分に応じ，小学校就学前子どもの区分ごとの利用定員を定めて，市町村長が行うこととしたこと。（第31条第1項関係）
　ⅱ）　市町村長は，特定教育・保育施設の利用定員を定めようとするときは，あらかじめ，7の（2）に掲げる合議制の機関等の意見を聴かなければならないこととしたこと。（第31条第2項関係）
　ⅲ）　市町村長は，特定教育・保育施設の利用定員を定めようとするときは，あらかじめ，都道府県知事に協議しなければならないこととしたこと。（第31条第3項関係）

(1) 平成24年8月31日通知（公布通達）

② 特定教育・保育施設の設置者の責務（第33条関係）
　ⅰ）特定教育・保育施設の設置者は、支給認定保護者から利用の申込みを受けたときは、正当な理由がなければ、これを拒んではならないこととしたこと。（第33条第1項関係）
　ⅱ）特定教育・保育施設の設置者は、関係機関との緊密な連携を図りつつ、良質な教育・保育を小学校就学前子どもの置かれている状況その他の事情に応じ、効果的に行うように努めなければならないこと等の責務を有することとしたこと。（第33条第4項から第6項まで関係）
③ 特定教育・保育施設の基準（第34条関係）特定教育・保育施設の設置者は、教育・保育施設の認可基準を遵守しなければならないこととしたこと。（第34条第1項関係）
④ 勧告、命令等（第39条及び第40条関係）市町村長は、特定教育・保育施設の設置者が、特定教育・保育施設の運営について市町村の条例で定める基準に従って適正な特定教育・保育施設の運営をしていないと認めるとき等は、勧告、公表、命令等を行うことができることとするとともに、確認を取り消し、又は確認の効力を停止することができることとしたこと。（第39条及び第40条第1項関係）
⑤ 市町村によるあっせん及び要請（第42条関係）
　ⅰ）市町村は、必要と認められる場合には、特定教育・保育施設の利用についてのあっせん等を行うとともに、必要に応じて、特定教育・保育施設の設置者に対し、支給認定子どもの利用の要請を行うものとしたこと。（第42条第1項関係）
　ⅱ）特定教育・保育施設の設置者は、当該あっせん及び要請に対し、協力しなければならないこととしたこと。（第42条第2項関係）

(2) 特定地域型保育事業者（第43条から第54条まで関係）
① 特定地域型保育事業者の確認（第43条関係）
　地域型保育事業者の確認は、地域型保育事業を行う者の申請により、地域型保育の種類及び当該地域型保育の種類に係る地域型保育事業を行う事業所（以下「地域型保育事業所」という。）ごとに、利用定員を定めて、市町村長が行い、当該確認をする市町村長がその長である市町村の区域に居住地を有する者に対する地域型保育給付費及び特例地域型保育給付費の支給について、その効力を有することとしたこと。（第43条第1項及び第2項関係）
② 特定地域型保育事業者の責務（第45条関係）
　ⅰ）特定地域型保育事業者は、支給認定保護者から利用の申込みを受けたときは、正当な理由がなければ、これを拒んではならないこととしたこと。（第45条第1項関係）
　ⅱ）特定地域型保育事業者は、関係機関との緊密な連携を図りつつ、良質な地域型保育を小学校就学前子どもの置かれている状況その他の事情に応じ、効果的に行うように努めなければならないこと等の責務を有することとしたこと。（第45条第4項から第6項まで関係）
③ 特定地域型保育事業の基準（第46条関係）
　特定地域型保育事業者は、地域型保育事業の認可基準を遵守しなければならないこととしたこと。（第46条第1項関係）
④ 勧告、命令等（第51条及び第52条関係）
　市町村長は、特定地域型保育事業者が、当該特定地域型保育事業所の運営について市町村の条例で定める基準に従って適正な特定地域型保育事業の運営をしていないと認めるとき等は、勧告、公表、命令等を行うことができることとしたとともに、確認を取り消し、又は確認の効力を停止することができることとしたこと。（第51条及び第52条第1項関係）
⑤ 市町村によるあっせん及び要請（第54条関係）
　ⅰ）市町村は、必要と認められる場合には、特定地域型保育事業の利用についてのあっせん等を行うとともに、必要に応じて、特定地域型保育事業者に対し、満三歳未満保育認定子どもの利用の要請を行うものとしたこと。（第54条第1項関係）

ⅱ） 特定地域型保育事業者は，当該あっせん及び要請に対し，協力しなければならないこととしたこと。（第54条第2項関係）

(3) 業務管理体制の整備等（第55条関係）
　特定教育・保育施設の設置者及び特定地域型保育事業者（以下「特定教育・保育提供者」という。）は，業務管理体制を整備し，業務管理体制の整備に関する事項を市町村長等に届け出なければならないこととしたこと。（第55条第1項及び第2項関係）

(4) 教育・保育に関する情報の報告及び公表（第58条関係）
　特定教育・保育提供者は，その提供する教育・保育の内容及び教育・保育を提供する施設又は事業者の運営状況に関する情報であって，小学校就学前子どもの保護者が適切かつ円滑に教育・保育を小学校就学前子どもに受けさせる機会を確保するために公表されることが必要な情報を，教育・保育を提供する施設又は事業所の所在地の都道府県知事に報告しなければならないこととしたこと。（第58条第1項関係）

4　地域子ども・子育て支援事業（第59条関係）
　市町村は，市町村子ども・子育て支援事業計画に従って，地域子ども・子育て支援事業として，子ども又は子どもの保護者からの相談に応じ，必要な情報の提供及び助言等を行う事業，時間外保育の費用の全部又は一部の助成を行うことにより必要な保育を確保する事業，世帯の所得の状況その他の事情を勘案して市町村が定める基準に該当する支給認定保護者が支払うべき教育・保育に必要な物品の購入に要する費用等の全部又は一部を助成する事業，多様な事業者の能力を活用した特定教育・保育施設等の設置又は運営を促進するための事業，放課後児童健全育成事業，子育て短期支援事業，乳児家庭全戸訪問事業，養育支援訪問事業等，地域子育て支援拠点事業，一時預かり事業，病児保育事業，子育て援助活動支援事業及び妊婦に対して健康診査を実施する事業を行うものとしたこと。

5　子ども・子育て支援事業計画（第60条から第64条まで関係）
(1) 基本指針（第60条関係）
　内閣総理大臣は，教育・保育及び地域子ども・子育て支援事業の提供体制を整備し，子ども・子育て支援給付及び地域子ども・子育て支援事業の円滑な実施の確保その他子ども・子育て支援のための施策を総合的に推進するための基本的な指針（以下「基本指針」という。）を定め，基本指針においては，子ども・子育て支援の意義並びに子ども・子育て支援給付に係る教育・保育を一体的に提供する体制その他の教育・保育を提供する体制の確保及び地域子ども・子育て支援事業の実施に関する基本的事項等について定めるものとしたこと。（第60条第1項及び第2項関係）

(2) 市町村子ども・子育て支援事業計画及び都道府県子ども・子育て支援事業支援計画（第61条及び第62条関係）
　市町村及び都道府県は，基本指針に即して，5年を1期とする教育・保育及び地域子ども・子育て支援事業の提供体制の確保その他この法律に基づく業務の円滑な実施に関する計画を定めるものとしたこと。（第61条第1項及び第62条第1項関係）

6　費用等（第65条から第71条まで関係）
(1) 都道府県の負担及び補助（第67条関係）
① 都道府県は，市町村が支弁する都道府県及び市町村以外の者が設置する特定教育・保育施設に係る施設型給付費及び特例施設型給付費並びに地域型保育給付費及び特例地域型保育給付費の支給に要する費用のうち，国及び都道府県が負担すべきものとして政令で定めるところにより算定した額（以下「施設型給付費等負担対象額」という。）の4分の1を負担することとしたこと。（第67条第1項関係）
② 都道府県は，市町村に対し，市町村が支弁する地域子ども・子育て支援事業に要する費用に充てる

(1) 平成24年8月31日通知（公布通達）

ため，当該都道府県の予算の範囲内で，交付金を交付することができることとしたこと。（第67条第2項関係）

(2) **市町村に対する交付金の交付等（第68条関係）**
① 国は，市町村が支弁する都道府県及び市町村以外の者が設置する特定教育・保育施設に係る施設型給付費及び特例施設型給付費並びに地域型保育給付費及び特例地域型保育給付費の支給に要する費用のうち，施設型給付費等負担対象額の2分の1を負担することとしたこと。（第68条第1項関係）
② 国は，市町村に対し，市町村が支弁する地域子ども・子育て支援事業に要する費用に充てるため，予算の範囲内で，交付金を交付することができることとしたこと。（第68条第2項関係）

(3) **拠出金の徴収及び納付義務等（第69条及び第70条関係）**
① 政府は，児童手当の支給に要する費用及び地域子ども・子育て支援事業（時間外保育の費用の全部又は一部の助成を行うことにより必要な保育を確保する事業，放課後児童健全育成事業及び病児保育事業に限る。）に要する費用に充てるため，一般事業主から，拠出金を徴収することとし，一般事業主は拠出金を納付する義務を負うこととしたこと。（第69条関係）
② 拠出金率は，1000分の1.5以内において政令で定めることとしたこと。（第70条第2項関係）

7 子ども・子育て会議等（第72条から第77条まで関係）
(1) 内閣府に，子ども・子育て会議を置くこととしたこと。（第72条関係）
(2) 市町村は，条例で定めるところにより，特定教育・保育施設の利用定員の設定について意見を聴く等のため，審議会その他の合議制の機関を置くよう努めるものとしたこと。（第77条第1項関係）
(3) 都道府県は，条例で定めるところにより，都道府県子ども・子育て支援事業支援計画に関し意見を聴く等のため，審議会その他の合議制の機関を置くよう努めるものとしたこと。（第77条第4項関係）
(4) なお，(2)及び(3)の審議会その他の合議制の機関（以下「地方版子ども・子育て会議」という。）に関する規定は，国の子ども・子育て会議の設置に関する規定と同じく，平成25年4月1日に施行することとしていること。当該規定については，衆議院社会保障と税の一体改革に関する特別委員会における審議を踏まえ，政府案の「（合議制の機関を）置くことができる」との規定が「置くよう努めるものとする」との規定に修正されたものであること。
　地方版子ども・子育て会議は，市町村子ども・子育て支援事業計画及び都道府県子ども・子育て支援事業支援計画等への子育て当事者等の意見の反映を始め，自治体における子ども・子育て支援施策を地域の子ども及び子育て家庭の実情を踏まえて実施することを担保するうえで重要な役割を果たすものであることから，設置するよう努められたいこと。また，設置する場合には，同会議において市町村子ども・子育て支援事業計画及び都道府県子ども・子育て支援事業支援計画の調査審議等が充分行えるよう設置時期について留意されたいこと。
　なお，地方版子ども・子育て会議の人選については，会議が，地域の子ども及び子育て家庭の実情を十分に踏まえてその事務を処理することができるよう，留意されたいこと。

8 その他
その他所要の規定を整備したこと。

9 施行期日（附則第1条関係）
　この法律は，社会保障の安定財源の確保等を図る税制の抜本的な改革を行うための消費税法の一部を改正する等の法律附則第1条第2号に掲げる規定の施行の日の属する年の翌年の4月1日までの間において政令で定める日（以下「施行日」という。）から施行することとしたこと。ただし，次に掲げる規定は，当該各号に定める日から施行すること。

Ⅱ　資料編　③　その他（通達など）

(1)　7及び11 平成25年4月1日
(2)　14 社会保障の安定財源の確保等を図る税制の抜本的な改革を行うための消費税法の一部を改正する等の法律の施行の日の属する年の翌年の4月1日までの間において政令で定める日

10　検討（附則第2条及び第3条関係）

(1)　政府は，出産及び育児休業に係る給付を子ども・子育て支援給付とすることについて検討を加え，必要があると認めるときは，その結果に基づいて所要の措置を講ずるものとしたこと。（附則第2条第1項関係）
(2)　政府は，平成27年度以降の次世代育成支援対策推進法（平成15年法律第120号）の延長について検討を加え，必要があると認めるときは，その結果に基づいて所要の措置を講ずるものとしたこと。（附則第2条第2項関係）
(3)　政府は，幼稚園教諭，保育士及び放課後児童健全育成事業に従事する者等の処遇の改善に資するための施策の在り方並びに保育士資格を有する者であって現に保育に関する業務に従事していない者の就業の促進その他の子ども・子育て支援に係る人材確保のための方策について検討を加え，必要があると認めるときは，その結果に基づいて所要の措置を講ずるものとしたこと。（附則第2条第3項関係）
(4)　政府は，公布後2年を目途として，総合的な子ども・子育て支援を実施するための行政組織の在り方について検討を加え，必要があると認めるときは，その結果に基づいて所要の措置を講ずるものとしたこと。（附則第2条第4項関係）
(5)　政府は，教育・保育その他の子ども・子育て支援の量的拡充及び質の向上を図るための安定した財源の確保に努めるものとしたこと。（附則第3条関係）

11　保育の需要及び供給の状況の把握（附則第4条関係）

　国及び地方公共団体は，施行日の前日までの間，子ども・子育て支援の推進を図るための基礎資料として，保育の需要及び供給の状況の把握に努めなければならないこととしたこと。

12　保育所に係る委託費の支払等（附則第6条関係）

　市町村は，児童福祉法第24条第1項の規定により保育所における保育を行うため，当分の間，支給認定子ども（2の(3)の②のⅰのアに掲げる小学校就学前子どもに該当するものを除く。）が，特定教育・保育施設（都道府県及び市町村以外の者が設置する保育所に限る。）から保育を受けた場合は，当該保育に要した費用について，内閣総理大臣が定める基準により算定した費用の額に相当する額（以下「保育費用」という。）を，当該保育所に委託費として支払うこととするとともに，当該市町村の長は，保護者又は扶養義務者から，当該保育費用をこれらの者から徴収した場合における家計に与える影響等を考慮して定める額を徴収することとしたこと。

13　経過措置に関する事項（附則第7条から第9条まで関係）

(1)　特定教育・保育施設等に関する経過措置を定めるとしたこと。（附則第7条及び第8条関係）
(2)　2の(3)の②のⅰのアに掲げる小学校就学前子どもに該当する支給認定子どもに係る子どものための教育・保育給付の額及び費用の負担等に関する経過措置を定めるとしたこと。（附則第9条関係）

14　保育緊急確保事業（附則第10条関係）

(1)　整備法による改正前の児童福祉法に規定する特定市町村（以下「特定市町村」という。）は，施行日の前日までの間，小学校就学前子どもの保育その他の子ども・子育て支援に関する事業（以下「保育緊急確保事業」という。）のうち必要と認めるものを同法に規定する市町村保育計画に定め，当該

(1) 平成24年8月31日通知（公布通達）

市町村保育計画に従って当該保育緊急確保事業を行うものとしたこと。（附則第10条第1項関係）
(2) 特定市町村以外の市町村（以下「事業実施市町村」という。）は，施行日の前日までの間，保育緊急確保事業を行うことができることとしたこと。（附則第10条第2項関係）
(3) 国は，保育緊急確保事業を行う特定市町村又は事業実施市町村に対し，予算の範囲内で，当該保育緊急確保事業に要する費用の一部を補助することができることとしたこと。（附則第10条第4項関係）

第2 認定こども園法一部改正法関係
1 目的規定の改正（第1条関係）
幼児期の教育及び保育が生涯にわたる人格形成の基礎を培う重要なものであることを明記したこと。

2 幼保連携型認定こども園以外の認定こども園の充実
(1) 認定等（第3条関係）
① 都道府県知事は，都道府県の条例で定める要件に適合する施設について，その設置者が欠格事由に該当する場合及び供給過剰による需給調整が必要な場合を除き，認定することとしたこと。（第3条第5項及び第7項関係）
② 認定に当たっては，都道府県知事は，市町村長に協議しなければならないこととしたこと。（第3条第6項関係）
(2) 教育及び保育の内容（第6条関係）
幼保連携型認定こども園以外の認定こども園において教育又は保育を行うに当たっては，幼保連携型認定こども園の教育課程その他の教育及び保育の内容に関する事項を踏まえて行わなければならないこととしたこと。

3 幼保連携型認定こども園
(1) 施設の定義（第2条関係）
幼保連携型認定こども園は，義務教育及びその後の教育の基礎を培うものとしての満3歳以上の子ども（小学校就学の始期に達するまでの者をいう。以下同じ。）に対する教育並びに保育を必要とする子どもに対する保育を一体的に行い，これらの子どもの健やかな成長が図られるよう適当な環境を与えて，その心身の発達を助長するとともに，保護者に対する子育ての支援を行うことを目的として，この法律の定めるところにより設置される施設をいうこととしたこと。（第2条第7項関係）
なお，幼保連携型認定こども園は，学校であると同時に児童福祉施設としての性質も有するため，学校教育法（昭和22年法律第26号）の規定の多くが適用できないことから，学校教育法の適用される「学校」の範囲を定める学校教育法第1条は改正せず，改正後の就学前の子どもに関する教育，保育等の総合的な提供の推進に関する法律（以下単に「認定こども園法」という。）において教育基本法第6条に基づく「法律に定める学校」である旨明らかにしている。
(2) 教育及び保育の目標等（第9条から第11条まで関係）
① 教育及び保育の目標（第9条関係）
幼保連携型認定こども園においては，認定こども園法第2条第7項の目的を実現するため，子どもに対する学校としての教育及び児童福祉施設としての保育並びにその実施する保護者に対する子育て支援事業の相互の有機的な連携を図りつつ，次に掲げる目標を達成するよう教育及び保育を行うものとしたこと。
　ⅰ) 健康，安全で幸福な生活のために必要な基本的な習慣を養い，身体諸機能の調和的発達を図ること。
　ⅱ) 集団生活を通じて，喜んでこれに参加する態度を養うとともに家族や身近な人への信頼感を深め，

自主，自律及び協同の精神並びに規範意識の芽生えを養うこと。
- iii) 身近な社会生活，生命及び自然に対する興味を養い，それらに対する正しい理解と態度及び思考力の芽生えを養うこと。
- iv) 日常の会話や，絵本，童話等に親しむことを通じて，言葉の使い方を正しく導くとともに，相手の話を理解しようとする態度を養うこと。
- v) 音楽，身体による表現，造形等に親しむことを通じて，豊かな感性と表現力の芽生えを養うこと。
- vi) 快適な生活環境の実現及び子どもと保育教諭その他の職員との信頼関係の構築を通じて，心身の健康の確保及び増進を図ること。

② 教育及び保育の内容（第10条関係）
- i) 幼保連携型認定こども園の教育課程その他の教育及び保育の内容に関する事項は，認定こども園法第2条第7項の目的及び同法第9条の目標に従い，主務大臣が定めることとしたこと。（第10条第1項関係）
- ii) 主務大臣がi)の事項を定めるに当たっては，幼稚園教育要領（平成20年文部科学省告示第26号）及び保育所保育指針（平成20年厚生労働省告示第141号）との整合性の確保並びに小学校における教育との円滑な接続に配慮しなければならないこととしたこと。（第10条第2項関係）

③ 入園資格（第11条関係）
　幼保連携型認定こども園に入園することのできる者は，満3歳以上の子ども及び満3歳未満の保育を必要とする子どもとしたこと。なお，個々の幼保連携型認定こども園において具体的に受け入れる子どもの範囲については，本条の定める入園資格の範囲内において設置者の判断により設定することが可能であること。

(3) 施設の設置等（第12条から第27条まで関係）
① 設置者（第12条関係）
　幼保連携型認定こども園は，国，地方公共団体，学校法人及び社会福祉法人のみが設置することができることとしたこと。

② 設備及び運営の基準（第13条関係）
- i) 都道府県又は指定都市等（その区域内に幼保連携型認定こども園が所在する指定都市又は中核市をいう。以下同じ。）は，幼保連携型認定こども園の設備及び運営について，条例で基準を定めなければならないこととしたこと。この場合において，その基準は，身体的，精神的及び社会的な発達のために必要な教育及び保育の水準を確保するものでなければならないこととしたこと。（第13条第1項関係）
- ii) 都道府県又は指定都市等がi)の条例を定めるに当たっては，次に掲げる事項については主務省令で定める基準に従い定めるものとし，その他の事項については主務省令で定める基準を参酌するものとしたこと。（第13条第2項関係）
  - ア 学級の編制並びに園長，保育教諭その他の職員及びその員数
  - イ 保育室の床面積その他幼保連携型認定こども園の設備に関する事項であって，子どもの健全な発達に密接に関連するものとして主務省令で定めるもの
  - ウ 幼保連携型認定こども園の運営に関する事項であって，子どもの適切な処遇の確保及び秘密の保持並びに子どもの健全な発達に密接に関連するものとして主務省令で定めるもの。

③ 職員（第14条関係）
- i) 幼保連携型認定こども園に，園長及び保育教諭を置かなければならないこととしたこと。（第14条第1項関係）
- ii) 幼保連携型認定こども園に，副園長，教頭，主幹保育教諭，指導保育教諭，主幹養護教諭，養護教諭，主幹栄養教諭，栄養教諭，事務職員，養護助教諭その他必要な職員を置くことができるこ

⑴ 平成 24 年 8 月 31 日通知（公布通達）

  ととしたこと。（第 14 条第 2 項関係）
 ⅲ） 特別の事情のあるときは，保育教諭に代えて助保育教諭又は講師を置くことができることとしたこと。（第 14 条第 19 項関係）
④ 職員の資格（第 15 条関係）
 ⅰ） 主幹保育教諭，指導保育教諭，保育教諭及び講師（保育教諭に準ずる職務に従事するものに限る。）は，幼稚園の教諭の普通免許状を有し，かつ，保育士の登録を受けたものでなければならないこととしたこと。（第 15 条第 1 項関係）
 ⅱ） 主幹養護教諭及び養護教諭は，養護教諭の普通免許状を有する者でなければならないこととしたこと。（第 15 条第 2 項関係）
 ⅲ） 主幹栄養教諭及び栄養教諭は，栄養教諭の普通免許状を有する者でなければならないこととしたこと。（第 15 条第 3 項関係）
 ⅳ） 助保育教諭及び講師（助保育教諭に準ずる職務に従事するものに限る。）は，幼稚園の助教諭の臨時免許状を有し，かつ，保育士の登録を受けた者でなければならないこととしたこと。（第 15 条第 4 項関係）
 ⅴ） 養護助教諭は，養護助教諭の臨時免許状を有する者でなければならないこととしたこと。（第 15 条第 5 項関係）
⑤ 設置等の届出（第 16 条関係）
 市町村（指定都市等を除く。）は，幼保連携型認定こども園の設置又は廃止等を行おうとするときは，あらかじめ，都道府県知事に届け出なければならないこととしたこと。
⑥ 設置等の認可（第 17 条関係）
 ⅰ） 国及び地方公共団体以外の者は，幼保連携型認定こども園の設置又は廃止等を行おうとするときは，都道府県知事又は指定都市等の長の認可を受けなければならないこととしたこと。（第 17 条第 1 項関係）
 ⅱ） 都道府県知事又は指定都市等の長は，都道府県又は指定都市等が条例で定める基準に適合する施設について，その設置者が欠格事由に該当する場合及び供給過剰による需給調整が必要な場合を除き，設置の認可をすることとしたこと。（第 17 条第 2 項及び第 6 項関係）
 ⅲ） 設置の認可に当たっては，都道府県知事は，市町村長に協議しなければならないこととしたこと。（第 17 条第 5 項関係）
⑦ 報告の徴収等（第 19 条関係）
 都道府県知事又は指定都市等の長は，認定こども園法を施行するため必要があると認めるときは，幼保連携型認定こども園の設置者若しくは園長に対して，必要と認める事項の報告を求め，又は当該職員に関係者に対して質問させ，若しくはその施設に立ち入り，設備，帳簿書類その他の物件を検査させることができることとしたこと。（第 19 条第 1 項関係）
⑧ 改善勧告及び改善命令（第 20 条関係）
 都道府県知事又は指定都市等の長は，幼保連携型認定こども園の設置者が，認定こども園法又は認定こども園法に基づく命令若しくは条例の規定に違反したときは，当該設置者に対し，必要な改善を勧告し，又は当該設置者がその勧告に従わず，かつ，園児の教育上又は保育上有害であると認められるときは，必要な改善を命ずることができることとしたこと。
⑨ 事業停止命令（第 21 条関係）
 都道府県知事又は指定都市等の長は，次のいずれかに該当する場合においては，幼保連携型認定こども園の事業の停止又は施設の閉鎖を命ずることができることとしたこと。（第 21 条第 1 項関係）
 ⅰ） 幼保連携型認定こども園の設置者が，認定こども園法又は認定こども園法に基づく命令若しくは条例の規定に故意に違反し，かつ，園児（幼保連携型認定こども園に在籍する子どもをいう。）

の教育上又は保育上著しく有害であると認められるとき。
ii） 幼保連携型認定こども園の設置者が⑧の規定による命令に違反したとき。
iii） 正当な理由がないのに，6月以上休止したとき。
⑩ 認可の取消し（第22条関係）

都道府県知事は，幼保連携型認定こども園の設置者が，認定こども園法若しくは認定こども園法に基づく命令若しくは条例の規定又はこれらに基づいてする処分に違反したときは，幼保連携型認定こども園の設置等の認可を取り消すことができることとしたこと。（第22条第1項関係）

⑪ 都道府県における合議制の機関（第25条関係）

幼保連携型認定こども園の設置の認可等，事業の停止若しくは施設の閉鎖の命令又は設置の認可の取消しに関して調査審議するため，都道府県又は指定都市等に，条例で幼保連携型認定こども園に関する審議会その他の合議制の機関を置くものとしたこと。

なお，幼保連携型認定こども園に関する審議会その他の合議制の機関については，行政の適正性，公正性，専門性を確保するために置かれるものであることから，教育又は保育に係る有識者など関係者をバランスよく加えることが求められるものであること。

また，当該合議制の機関については，必ずしも新たな機関を置く必要はなく，都道府県又は指定都市等の実情に即して必要な条例等の整備を行った上で，既存の私立学校審議会や児童福祉審議会を活用（両審議会の合同開催等）することにより代替することや，子ども・子育て支援法第77条の規定に基づき地方版子ども・子育て会議が設置されている場合には，その活用を図ることも可能であること。

⑫ 学校教育法及び学校保健安全法の準用（第26条及び第27条関係）

幼保連携型認定こども園に関し，学校教育法及び学校保健安全法の関係規定を準用したこと。

4　公私連携幼保連携型認定こども園に関する特例（第34条関係）

待機児童対策など，増大する保育需要に効率的に対応するためには，民間法人の活力を積極的に活用することが有効であり，市町村が幼保連携型認定こども園の整備を進めていく中で，子ども・子育て支援に関する中核的な役割を担う施設を市町村が関与しつつ，民間法人に運営させようとするケースもあり，こうしたニーズに対応する枠組みとして公私連携幼保連携型認定こども園を設けたこと。公私連携幼保連携型認定こども園の具体的な仕組みは次のとおりであること。

① 市町村長は，当該市町村における保育の実施に対する需要の状況等に照らし適当であると認めるときは，公私連携幼保連携型認定こども園の運営を継続的かつ安定的に行うことができる能力を有するものであると認められるもの（学校法人及び社会福祉法人に限る。）を，その申請により，公私連携幼保連携型認定こども園の設置及び運営を目的とする法人（以下「公私連携法人」という。）として指定することができることとしたこと。（第34条第1項関係）
② 市町村長は，公私連携法人の指定をしようとするときは，あらかじめ，当該指定をしようとする法人と，次に掲げる事項を定めた協定を締結しなければならないこととしたこと。（第34条第2項関係）
  i） 協定の目的となる公私連携幼保連携型認定こども園の名称及び所在地
  ii） 公私連携幼保連携型認定こども園における教育及び保育等に関する基本的事項
  iii） 市町村による必要な設備の貸付け，譲渡その他の協力に関する基本的事項
  iv） 協定の有効期間
  v） 協定に違反した場合の措置
  vi） その他公私連携幼保連携型認定こども園の設置及び運営に関し必要な事項
③ 公私連携法人は，市町村長を経由し，都道府県知事に届け出ることにより，公私連携幼保連携型認定こども園を設置することができることとしたこと。（第34条第3項関係）

(1) 平成24年8月31日通知（公布通達）

5　主務大臣（第36条関係）
主務大臣は，内閣総理大臣，文部科学大臣及び厚生労働大臣としたこと。（第36条第1項関係）

6　附則関係
(1)　施行期日（附則第1条関係）この法律は，原則として，子ども・子育て支援法の施行の日から施行することとしたこと。
(2)　検討（附則第2条関係）
① 　政府は，幼稚園の教諭の免許及び保育士の資格について，一体化を含め，その在り方について検討を加え，必要があると認めるときは，その結果に基づいて所要の措置を講ずるものとしたこと。（附則第2条第1項関係）
② 　政府は，①の事項のほか，認定こども園法一部改正法の施行後5年を目途として，同法の施行の状況を勘案し，必要があると認めるときは，同法による改正後の認定こども園法の規定について検討を加え，その結果に基づいて所要の措置を講ずるものとしたこと。（附則第2条第2項関係）
(3)　幼保連携型認定こども園に関する特例（附則第3条及び第4条関係）
① 　認定こども園法一部改正法の施行の際に現に存する旧幼保連携型認定こども園（認定こども園法一部改正法による改正前の就学前の子どもに関する教育，保育等の総合的な提供の推進に関する法律に基づく認定こども園で幼稚園及び保育所で構成されるものをいう。以下同じ。）については，施行日に，認定こども園法第17条第1項の幼保連携型認定こども園の設置の認可があったものとみなすこととしたこと。（附則第3条第1項関係）
② 　施行日の前日において現に幼稚園を設置している者（国，地方公共団体，学校法人及び社会福祉法人を除く。）であって，一定の要件に適合するものは，当分の間，幼保連携型認定こども園を設置することができることとしたこと。（附則第4条第1項関係）
(4)　保育教諭等の資格の特例（附則第5条関係）
① 　3の(3)の④のⅰ）にかかわらず，施行日から起算して5年間は，幼稚園の教諭の普通免許状を有する者又は保育士の登録を受けた者は，保育教諭等となることができることとしたこと。（附則第5条第1項関係）
② 　その他必要な資格の特例規定を設けること。（附則第5条第2項及び第3項関係）
(5)　幼稚園の名称の使用制限に関する経過措置（附則第7条関係）
施行日において現に幼稚園を設置しており，かつ，当該幼稚園の名称中に幼稚園という文字を用いている者が，当該幼稚園を廃止して幼保連携型認定こども園を設置した場合には，学校教育法第135条第1項の規定にかかわらず，当該幼保連携型認定こども園の名称中に引き続き幼稚園という文字を用いることができることとしたこと。

なお，幼保連携型認定こども園がその名称中に「幼稚園」の文言を使用する場合は，当該施設が幼保連携型認定こども園である旨を募集要項や入園説明会等において明確に示すなど，利用者の無用な混乱を招かないよう十分配慮すること。

7　その他の留意事項
(1)　今回の制度改正により，認定こども園に係る制度上の充実が図られたことを踏まえ，各地方公共団体においては，認定こども園の一層の普及促進に努められたいこと。
認定こども園の普及促進に当たっては，「認定こども園制度の普及促進について」（平成21年3月31日文部科学省初等中等教育局長，厚生労働省雇用均等・児童家庭局長通知）も併せて参照されたいこと。
なお，同通知の記1(2)に係る制度改正後の取扱いについては，今回の制度改正により認定こども園の認

定が施設型給付の前提となることを踏まえ，需要を超えた供給による質の低下や市町村子ども・子育て支援事業計画の達成に支障が生ずる事態を防ぐ観点から需給調整の規定を設けるとともに，客観的な基準，要件を満たす施設は原則認定する（２の(1)及び３の(3)の⑥参照）こととし，より効果的に認定手続きの明確化，透明化が図られるよう規定を整備していることに留意すること。
(2) 旧幼保連携型認定こども園は，幼稚園と保育所のそれぞれの設置認可を基礎として，双方の機能を併せ持つものについて認定を行うものであり，異なる法人が設置する両施設が連携し，一体となって運営することで，全体として一つの認定こども園として認定を受けているものもあるが，新幼保連携型認定こども園（認定こども園法一部改正法による改正後の幼保連携型認定こども園をいう。以下同じ。）は学校教育と保育を一体的に行う単一の施設として制度化するものであり，単一の設置主体によって運営される必要があること。

このため，施行日までの間において旧幼保連携型認定こども園の認定を新たに行う場合においては，新幼保連携型認定こども園への移行を見据えて，単一の設置主体によって設置されるものとするようお願いしたいこと。この取扱いにより対応しがたい場合には，第三の２に示す内閣府の統一窓口まで個別に相談されたいこと。

なお，現に複数の法人が設置する両施設が一体的に運営されている旧幼保連携型認定こども園については，改正後の制度施行までに単一の設置主体により設置することができるよう，内閣府，文部科学省及び厚生労働省において，法人間の財産の承継等の取扱い等について整理し，別途通知することとしており，各都道府県においてもその内容を踏まえ設置者からの相談に適切に応じていただくよう協力をお願いしたいこと。
(3) 幼保連携型認定こども園における保育教諭は，幼稚園の教諭の普通免許状を有し，かつ，保育士の登録を受けたものでなければならないものとしたことから，有する幼稚園教諭の普通免許状に基づき教員免許更新制が適用されることとなる。このため，各都道府県教育委員会及び幼保連携型認定こども園の設置者においては，保育教諭が円滑に免許状更新講習を受講し，及び都道府県教育委員会に必要な手続きを行うことができるよう必要な周知及び対応の準備をお願いしたいこと。なお，教員免許更新制の適用に係る具体的な手続きや留意事項については，別途周知する予定であること。

第３　整備法関係
１　改正の概要
子ども・子育て支援法及び認定こども園法一部改正法の施行に伴い，関係法律の規定の整備をするとともに，所要の経過措置を定めたこと。
(1)　児童福祉法の一部改正に関する事項
子ども・子育て支援法の制定及び就学前の子どもに関する教育，保育等の総合的な提供の推進に関する法律の一部改正に伴い，児童福祉法に規定する保育の実施のあり方や，各種事業の定義・規制などについて所要の改正を行ったこと。
(2)　改正後の幼保連携型認定こども園に関する事項
次の方針に従い，ⅰ）及びⅱ）の関係法律の整備を行ったこと。
① 「幼保連携型認定こども園」は，教育基本法に基づく「学校」，「児童福祉施設」（児童福祉法第７条の改正）及び「第二種社会福祉事業」（社会福祉法第２条の改正）に位置づけられることとしたことに伴い，各種法律において単に「学校」，「児童福祉施設」又は「社会福祉事業」と規定されている場合は，特段の改正をすることなく，ここに「幼保連携型認定こども園」が含まれることになること。このため，「学校（幼稚園）」と「児童福祉施設（保育所）」の両方が規定されており，それぞれの法律上の効果が同じである場合には，どちらに「幼保連携型認定こども園」が含まれているのか明らかにする必要がないため，特段の規定の整備をしていないこと。

(1) 平成 24 年 8 月 31 日通知（公布通達）

② 「学校（幼稚園）」と「児童福祉施設（保育所）」のそれぞれの法律上の効果が異なる場合には，どちらに「幼保連携型認定こども園」が含まれるのか明らかにするために，所要の規定の整備をしたこと。
③ 法律の趣旨からは学校である幼保連携型認定こども園にも適用されるべき規定であるが，規定上の「学校」の定義が「学校教育法に定める学校」に限定されていることにより「幼保連携型認定こども園」に適用されないこととなる場合には，「学校」の定義として「学校教育法に定める学校」に加えて「幼保連携型認定こども園」を規定する等の改正を行ったこと。
　ⅰ）幼保連携型認定こども園が「児童福祉施設（保育所）」と「学校（幼稚園）」のどちらに含まれるか明確化するための改正等（上記②）
　　・旅館業法（昭和 23 年法律第 138 号）の一部改正
　　・建築基準法（昭和 25 年法律第 201 号）の一部改正
　　・水源地域対策特別措置法（昭和 48 年法律第 118 号）の一部改正
　　・過疎地域自立促進特別措置法（平成 12 年法律第 15 号）の一部改正
　ⅱ）「学校」の定義に幼保連携型認定こども園を加えることに伴う改正等（上記③）
　　・地方自治法（昭和 22 年法律第 67 号）の一部改正
　　・教育公務員特例法（昭和 24 年法律第 1 号）の一部改正
　　・教育職員免許法（昭和 24 年法律第 147 号）の一部改正
　　・社会教育法（昭和 24 年法律第 207 号）の一部改正
　　・私立学校法（昭和 24 年法律第 270 号）の一部改正
　　・学校施設の確保に関する政令（昭和 24 年政令第 34 号）の一部改正
　　・公職選挙法（昭和 25 年法律第 100 号）の一部改正
　　・地方公務員法（昭和 25 年法律第 261 号）の一部改正
　　・社会福祉法（昭和 26 年法律第 45 号）の一部改正
　　・国有財産特別措置法（昭和 27 年法律第 219 号）の一部改正
　　・私立学校教職員共済法（昭和 28 年法律第 245 号）の一部改正
　　・女子教職員の出産に際しての補助教職員の確保に関する法律（昭和 30 年法律第 125 号）の一部改正
　　・地方教育行政の組織及び運営に関する法律（昭和 31 年法律第 162 号）の一部改正
　　・公立の学校の事務職員の休職の特例に関する法律（昭和 32 年法律第 117 号）の一部改正
　　・道路交通法（昭和 35 年法律第 105 号）の一部改正
　　・社会福祉施設職員等退職手当共済法（昭和 36 年法律第 155 号）の一部改正
　　・激甚災害に対処するための特別の財政援助等に関する法律（昭和 37 年法律第 150 号）の一部改正
　　・登録免許税法（昭和 42 年法律第 35 号）の一部改正
　　・沖縄振興開発金融公庫法（昭和 47 年法律第 31 号）の一部改正
　　・私立学校振興助成法（昭和 50 年法律第 61 号）の一部改正
　　・日本私立学校振興・共済事業団法（平成 9 年法律第 48 号）の一部改正
　　・独立行政法人日本スポーツ振興センター法（平成 14 年法律第 162 号）の一部改正
　　・構造改革特別区域法（平成 14 年法律第 189 号）の一部改正
　　・国立大学法人法（平成 15 年法律第 112 号）の一部改正
　　・日本国憲法の改正手続に関する法律（平成 19 年法律第 51 号）の一部改正
　　・ＰＴＡ・青少年教育団体共済法（平成 22 年法律第 42 号）の一部改正
　　・スポーツ基本法（平成 23 年法律第 78 号）の一部改正

Ⅱ 資料編　③ その他（通達など）

・文部科学省設置法（平成11年法律第96号）の一部改正
(3) その他
・児童手当が子ども・子育て支援法に規定する子どものための現金給付に位置付けられたこと及び子ども・子育て支援法に拠出金に係る規定を設けたことに伴い，児童手当法その他の関係法律について所要の規定を整備したこと。
・子ども・子育て支援法及び改正後の認定こども園法を施行する組織の設置等を行うため，内閣府設置法（平成11年法律第89号）について所要の規定を整備したこと。
・その他関係法律について所要の規定を整備したこと。

2　主な改正内容及び留意事項

上記関係法律のうち，主な改正内容や留意事項は以下の通り。
(1)　児童福祉法の一部改正関係
① 事業の定義について（第6条の3関係）
　ⅰ) 放課後児童健全育成事業の定義規定中，「小学校に就学しているおおむね十歳未満の児童」を「小学校に就学している児童」に改めることとしたこと。（第6条の3第2項関係）

　　　なお，放課後児童健全育成事業の対象児童は，本項の規定に基づき，保護者が労働等により昼間家庭にいない小学校に就学している児童であるが，保護者の就労によるものだけでなく，保護者の疾病や介護などによるものも本事業の対象に含まれるものであり，今般の児童福祉法の改正後においても同様の扱いとする。

　　　（注）　平成24年6月26日衆議院社会保障と税の一体改革に関する特別委員会及び同年8月10日参議院社会保障と税の一体改革に関する特別委員会の子ども・子育て支援関連3法案に対する附帯決議において，「放課後児童健全育成事業の対象として，保護者の就労だけでなく，保護者の疾病や介護なども該当することを地方自治体をはじめ関係者に周知すること。」とされている。

　ⅱ) 子ども・子育て支援法の施行等に伴い，家庭的保育事業の定義について所要の修正を行うこととしたこと。（第6条の3第9項関係）
　ⅲ) 子ども・子育て支援法の施行等に伴い，小規模保育事業，居宅訪問型保育事業及び事業所内保育事業の定義規定を設けることとしたこと。（第6条の3第10項から第12項まで関係）
　ⅳ) 子ども・子育て支援法の施行等に伴い，病児保育事業及び子育て援助活動支援事業の定義規定を設けることとしたこと。（第6条の3第13項及び第14項関係）
② 市町村の情報提供等について（第21条の11関係）
　ⅰ) 市町村が行う子育て支援事業に関する情報提供等について，「情報の提供」を「情報の収集及び提供」に改めることとしたこと。
③ 保育の実施について（第24条関係）
　ⅰ) 市町村は，児童福祉法及び子ども・子育て支援法の定めるところにより，保護者の労働又は疾病その他の事由により，その監護すべき乳児，幼児その他の児童について保育を必要とする場合において，ⅱ) に定めるところによるほか，当該児童を保育所において保育しなければならないこととしたこと。（第24条第1項関係）
　ⅱ) 市町村は，認定こども園又は家庭的保育事業等（家庭的保育事業，小規模保育事業，居宅訪問型保育事業又は事業所内保育事業をいう。以下同じ。）により必要な保育を確保するための措置を講じなければならないこととしたこと。（第24条第2項関係）
　ⅲ) 市町村は，保育の需要に応ずるに足りる保育所，認定こども園又は家庭的保育事業等が不足し，又は不足するおそれがある場合その他必要と認められる場合には，保育所，認定こども園又は家庭的保育事業等の利用について調整を行うとともに，認定こども園の設置者又は家庭的保育事業等を

(1) 平成24年8月31日通知（公布通達）

　行う者に対し，ii）に規定する児童の利用の要請を行うものとしたこと。（第24条第3項関係）
 iv）　市町村は，児童相談所又は福祉事務所から報告又は通知を受けた児童その他優先的に保育を行う必要があると認められる児童について，その保護者に対し，保育所若しくは幼保連携型認定こども園において保育を受けること又は家庭的保育事業等による保育を受けること（以下「保育の利用」という。）の申込みを勧奨し，及び保育を受けることができるよう支援しなければならないこととしたこと。（第24条第4項関係）
 v）　市町村は，iv）に規定する児童が，勧奨及び支援を行っても，なおやむを得ない事由により子ども・子育て支援法に規定する施設型給付費等の支給に係る保育を受けることが著しく困難であると認めるときは，当該児童を当該市町村の設置する保育所若しくは幼保連携型認定こども園に入所させ，又は当該市町村以外の者の設置する保育所若しくは幼保連携型認定こども園に入所を委託して，保育を行わなければならないこととしたこと。（第24条第5項関係）
 vi）　市町村は，v）に定めるほか，保育を必要とする乳児・幼児が，子ども・子育て支援法の規定によるあっせん又は要請その他市町村による支援等を受けたにもかかわらず，なお保育が利用できないなど，やむを得ない事由により同法に規定する施設型給付費等の支給に係る保育を受けることが著しく困難であると認めるときは，当該保育を必要とする乳児・幼児を，当該市町村の設置する保育所若しくは幼保連携型認定こども園に入所させ，若しくは当該市町村以外の者の設置する保育所若しくは幼保連携型認定こども園に入所を委託して，保育を行うこと又は当該市町村が行う家庭的保育事業等による保育を行い，若しくは家庭的保育事業等を行う当該市町村以外の者に当該家庭的保育事業等により保育を行うことを委託することができることとしたこと。（第24条第6項関係）
 vii）　市町村は，保育を行う事業その他児童の福祉を増進することを目的とする事業を行う者の活動の連携及び調整を図る等地域の実情に応じた体制の整備を行うものとしたこと。（第24条第7項関係）
 viii）　保育所若しくは認定こども園の設置者又は家庭的保育事業等を行う者は，iii）の規定により行われる調整及び要請に対し，できる限り協力しなければならないこととしたこと。（第46条の2第2項関係）
④　放課後児童健全育成事業の実施について（第34条の8から第34条の8の3まで関係）
 i）　国，都道府県及び市町村以外の者は，あらかじめ，厚生労働省令で定める事項を市町村長に届け出て，放課後児童健全育成事業を行うことができることとしたこと。（第34条の8第2項関係）
 ii）　国，都道府県及び市町村以外の者は，放課後児童健全育成事業を廃止し，又は休止しようとするときは，あらかじめ，厚生労働省令で定める事項を市町村長に届け出なければならないこととしたこと。（第34条の8第4項関係）
 iii）　市町村は，放課後児童健全育成事業の設備及び運営について，条例で基準を定めなければならないこととし，市町村が条例を定めるに当たっては，放課後児童健全育成事業に従事する者及びその員数については厚生労働省令で定める基準に従い定めるものとし，その他の事項については厚生労働省令で定める基準を参酌するものとしたこと。（第34条の8の2関係）
 iv）　市町村長は，放課後児童健全育成事業の設備及び運営についての条例で定める基準を維持するため，放課後児童健全育成事業を行う者に対して，必要と認める事項の報告を求め，又は当該職員に，関係者に対して質問させ，若しくはその事業を行う場所に立ち入り，設備，帳簿書類その他の物件を検査させることができることとしたこと。（第34条の8の3第1項関係）
 v）　市町村長は，放課後児童健全育成事業を行う者が，この法律若しくはこれに基づく命令若しくはこれらに基づいてする処分に違反したとき，又はその事業に関し不当に営利を図り，若しくはその事業に係る児童の処遇につき不当な行為をしたときは，その者に対し，その事業の制限又は停止を命ずることができることとしたこと。（第34条の8の3第4項関係）

Ⅱ　資料編　③　その他（通達など）

⑤　家庭的保育事業等の実施について（第34条の15から第34条の17まで及び第58条関係）
　ⅰ）　市町村が家庭的保育事業を行うに当たっては，都道府県知事への届出を不要としたこと。（第34条の15第1項関係）
　ⅱ）　国，都道府県及び市町村以外の者は，市町村長の認可を得て，家庭的保育事業等を行うことができることとしたこと。（第34条の15第2項関係）
　ⅲ）　市町村長は，家庭的保育事業等に関する認可の申請があったときは，家庭的保育事業の設備及び運営についての条例で定める基準に適合するかを審査するほか，家庭的保育事業等を行うために必要な経済的基礎があること等の基準（申請者が社会福祉法人又は学校法人でない場合に限る。）及び第35条の15第3項第4号に規定する欠格事由に該当しないこととする基準によって，その申請を審査しなければならないこととしたこと。（第35条の15第3項関係）
　ⅳ）　市町村長は，家庭的保育事業等の認可をしようとするときは，あらかじめ，児童福祉審議会を設置している場合にあってはその意見を，その他の場合にあっては児童の保護者その他児童福祉に係る当事者の意見を聴かなければならないこととしたこと。（第35条の15第4項関係）
　ⅴ）　市町村長は，審査の結果，その申請が家庭的保育事業の設備及び運営についての条例で定める基準に適合しており，かつ，その事業を行う者が第35条の15第3項各号に掲げる基準（その者が社会福祉法人又は学校法人である場合にあっては，同項第4号に掲げる基準に限る。）に該当すると認めるときは，家庭的保育事業等の認可をするものとしたこと。（第34条の15第5項関係）
　ⅵ）　市町村長は，特定地域型保育事業所の利用定員の総数が，市町村子ども・子育て支援事業計画において定める必要利用定員総数に既に達している場合等は，家庭的保育事業等の認可をしないことができることとしたこと。（第34条の15第5項関係）
　ⅶ）　国，都道府県及び市町村以外の者は，家庭的保育事業等を廃止し，又は休止しようとするときは，市町村長の承認を受けなければならないこととしたこと。（第34条の15第7項関係）
　ⅷ）　市町村は，家庭的保育事業等の設備及び運営について，条例で基準を定めることとしたこと。また，当該条例を定めるに当たっては，次に掲げる事項については国の基準に従い定めるものとし，その他の事項については国の基準を参酌するものとしたこと。（第34条の16関係）
　　ア　家庭的保育事業等に従事する者及びその員数
　　イ　家庭的保育事業等の運営に関する事項であって，児童の適切な処遇の確保及び秘密の保持並びに児童の健全な発達に密接に関連するものとして厚生労働省令で定めるもの
　ⅸ）　市町村長は，家庭的保育事業の設備及び運営についての条例で定める基準の維持のために必要があると認めるときは，家庭的保育事業を行う者に対して，必要と認める事項の報告を求め，又は当該職員に，関係者に対して質問させ，若しくはその事業を行う場所に立ち入り，設備，帳簿書類その他の物件を検査させることができることとしたこと。また，家庭的保育事業を行う者が，この法律若しくはこれに基づく命令若しくはこれらに基づいてする処分に違反したとき，又はその事業に関し不当に営利を図り，若しくはその事業に係る児童の処遇につき不当な行為をしたときは，その者に対し，その事業の制限又は停止を命ずることができることとしたこと。（第34条の17関係）
　ⅹ）　家庭的保育事業等が，この法律若しくはこの法律に基づいて発する命令又はこれらに基づいてなす処分に違反したときは，市町村長は，家庭的保育事業等の認可を取り消すことができることとしたこと。（第58条第2項関係）
⑥　病児保育事業の実施について（第34条の18及び第34条の18の2関係）
　ⅰ）　国及び都道府県以外の者は，あらかじめ，厚生労働省令で定める事項を都道府県知事に届け出て，病児保育事業を行うことができることとしたこと。（第34条の18第1項関係）
　ⅱ）　国及び都道府県以外の者は，病児保育事業を廃止し，又は休止しようとするときは，あらかじめ，厚生労働省令で定める事項を都道府県知事に届け出なければならないこととしたこと。（第34条の

(1) 平成24年8月31日通知（公布通達）

18第3項関係）
- iii） 都道府県知事は，児童の福祉のために必要があると認めるときは，病児保育事業を行う者に対して，必要と認める事項の報告を求め，又は当該職員に，関係者に対して質問させ，若しくはその事業を行う場所に立ち入り，設備，帳簿書類その他の物件を検査させることができることとしたこと。（第34条の18の2第1項関係）
- iv） 都道府県知事は，病児保育事業を行う者が，この法律若しくはこれに基づく命令若しくはこれらに基づいてする処分に違反したとき，又はその事業に関し不当に営利を図り，若しくはその事業に係る児童の処遇につき不当な行為をしたときは，その者に対し，その事業の制限又は停止を命ずることができることとしたこと。（第34条の18の2第3項関係）

⑦ 子育て援助活動支援事業の実施について（第34条の18の3関係）
- i） 国及び都道府県以外の者は，社会福祉法の定めるところにより，子育て援助活動支援事業を行うことができることとしたこと。（第34条の18の3第1項関係）
- ii） 子育て援助活動支援事業に従事する者は，その職務を遂行するに当たっては，個人の身上に関する秘密を守らなければならないこととしたこと。（第34条の18の3第2項関係）

⑧ 保育所の認可について（第35条及び第39条関係）
- i） 都道府県知事は，保育所に関する認可の申請があったときは，児童福祉施設の設備及び運営についての条例で定める基準（保育所に係るものに限る。）に適合するかを審査するほか，保育所を行うために必要な経済的基礎があること等の基準（申請者が社会福祉法人又は学校法人でない場合に限る。）及び第35条第5項第4号に規定する欠格事由に該当しないこととする基準によって，その申請を審査しなければならないこととしたこと。（第35条第5項関係）
- ii） 都道府県知事は，保育所の認可をしようとするときは，あらかじめ，児童福祉審議会の意見を聴かなければならないこととしたこと。（第35条第6項関係）
- iii） 都道府県知事は，保育所の設置の認可をしようとするときは，あらかじめ，当該認可の申請に係る保育所が所在する市町村の長に協議しなければならないこととしたこと。（第35条第7項関係）
- iv） 都道府県知事は，審査の結果，その申請が児童福祉施設の設備及び運営についての条例で定める基準に適合しており，かつ，その設置者が第35条第5項各号に掲げる基準（その者が社会福祉法人又は学校法人である場合にあっては，同項第4号に掲げる基準に限る。）に該当すると認めるときは，保育所の認可をするものとしたこと。（第35条第8項関係）
- v） 都道府県知事は，特定教育・保育施設の利用定員の総数が，都道府県子ども・子育て支援事業支援計画において定める必要利用定員総数に既に達している場合等は，保育所の認可をしないことができることとしたこと。（第35条第8項関係）
- vi） 市町村は，保育所を廃止し，又は休止しようとするときは，その廃止又は休止の三月前までに，厚生労働省令で定める事項を都道府県知事に届け出なければならないこととしたこと。（第35条第11項関係）
- vii） 保育所は利用定員が20人以上である施設であることを明確にしたこと。（第39条第1項関係）

⑨ 幼保連携型認定こども園について（第7条及び第39条の2関係）
- i） 幼保連携型認定こども園は，義務教育及びその後の教育の基礎を培うものとしての満3歳以上の幼児に対する教育（教育基本法第6条第1項に規定する法律に定める学校において行われる教育をいう。）及び保育を必要とする乳児・幼児に対する保育を一体的に行い，これらの乳児又は幼児の健やかな成長が図られるよう適当な環境を与えて，その心身の発達を助長することを目的とする施設とすることとしたこと。（第39条の2第1項関係）
- ii） 幼保連携型認定こども園を児童福祉施設に位置付けることとしたこと。（第7条関係）
- iii） 幼保連携型認定こども園に関しては，児童福祉法に定めるもののほか，認定こども園法の定め

るところによることとしたこと。(第39条の2第2項関係)
⑩ 費用について(第50条から第56条まで関係)
　i) 子ども・子育て支援法による施設型給付の施行に伴い,保育所における保育を行うことに要する保育費用についての支弁規定等を削除することとしたこと。(第50条及び第51条関係)
　ii) ③のv)又はvi)の措置に要する費用についての支弁規定等を設けることとしたこと。(第51条第4号及び第5号関係)
　iii) 子ども・子育て支援法による地域型保育給付及び地域子ども・子育て支援事業の施行に伴い,子育て短期支援事業の実施に要する費用,乳児家庭全戸訪問事業の実施に要する費用,養育支援訪問事業の実施に要する費用及び家庭的保育事業の実施に要する費用についての支弁規定等を削除することとしたこと。(第51条関係)
　iv) ③のv)又はvi)の措置に係る児童が,子ども・子育て支援法の規定により施設型給付費,特例施設型給付費,地域型保育給付費又は特例地域型保育給付費の支給を受けることができる保護者の児童であるときは,市町村は,その限度において,第51条第4号又は第5号の規定による費用の支弁をすることを要しないこととしたこと。(第52条関係)
　v) 第51条第4号又は第5号に規定する保育の措置に要する費用を支弁した市町村の長は,本人又はその扶養義務者から,その負担能力に応じ,その費用の全部又は一部を徴収することができることとしたこと。(第56条第3項関係)
　vi) 保育所又は幼保連携型認定こども園の設置者が,乳児又は幼児の保護者から,善良な管理者と同一の注意をもって,当該保護者が当該保育所又は幼保連携型認定こども園に支払うべき金額に相当する金額の支払を受けることに努めたにもかかわらず,なお当該保護者が当該金額の全部又は一部を支払わない場合において,当該保育所又は幼保連携型認定こども園における保育に支障が生じ,又は生ずるおそれがあり,かつ,市町村が必要であると認めるときは,市町村は,当該設置者の請求に基づき,地方税の滞納処分の例によりこれを処分することができることとしたこと。(第56条第11項関係)
　vii) 家庭的保育事業等を行う者が,乳児又は幼児の保護者から,善良な管理者と同一の注意をもって,当該保護者が当該家庭的保育事業等を行う者に支払うべき金額に相当する金額の支払を受けることに努めたにもかかわらず,なお当該保護者が当該金額の全部又は一部を支払わない場合において,当該家庭的保育事業等による保育に支障が生じ,又は生ずるおそれがあり,かつ,市町村が必要であると認めるときは,市町村は,当該家庭的保育事業等を行う者の請求に基づき,地方税の滞納処分の例によりこれを処分することができることとしたこと。(第56条第12項関係)
⑪ 市町村整備計画について(第56条の4の2及び第56条の4の3関係)
　i) 市町村は,保育を必要とする乳児・幼児に対し,必要な保育を確保するために必要があると認めるときは,当該市町村における保育所及び幼保連携型認定こども園(ii)において「保育所等」という。)の整備に関する計画(「市町村整備計画」という。)を作成することができることとしたこと。また,市町村整備計画の作成に当たっては,子ども・子育て支援法に基づく市町村子ども・子育て支援事業計画との調和を保たなくてはならないこととしたこと。(第56条の4の2第1項及び第3項関係)
　ii) i)の市町村整備計画においては,市町村が定める保育提供区域ごとの保育所等の整備に関する目標及び計画期間並びにその目標を達成するために必要な保育所等を整備する事業に関する事項その他厚生労働省令で定める事項を定めることとしたこと。(第56条の4の2第2項関係)
　iii) 国は,市町村に対し,市町村整備計画に基づく事業等(国,都道府県及び市町村以外の者が設置する保育所等に係るものに限る。)の実施に要する経費に充てるため,保育所等の整備の状況その他の事項を勘案して厚生労働省令で定めるところにより,予算の範囲内で,交付金を交付するこ

(1) 平成24年8月31日通知（公布通達）

とができることとしたこと。（第56条の4の3第2項関係）
⑫ 公有財産の貸付け等による放課後児童健全育成事業の実施の促進等について（第56条の7関係）
　市町村は、必要に応じ、公有財産の貸付けその他の必要な措置を積極的に講ずることにより、社会福祉法人その他の多様な事業者の能力を活用した放課後児童健全育成事業の実施を促進し、放課後児童健全育成事業に係る供給を効率的かつ計画的に増大させるものとしたこと。（第56条の7第2項関係）
⑬ 公私連携型保育所に関する特例について（第56条の8関係）
　ⅰ）待機児童対策など，増大する保育需要に効率的に対応するには，民間法人との協働も有効であり，また，市町村が保育所の整備を進める中で，保育及び子育て支援事業を通じ，子ども・子育て支援に関する中核的な役割を担う施設を，市町村が運営に関与しつつ，民間法人に運営させようとするようなケースもあり，これらに応えるため，公私連携型保育所（協定に基づき，当該市町村から必要な設備の貸付け，譲渡その他の協力を得て，当該市町村との連携の下に保育及び子育て支援事業を行う保育所をいう。）の枠組みを設けることとしたこと。
　　その際，市町村長は，当該市町村における保育の実施に対する需要の状況等に照らし適当であると認めるときは，公私連携型保育所の運営を継続的かつ安定的に行うことができる能力を有するものであると認められるもの（法人に限る。）を，その申請により，公私連携保育法人として指定することができることとしたこと。（第56条の8第1項関係）
　ⅱ）市町村長は公私連携保育法人を指定するときは，あらかじめ，当該指定をしようとする法人と次に掲げる事項を定めた協定を締結しなければならないこととしたこと。（第56条の8第2項関係）
　　ア　協定の目的となる公私連携型保育所の名称及び所在地
　　イ　公私連携型保育所における保育等に関する基本的事項
　　ウ　市町村による必要な設備の貸付，譲渡その他の協力に関する基本的事項
　　エ　協定の有効期間
　　オ　協定に違反した場合の措置
　　カ　その他公私連携型保育所の設備及び運営に関し必要な事項
　ⅲ）公私連携保育法人は，市町村長を経由し，都道府県知事に届け出ることにより，認可を受けずに公私連携型保育所を設置することができることとしたこと。（第56条の8第3項関係）
　ⅳ）市町村長は，公私連携型保育所の運営を適切にさせるため，立入検査等の必要な指導監督を行うことができることとしたこと。（第56条の8第7項関係）
　ⅴ）市町村長は，公私連携型保育所が正当な理由なく協定に従って保育等を行っていないと認めるときは，公私連携保育法人に対し，協定に従って保育等を行うことを勧告することができることとしたこと。また，公私連携保育法人が当該勧告に従わないときは，指定を取り消すことができることとしたこと。（第56条の8第10項及び第11項関係）
　ⅵ）公私連携保育法人は，その指定を取り消されたときは，当該処分に係る公私連携型保育所について，廃止の承認を都道府県知事に申請しなければならないこととしたこと。（第56条の8第12項関係）
⑭ 市町村保育計画及び都道府県保育計画の削除について（旧第56条の8から旧第56条の11まで関係）
　子ども・子育て支援法による市町村子ども・子育て支援事業計画及び都道府県子ども・子育て支援事業支援計画の施行に伴い，市町村保育計画及び都道府県保育計画に係る規定を削除することとしたこと。（旧第56条の8及び旧第56条の9関係）
⑮ 認可・届出を行っていない施設の扱いについて（第59条及び第59条の2関係）
　ⅰ）児童福祉法及び認定こども園法の一部改正に伴い，第59条の規定の対象に，家庭的保育事業等の届出及び幼保連携型認定こども園の届出をしていないもの，家庭的保育事業等の認可及び幼保連携型認定こども園の認可を受けていないもの並びに家庭的保育事業等の認可を取り消された施設及

び幼保連携型認定こども園の認可を取り消された施設を追加することとしたこと。（第59条第1項関係）
ⅱ） 児童福祉法及び認定こども園法の一部改正に伴い，第59条の2の規定の対象に，家庭的保育事業等の認可及び幼保連携型認定こども園の認可を受けていないもの並びに家庭的保育事業等の認可を取り消された施設及び幼保連携型認定こども園の認可を取り消された施設を追加することとしたこと。（第59条の2第1項関係）
⑯ 経過措置
ⅰ） 市町村が，③のⅲ）に基づき待機児童が発生している場合に実施することとされている利用の調整，要請の事務を，当分の間，待機児童の有無にかかわらず，すべての市町村において実施することとしたこと。（附則第73条関係）
ⅱ） この法律の施行の際現に放課後児童健全育成事業，病児保育事業又は子育て援助活動支援事業を行っている国及び都道府県以外の者について，届出に係る経過措置を設けることとしたこと。（整備法第7条関係）

(2) 旅館業法の一部改正関係
① 旅館業の許可申請に対して，都道府県知事（保健所を設置する市又は特別区にあっては，市長又は区長）等は，申請に係る施設の設置場所の周囲に学校又は児童福祉施設が存在し，その施設環境が著しく害されるおそれがあると認められる場合には，許可を与えないことができるが，この場合の「学校」に幼保連携型認定こども園を加えたこと。（第3条第3項第1号関係）
② 都道府県知事等は，申請に係る施設の設置場所の周囲に幼保連携型認定こども園が存在する場合に，旅館業の許可を与えようとする際には，大学附置の国立学校が設置する幼保連携型認定こども園の場合は当該大学の学長，地方公共団体が設置する幼保連携型認定こども園の場合は地方公共団体の長，国及び地方公共団体以外の者が設置する幼保連携型認定こども園の場合は都道府県知事（指定都市，中核市においては，当該指定都市又は中核市の長）の意見を求めなければならないこととしたこと。（第3条第4項関係）

(3) 教育公務員特例法の一部改正関係
① 公立の幼保連携型認定こども園について，地方教育行政の組織及び運営に関する法律の一部改正（(10)参照）により，地方公共団体の長が所管することとされたことに伴い，その園長及び教員の任命権者も地方公共団体の長となること。なお，地方公共団体の長が第21条，第23条，第24条及び第25条の2並びに附則第4条，第5条及び第6条に規定する各種研修を実施するに当たっては，学校教育に関する専門的知見を有する教育委員会など関係機関・団体等と連携・協力等により，研修の充実に努められたいこと。
② 公立の幼保連携型認定こども園の保育教諭等に対する初任者研修及び十年経験者研修については，幼稚園と同様，指定都市以外の市町村にあっては当該市町村を包括する都道府県の知事が実施する等の特例が設けられていること。（附則第4条及び第5条関係）
③ この他，公立の幼保連携型認定こども園の園長及び教員等について，教育公務員特例法の諸規定の適用（兼職及び他の事業等の従事，教育公務員の政治的行為の制限など）があることに留意されたいこと。（第17条及び第18条等関係）

(4) 教育職員免許法の一部改正関係
① 幼保連携型認定こども園の教員の免許については，認定こども園法の定めるところによるとしたこと。（第3条関係）
② 認定こども園法一部改正法の施行の日から5年を経過するまでの間は，保育士登録をしている者であって文部科学省令で定める基礎資格を有するものに対して，教育職員免許法第6条第1項による教育職員検定により幼稚園教諭の一種免許状又は二種免許状を授与する場合の学力及び実務の検定の特

例を設けることとしたこと。(附則第19項関係)
③ 教育職員検定により上位の教諭の免許状の授与を受ける場合等に求められる実務の検定における最低在職年数として，幼保連携型認定こども園における在職年数も含まれることとしたこと。(別表第3，別表第7及び別表第8関係)

(5) 私立学校法の一部改正関係
　学校法人以外の者に対する私立学校法の適用関係を定めている附則第12項において，当分の間，同項の「私立学校」に，認定こども園法一部改正法附則第3条第2項に規定するみなし幼保連携型認定こども園(以下単に「みなし幼保連携型認定こども園」という。)，同法附則第4条第1項の規定により設置される幼保連携型認定こども園(以下単に「特例設置幼保連携型認定こども園」という。)及び社会福祉法人立の幼保連携型認定こども園を含むこととしたこと。また，それらの設置者を，第59条(助成)に定める「学校法人」に含むこととしたこと。(附則第12項関係)

(6) 建築基準法の一部改正関係
　工業地域，工業専用地域内において建築してはならない建築物として規定されている「学校」から幼保連携型認定こども園を除くこととしたこと。(別表第2関係)

(7) 社会福祉法の一部改正関係
　児童福祉法及び認定こども園法の一部改正に伴い，児童福祉法に規定する小規模保育事業，病児保育事業及び子育て援助活動支援事業並びに就学前の子どもに関する教育，保育等の総合的な提供の推進に関する法律に規定する幼保連携型認定こども園を経営する事業を第二種社会福祉事業に追加することとしたこと。(第2条第3項関係)

(8) 国有財産特別措置法の一部改正関係
　児童福祉法，子ども・子育て支援法及び認定こども園法の一部改正に伴い，普通財産の無償貸付の対象として，地方公共団体，社会福祉法人又は学校法人において，幼保連携型認定こども園の施設の用に供するときを追加することとしたこと。(第2条第2項関係)

(9) 私立学校教職員共済法の一部改正関係
　学校法人以外の者に対する私立学校教職員共済法の適用関係を定めている同法附則第10項において，当分の間，みなし幼保連携型認定こども園を設置する者及び特例設置幼保連携型認定こども園を設置する者は，学校法人以外であっても学校法人とみなすこととしたこと。(附則第10項関係)

(10) 地方教育行政の組織及び運営に関する法律の一部改正関係
① 幼保連携型認定こども園の所管を地方公共団体の長としたことに伴い，教育委員会及び長の職務権限に関する規定を整理したこと。(第23条，第24条及び第32条関係)
② 地方公共団体の長は，当該地方公共団体が設置する幼保連携型認定こども園に関する事務のうち，幼保連携型認定こども園における教育課程に関する基本的事項の策定その他の当該地方公共団体の教育委員会の権限に属する事務と密接な関連を有するものとして当該地方公共団体の規則で定めるものの実施に当たっては，当該教育委員会の意見を聴かなければならないこととしたこと。(第27条の2第1項関係) また，地方公共団体の長は，当該規則を制定し，又は改廃しようとするときは，あらかじめ，当該地方公共団体の教育委員会の意見を聴かなければならないこととしたこと。(第27条の2第2項関係) 当該規則の制定は，施行日前においても行うことができることとしたこと。(整備法第25条関係)

　なお，改正後の地方教育行政の組織及び運営に関する法律第27条の2第1項に定める地方公共団体の規則の内容については，例えば，幼保連携型認定こども園における教育課程に関する基本的事項の策定，幼保連携型認定こども園の設置及び廃止に関すること，幼保連携型認定こども園の職員の任免その他の人事に関することなど，当該地方公共団体の教育委員会の権限に属する事務と密接な関連を有するものを想定しているものであるが，各地方公共団体において，各地域の実情を踏まえ，また

Ⅱ 資料編　3 その他（通達など）

事務負担等にも配慮しつつ，地方公共団体の長と教育委員会の適切な連携が図られるよう定められたいこと。
③ 教育委員会は，当該地方公共団体が設置する幼保連携型認定こども園に関する事務の管理及び執行について，その職務に関して必要と認めるときは，当該地方公共団体の長に対し，意見を述べることができることとしたこと。（第27条の3関係）
④ 教育委員会は，第27条の2（幼保連携型認定こども園に関する意見聴取）及び第27条の3（幼保連携型認定こども園に関する意見の陳述）の規定による権限を行うために必要があるときは，当該地方公共団体の長に対し，必要な資料の提供その他の協力を求めることができることとしたこと。（第27条の4関係）
⑤ 地方公共団体の長は，幼保連携型認定こども園に関する事務を管理し，及び執行するに当たり，必要があると認めるときは，当該地方公共団体の教育委員会に対し，学校教育に関する専門的事項について助言又は援助を求めることができることとしたこと。（第27条の5関係）なお，当該規定は，公立の幼保連携型認定こども園に関することにとどまらず，私立の幼保連携型認定こども園に関することについても対象となることに留意すること。
⑥ 幼保連携型認定こども園に関する事務の処理に関して，都道府県知事が市町村長に対し指導，助言又は援助等を行うことができるよう，必要な読み替えを規定したこと。（第54条の2関係）
⑦ 今回の地方教育行政の組織及び運営に関する法律の改正において，公立の幼保連携型認定こども園も含め幼保連携型認定こども園は地方公共団体の長が所管することとした上で，教育委員会が一定の関与を行う仕組みを設けた趣旨を踏まえ，地方公共団体の長におかれては，教育委員会が有する学校教育に関する専門的知見を活用し，幼保連携型認定こども園における学校教育の質の向上に努めていただきたいこと。

(11) **社会福祉施設職員等退職手当共済法の一部改正関係**
① 社会福祉施設職員等退職手当共済法第2条第1項に規定する「社会福祉施設」に幼保連携型認定こども園を加えたこと。（第2条第1項第2号の2関係）
② 整備法の施行の際現に存する社会福祉法人が経営する保育所又は幼稚園（社会福祉施設職員等退職手当共済法第2条第4項に規定する申出施設等であるものに限る。）が，ⅰ）幼保連携型認定こども園の設置の認可を受けた場合又はⅱ）認定こども園法一部改正法附則第3条第1項の規定により幼保連携型認定こども園の設置の認可があったものとみなされた場合には，整備法の施行の際現に成立している当該保育所又は幼稚園に係る退職共済契約は，ⅰ）については幼保連携型認定こども園の設置の認可を受けた日，ⅱ）については認定こども園法一部改正法の施行の日以後，幼保連携型認定こども園に係る退職手当共済契約とみなす等の経過措置を設けたこと。（整備法第30条関係）

(12) **激甚災害に対処するための特別の財政援助等に関する法律の一部改正関係**
激甚災害による公共土木施設等の被害に対する地方公共団体の財政負担を軽減するための国の補助対象事業に，幼保連携型認定こども園，みなし幼保連携型認定こども園及び特例設置幼保連携型認定こども園並びに子ども・子育て支援法第27条第1項の規定により確認を受けた私立幼稚園の災害復旧事業を加えたこと。（第3条第1項第6号，第6号の2及び第11号の2関係）

(13) **母子及び寡婦福祉法（昭和39年法律第129号）の一部改正関係**
① 子ども・子育て支援法の制定及び児童福祉法の一部改正に伴い，市町村は，特定教育・保育施設又は特定地域型保育事業の利用について，子ども・子育て支援法に基づく相談，助言若しくはあっせん若しくは要請を行う場合又は児童福祉法に基づく調整若しくは要請を行う場合には，母子家庭等の福祉が増進されるように特別の配慮をしなければならないこととしたこと。（第28条第1項関係）
② 子ども・子育て支援法の制定に伴い，特定教育・保育施設の設置者又は特定地域型保育事業者は，同法の規定により，当該特定教育・保育施設を利用する児童又は当該特定地域型保育事業を利用する

(1) 平成24年8月31日通知（公布通達）

児童を選考するときは，母子家庭等の福祉が増進されるように特別の配慮を行わなければならないこととしたこと。（第28条第2項関係）

⒁ **母子保健法（昭和40年法律第141号）の一部改正関係**
① 厚生労働大臣は，第13条第1項の規定による妊婦に対する健康診査についての望ましい基準を定めるものとしたこと。（第13条第2項関係）
② 妊娠の届出について，保健所を設置する市又は特別区に居住する場合についても，保健所長経由ではなく，直接，市町村長に届出を行うこととしたこと。（第15条関係）

⒂ **登録免許税法の一部改正関係**
認定こども園法の一部改正に伴い，現行の幼保連携型認定こども園に関する規定の削除をしたこと。（第33条関係）

　　（注）「基本制度」においては，「総合こども園（仮称）に係る税制については，現行の幼稚園及び保育所に対する措置を踏まえ，平成25年度以降の税制改正要望を通じて検討する。」とされている。その後，衆議院における法案審議を経て，民主党・自由民主党・公明党の合意により，総合こども園制度の創設を行わず，認定こども園制度の改善を行うこととされた。「幼保連携型認定こども園」については，「総合こども園」と同様に，単一の施設として認可・指導監督等を一本化した上で，学校及び児童福祉施設としての法的位置付けを持たせることとされた。

⒃ **児童手当法の一部改正関係**
① 児童手当が子ども・子育て支援法に規定する子どものための現金給付に位置付けられたことに伴い，この法律の目的に，子ども・子育て支援法第7条第1項に規定する子ども・子育て支援の適切な実施を図ることを追加するとともに，所管大臣を厚生労働大臣から内閣総理大臣に変更したこと。（第1条等関係）
② 子ども・子育て支援法に拠出金に係る規定を設けたことに伴い，拠出金に係る規定を削除したこと。（旧第20条から旧第22条まで関係）
③ 児童福祉法の一部改正に伴い，保育に係る費用に関するこの法律による特別徴収の対象を，児童福祉法第56条第11項又は第12項の規定により地方税の滞納処分の例により処分することができる費用（代行徴収対象費用）を徴収する場合に，受給資格者が代行徴収対象費用を支払うべき保護者である場合としたこと。（第20条第1項関係）
④ 子ども・子育て支援法に地域子ども・子育て支援事業に係る規定を設けたことに伴い，児童育成事業に係る規定を削除したこと。（旧第29条の2関係）

⒄ **私立学校振興助成法の一部改正関係**
① 私立学校振興助成法第3条，第9条，第10条及び第12条～第15条における「学校法人」には，当分の間，みなし幼保連携型認定こども園を設置する者，特例設置幼保連携型認定こども園を設置する者及び社会福祉法人立幼保連携型認定こども園を設置する者を加えたこと。（附則第2条及び第2条の2関係）
② これにより，幼保連携型認定こども園を設置する社会福祉法人については，私立学校振興助成法の規定に基づき補助金の交付を受けることができることとしており，5年以内の学校法人化措置は要しないこと。
③ 新制度における私学助成の補助対象経費などの具体的な取扱いについては，別途通知する予定であること。

⒅ **日本私立学校振興・共済事業団法の一部改正関係**
日本私立学校振興・共済事業団法における「私立学校」に，学校法人の幼保連携型認定こども園を加えたこと。（第2条関係）また，同法における「私立学校」には，当分の間，みなし幼保連携型認定こども園及び特例設置幼保連携型認定こども園を加え，「学校法人」にはそれらの設置者を加えたこと。（附

197

則第13条関係)
(19) **児童虐待の防止等に関する法律（平成12年法律第82号）の一部改正関係**
① 子ども・子育て支援法の制定及び児童福祉法の一部改正に伴い，市町村は，特定教育・保育施設又は特定地域型保育事業の利用について，子ども・子育て支援法に基づく相談，助言若しくはあっせん若しくは要請を行う場合又は児童福祉法に基づく調整若しくは要請を行う場合には，児童虐待の防止に寄与するため，特別の支援を要する家庭の福祉に配慮しなければならないこととしたこと。（第13条の2第1項関係）
② 子ども・子育て支援法の制定に伴い，特定教育・保育施設の設置者又は特定地域型保育事業者は，同法の規定により，当該特定教育・保育施設を利用する児童又は当該特定地域型保育事業を利用する児童を選考するときは，児童虐待の防止に寄与するため，特別の支援を要する家庭の福祉に配慮しなければならないこととしたこと。（第13条の2第2項関係）

(20) **独立行政法人日本スポーツ振興センター法の一部改正関係**
独立行政法人日本スポーツ振興センターが行う災害共済給付の対象として，幼保連携型認定こども園を加えたこと。（第3条関係）また，当分の間，認定こども園であって児童福祉法第59条第1項に規定する施設のうち同法第39条第1項に規定する業務を目的とするもの（幼稚園型認定こども園の認可外保育施設部分及び地方裁量型認定こども園）を災害共済給付の対象としたこと。（附則第8条関係）

(21) **次世代育成支援対策推進法の一部改正関係**
① 主務大臣は，行動計画策定指針を定め又は変更しようとするときは，あらかじめ，子ども・子育て支援法第72条に規定する子ども・子育て会議の意見を聴き，かつ，内閣総理大臣に協議しなければならないこととしたこと。（第7条第4項関係）
② 子ども・子育て支援法の市町村子ども・子育て支援事業計画及び都道府県子ども・子育て支援事業支援計画を定めるものとしたことに伴い，市町村行動計画及び都道府県行動計画の策定を任意としたこと。（第8条及び第9条関係）

(22) **内閣府設置法の一部改正関係**
① 内閣府に，審議会等として，子ども・子育て会議を置くこととしたこと。（第37条第3項関係）
② 内閣府は，政令で定める日までの間，子ども・子育て支援法附則第10条に規定する保育緊急確保事業に関する事務をつかさどることとしたこと。（附則第2条第5項第4号関係）
③ 内閣府の所掌事務として，ⅰ）からⅲ）を規定することとしたこと。
　ⅰ）子ども及び子どもを養育している者に必要な支援をするための基本的な政策並びに少子化の進展への対処に関する事項の企画及び立案並びに総合調整に関する事務をつかさどること。（第4条第1項第19号関係）
　ⅱ）子ども・子育て支援法に規定する子ども・子育て支援給付その他の子ども及び子どもを養育しているものに必要な支援に関する事務をつかさどること。（第4条第3項第27号の5関係）
　ⅲ）認定こども園に関する制度に関する事務をつかさどること。（第4条第3項第27号の6関係）
④ 内閣府設置法第4条第1項第19号及び第3項第27号の4から第27号の6までに掲げる事務については，特命担当大臣を置き，当該事務を掌理させることとしたこと。（第11条の3関係）
⑤ 子ども・子育て本部（第40条第1項及び第41条の2関係）
　ⅰ）内閣府に，特別の機関として，子ども・子育て本部を置くこととしたこと。
　ⅱ）子ども・子育て本部は，内閣府設置法第4条第1項第19号及び第3項第27号の4から第27号の6までに掲げる事務をつかさどることとしたこと。

3 施行期日
この法律は，子ども・子育て支援法の施行の日から施行することとしたこと。ただし，次に掲げる規

定は，当該各号に定める日から施行すること。
　2の（22）の①平成25年4月1日
　2の（22）の②公布の日から起算して2年6月を超えない範囲内において政令で定める日

第三　その他の留意事項

1　新制度における事務の一元的実施体制の整備等

　行政窓口の一本化等関係機関の連携については，「認定こども園制度の普及促進について」（平成21年3月31日20文科初第8100号・雇児発第0331017号文部科学省初等中等教育局長・厚生労働省雇用均等・児童家庭局長通知）においてお願いしているところであるが，幼保連携型認定こども園について認可・指導監督が一本化されることや，認定こども園，幼稚園及び保育所を通じた共通の給付（「施設型給付」）が創設されること等を踏まえ，子ども・子育て支援法及び改正後の認定こども園法に基づく事務を一元的に実施するため，認定こども園，幼稚園及び保育所等の担当部局を一元化するなど，円滑な事務の実施が可能な体制を整備されたいこと（ただし，教育委員会の独立性確保の観点から，公立幼稚園に関する教育委員会の権限自体は移管できないことに留意いただきたい）。また，指定都市及び中核市が教育に関する事務を行うに当たっては，都道府県との連携にも配慮されたいこと。

2　問い合わせ窓口等

　本通知の記載内容に関する照会は，内閣府政策統括官（共生社会政策担当）付参事官（少子化対策担当）付まで連絡されたいこと。なお，内閣府においては，上記の法律の施行の準備等を行うため，今後速やかに「子ども・子育て支援新制度準備室（仮称）」を設置することとしている。

(2) 地方自治体職員向けＱ＆Ａ

内閣府ウェブサイト
www.mhlw.go.jp/bunya/shakaihosho/seminar/dl/02_94-08.pdf

〈目次〉

1．保育の実施義務，行政の関与した利用手続き，確認手続き等について

Ｑ1－1）児童福祉法第24条第1項は残ることになりますが，市町村の保育実施義務が後退することはないと考えてよいでしょうか。

Ｑ1－2）支援法の附則で私立保育所については，現行通り市町村が委託費を支払うとされましたが，これは「当分の間」の措置なのでしょうか。

Ｑ1－3）新制度において，現在の保育所の施設整備費に相当する4分の3補助の公的支援は確保されるのでしょうか，されないのでしょうか。

Ｑ1－4）基本的な給付が一体化されることで，建設に係る補助制度はどのようになりますか。

Ｑ1－5）法施行後は，「市町村が児童福祉法第24条に則って保育の実施義務を行うことに基づく措置として，私立保育所については現行どおり，市町村が委託費を支払い，利用者負担の徴収も市町村が行う。」とされていますが，保育所以外の認定こども園及び幼稚園の利用者負担について，どのような保育料の体系になりますか。

Ｑ1－6）保育を必要としない子どもについての市町村の受付事務（居住の確認・所得確認等）が増加するのではないでしょうか。

Ｑ1－7）保護者が保育料を滞納した場合，保育所及び幼保連携型認定こども園については，地方税の

Ⅱ 資料編　③ その他（通達など）

滞納処分の例によりこれを処分することができるとされていますが，発生している滞納金額については自治体が補填しなければならないのでしょうか。

Ｑ１－８）Ａ市に居住する保護者の子どもがＢ市の教育・保育施設に入園する場合，その施設の特定教育・保育施設としての確認はＢ市で行うが，子どもの「施設型給付」の受給資格・区分の認定，及び「施設型給付」の支給はＡ市で行うということでよろしいでしょうか。

Ｑ１－９）一方，地域型保育ではＢ市の事業所にＡ市の子どもが入所する場合，Ａ市の確認が必要であるように読めますが，その理解でよろしいでしょうか（子ども・子育て支援法第43条第２項・第４項）。

２．認定こども園制度について

Ｑ２－１）具体的にどの程度の幼稚園が幼保連携型認定こども園に移行しますか。

Ｑ２－２）具体的にどの程度の保育所が幼保連携型認定こども園に移行しますか。

Ｑ２－３）既存の幼稚園型・保育所型・地方裁量型認定こども園について，幼保連携型への移行をどのように進めていくのでしょうか。

Ｑ２－４）新制度では，地方裁量型認定こども園に対して，しっかり支援がなされるのでしょうか。

Ｑ２－５）既存の幼稚園型・保育所型・地方裁量型と，幼保連携型で，給付に差を設けるのでしょうか。

Ｑ２－６）幼保連携型認定こども園への株式会社の参入が見送られたことにより，設置が進まず，待機児童対策につながらないのではないでしょうか。

Ｑ２－７）現行制度では設置者が異なり，複数の施設が連携して運営する幼保連携型認定こども園が存在しますが，新制度で単一施設としての新たな幼保連携型認定こども園に移行できるのでしょうか。

Ｑ２－８）新たな幼保連携型認定こども園の認可等の権限については大都市に権限移譲していますが，幼保連携型以外の３つの類型の認定等の権限については大都市に権限移譲はしないのでしょうか。

Ｑ２－９）幼稚園教諭免許と保育士資格の一本化を行う予定はあるのでしょうか。

Ｑ２－10）新制度では，幼保連携型の認定こども園への財政措置を拡充することとされていますが，保育所型の認定こども園についても同様の拡充となりますか。

Ｑ２－11）現行の認定こども園制度では，幼保連携型と違い，幼稚園の認可を受けていない保育所型では，幼稚園就園奨励費や私学助成が受けることができませんが，改正後はどうなりますか。

Ｑ２－12）現行の公立の保育所並びに認定こども園の運営費は一般財源化により国・県からの保育所運営負担金が受けられませんが，改正後の公立保育所や公立認定こども園では，どうなるのでしょうか。

Ｑ２－13）改正後の認定こども園では，幼稚園と保育園の利用に対する負担のバランスがとれるようにする基準を示す予定はありますか。

Ｑ２－14）新たな幼保連携型認定こども園については，既存の幼稚園及び保育所からの移行は義務づけないとした上で，給付については，「施設型給付」として認定こども園，幼稚園，保育所を通じた共通の給付を創設するとされています。この「施設型給付」の制度設計における，具体的な内容はどのようになりますか。

（ex.①現在の幼稚園・保育所の運営費補助制度を踏襲，②全く新たな制度設計，その場合の給付体系，など）

Ｑ２－15）子ども・子育て支援法では，幼稚園は同法第19条第２号に該当する子どもを預かることができないということになっています。仕事をしている保護者の子どもを預かっている幼稚園が，基準を満たすことができず，認定こども園となれない場合，どうすればよろしいのでしょうか。

Ｑ２－16）既存の幼稚園が，当該幼稚園を廃止して幼保連携型認定こども園を設置した場合には，「幼稚園」という名称を引き続き使用できるとの規定が改正後の認定こども園法にありますが，既存の保育所が，同様に幼保連携型認定こども園を設置する場合は「保育園」という名称を使用することがで

(2) 地方自治体職員向けQ&A

きますか。

3．地域子ども・子育て支援事業について

Q3－1）子ども・子育て支援法第65条において地域子ども・子育て支援事業に要する費用は市町村の支弁とされています。民間の事業者が，放課後児童健全育成事業を実施する場合に必要となる経費については，この規定に基づき市町村が義務負担することになるのでしょうか。そうなるとした場合，事業者に対して市町村が支弁する金額は，国が定めることになるでしょうか。

Q3－2）厚生労働省令で示される基準の水準は，放課後児童クラブガイドラインにおいて示されている基準と同じ程度の水準と考えてよいでしょうか。

Q3－3）放課後児童健全育成事業について，子ども・子育て支援法，児童福祉法には，利用者負担に関する規定が定められていませんが，利用者負担の考え方，金額等については，各自治体の判断に委ねられることになるのでしょうか。国において，示されるということであれば，どの程度の利用者負担を想定しているのでしょうか。また，民間の事業者が放課後児童健全育成事業を実施する場合の利用者負担は，事業者が直接保護者から徴収することになるのでしょうか。

Q3－4）子ども・子育て新システムに関する基本制度（平成24年3月2日少子化社会対策会議決定）によると，放課後児童健全育成事業に係る利用手続きは市町村が定めることとされていますが，利用できる世帯の要件（就労時間，就労日数，保護者が不在となる事由等）については，自治体の裁量により定めることになるのでしょうか。

Q3－5）市町村は，放課後児童健全育成事業について，確実な利用を確保するため，利用状況を随時把握し，利用についてのあっせん，調整を行うとされていますが，利用の申し込みとそれに対する決定は，民間事業者分の含め，すべて市町村が行うことになるのでしょうか。また，決定行為は，行政処分ではなく，利用者と市町村との契約と解してよいでしょうか。

Q3－6）地域子ども・子育て支援事業に係る交付金について，子ども・子育て支援法第67条第2項に規定により，都道府県は市町村に交付金を交付することができるとされていますが，政令市・中核市も都道府県の交付金を受けることができるのでしょうか。

4．その他

Q4－1）0.7兆円で処遇改善などの質改善は具体的にどこまで実現できるのでしょうか。

Q4－2）保育士と幼稚園教諭等の人材の確保策（処遇の改善，復職支援など）についての今後の取組はどうなっているのでしょうか。

Q4－3）幼稚園の預かり保育に対する財政支援はどうなるのでしょうか。

1．保育の実施義務，行政の関与した利用手続き，確認手続き等について

> Q1－1）児童福祉法第24条第1項は残ることになりますが，市町村の保育実施義務が後退することはないと考えてよいでしょうか。

児童福祉法第24条第1項に規定されている保育所での保育に関しては，新制度の下でも，引き続き，現在の制度と同様に，市町村が保育の実施義務を担うことにしました。

これにより，保護者が保育所での保育を希望する場合は，現在と同様，施設ではなく市町村に申し込み，保護者が市町村と契約して利用する仕組みになります。また，私立保育所に対しては，保育の実施義務を担う市町村から委託費が支払われ，保育料の徴収も市町村が行うこととします。

さらに，第24条第2項の中では，市町村は，保育所以外の保育（認定こども園や小規模保育など）

についても必要な保育を確保するための措置を講じなければならないことにしました。
これに加えて，
① 当分の間，待機児童の有無にかかわらず，すべての市町村で，保育所以外の保育（認定こども園や小規模保育など）を含めたすべての保育について市町村が利用調整を行う
② 保育の利用を希望する保護者が，市町村の支援を受けても，なお利用が著しく困難である場合には，保育の措置を行うことができることにするなど，市町村の保育に関する責任を更に明確にしました。
こうしたことにより，市町村の保育に関する責任が後退することはなく，保護者が安心して保育を利用できる仕組みになると考えています。

> Ｑ１－２）支援法の附則で私立保育所については，現行通り市町村が委託費を支払うとされましたが，これは「当分の間」の措置なのでしょうか。

子ども・子育て支援法では，市町村は，「児童福祉法第２４条第１項の規定により保育所において保育を行うため」に私立保育所に対する委託費を支払うことにしています。

児童福祉法第２４条第１項に基づく市町村による保育の実施義務は，児童福祉法の本則上に明確に位置付けられています。この規定の位置付けが変わらない限り，委託費として支払う仕組みも変わらず，特段の期限も設けられていません。

> Ｑ１－３）新制度において，現在の保育所の施設整備費に相当する４分の３補助の公的支援は確保されるのでしょうか，されないのでしょうか。

保育所の設置は，新規建設だけでなく，賃借も含めた様々な方法が考えられることから，新しい制度では，保育所の施設基準に基づく整備費用と減価償却費の全国的な状況を勘案し，その一定割合に相当する額を組み込む形で給付費・委託費を設定し，長期にわたって平準化した形で施設整備を支援することにしています。

また，当面，緊急に対応する必要がある①増加する保育需要に対応するための施設の新築や増改築，②施設の耐震化，などについては，改正後の児童福祉法の中に交付金による別途の支援について規定しています。

こうした施策の組合せにより，市町村が地域の学校教育・保育の需要に確実に応えることが可能になるように支援していきます。

その際，現行の安心こども基金からの施設整備補助は４分の３が公費による補助となっているので，新制度の実施に当たっては，現行の補助水準を維持することを基本に考えています。

> Ｑ１－４）基本的な給付が一体化されることで，建設に係る補助制度はどのようになりますか。

「施設型給付」を受ける，特定教育・保育施設（認定こども園，幼稚園，保育所）の施設整備については，それぞれの設置基準に基づく整備費用と減価償却費の全国的な状況を勘案し，その一定割合に相当する額を組み込む形で施設型給付費・委託費を設定し，長期にわたって平準化した形で施設整備を支援することを考えています。（具体的な給付水準等については今後検討。）

また，当面，緊急に対応する必要がある，増加する保育需要に対応する施設の新築や増改築などについては，改正法では児童福祉法の中に交付金による別途の支援について規定しています。

さらに，公的貸付制度等も活用し，施設整備の際に必要となる資金の調達にも対応できるよう，検討してまいります。

(2) 地方自治体職員向けQ＆A

> Q1-5）法施行後は，「市町村が児童福祉法第24条に則って保育の実施義務を行うことに基づく措置として，私立保育所については現行どおり，市町村が委託費を支払い，利用者負担の徴収も市町村が行う。」とされていますが，保育所以外の認定こども園及び幼稚園の利用者負担について，どのような保育料の体系になりますか。

利用者負担の額は，私立保育所，他の施設を問わず，公定価格が基本となります。利用者負担の額については，現在の保育制度と同様に保護者の負担能力に応じた応能負担とすることにしています。その定め方については，国が定める額を基に，市町村が定めることにしています。

国が定める利用者負担に関する具体的な水準については，現在の利用者負担の水準を基本に今後検討することにしており，これを基にした保育料の水準について，各市町村で検討が行われることになります。ただし，公立・社会福祉法人立以外の施設につきましては，一定の要件の下で上乗せ徴収が可能な制度とすることとしています。

利用者負担の徴収については，私立保育所以外の施設・事業については，施設等と保護者の間の利用契約に基づき，施設がこれを徴収することになります。

なお，「施設型給付」を受けない幼稚園につきましては，現行制度同様，保護者と施設との自由契約の下に保育料等が設定されます。

> Q1-6）保育を必要としない子どもについての市町村の受付事務（居住の確認・所得確認等）が増加するのではないでしょうか。

子ども・子育て支援法等施行後の市町村事務に係る具体的な手続きは省令事項とされていることから，他の制度における取扱いや現行の取扱いも参考にしつつ，できる限り簡素なものとなるよう，制度施行までに検討することにしています。

> Q1-7）保護者が保育料を滞納した場合，保育所，幼保連携型認定こども園及び家庭的保育等については，地方税の滞納処分の例によりこれを処分することができるとされていますが，発生している滞納金額については自治体が補填しなければならないのでしょうか。

制度上，自治体に補填義務はありません（なお，自治体が独自に補填することを妨げるものではありません）。

> Q1-8）A市に居住する保護者の子どもがB市の教育・保育施設に入園する場合，その施設の特定教育・保育施設としての確認はB市で行うが，子どもの「施設型給付」の受給資格・区分の認定，及び「施設型給付」の支給はA市で行うということでよろしいでしょうか。

ご指摘のとおりです。（子ども・子育て支援法第20条第2項）。

また，給付は個人給付（※）となりますが，B市にある施設をA市の住民が使用される場合は，その施設がある市町村（B市）において教育・保育施設としての確認を受けていれば，「施設型給付」の支給対象となります。その場合も，給付の支給はA市が行うことになります。

※「施設型給付」は，利用者への個人給付であるが，施設が法定代理受領する仕組みとなっている。

Ⅱ 資料編 ③ その他（通達など）

Q1-9）一方，地域型保育ではB市の事業所の事業をA市の子どもが利用する場合，A市の確認が必要であるように読めますが，その理解でよろしいでしょうか（子ども・子育て支援法第43条第2項・第4項）。

ご指摘のとおり，地域型保育給付については，その確認の効力が確認をした市町村内に限られますので，B市の事業所の事業をA市の住民が利用する場合は，当該事業所がある市町村（B市）長の同意を得た上で，A市として同事業所に対し確認を行い，その上で地域型保育給付の支給を行っていただくこととなります。

2．認定こども園制度について

Q2-1）具体的にどの程度の幼稚園が幼保連携型認定こども園に移行しますか。

これまで，幼保連携型認定こども園の設置が十分に進まない理由として，二重行政により事務が煩雑であることなどが指摘されてきました。こうした点を考慮し，新制度では，
① 「施設型給付」の創設による認定こども園への給付の一本化
② 幼保連携型認定こども園の改善による認可・指導監督等の一本化などを図ることとしていますので，幼保連携型認定こども園の設置を妨げる要因は，大きく解消されると考えられます。また，幼稚園が幼保連携型認定こども園になるために必要な調理室の設置や保育士資格を持つ職員の配置等についても，調理室の設置の支援や保育教諭の資格の経過措置等を講じることを考えています。

加えて，保育単価設定等によるインセンティブの付与により，幼稚園から幼保連携型認定こども園への移行を促進していきたいと考えています。これまでも認定こども園は，利用している保護者や認定を受けた施設から高く評価されています。今回の改正によって，移行の環境が改善されると考えています。

今後，幼稚園から幼保連携型をはじめとする認定こども園への移行を促進し，これまで目標として掲げてきた2000ヶ所をまずは早急に達成したいと考えています。

その上で，具体的な目標については，各市町村の事業計画を策定する際に，それぞれの地域の状況を考慮して将来の教育・保育の提供体制のあり方を地方版子ども・子育て会議等の場で検討いただき，地域のニーズに応えられる体制を構築していただきたいと思います。

Q2-2）具体的にどの程度の保育所が幼保連携型認定こども園に移行しますか。

これまで，幼保連携型認定こども園の設置が十分に進まない理由として，二重行政により事務が煩雑であることなどが指摘されてきました。こうした点を考慮し，新制度では，
① 「施設型給付」の創設による認定こども園への給付の一本化
② 幼保連携型認定こども園の改善による認可・指導監督等の一本化などを図ることとしていますので，幼保連携型認定こども園の設置を妨げる要因は，大きく解消されると考えられます。

現在の制度では，保育所から幼保連携型認定こども園へ移行するには，幼稚園の認可を得て，学校教育のみの子どもの定員を別に設ける必要がありますが，地域に学校教育のみの需要が少ない場合は，移行することが難しい場合があります。

新制度では，保育の必要性の認定を受けない子ども（学校教育のみの子ども）の定員を設けなくても，保育の必要性の認定を受けた子どもに学校教育を行う体制を確保することで，保育所から幼保連携型認定こども園へ移行することが可能になります。

(2) 地方自治体職員向けQ&A

さらに、幼稚園教諭免許と保育士資格の併有を原則とする保育教諭の設置という要件が移行の妨げにならないよう、幼稚園教諭免許の資格に関する経過措置を設けるとともに、併有を促進するための対策を講じることにしています。

保育所から幼保連携型認定こども園への移行は設置者の選択に委ねられていますが、こうしたことにより、移行を促進していきたいと考えています。

これまでも認定こども園は、利用している保護者や認定を受けた施設から高く評価されています。今回の改正によって、移行の環境が改善されると考えています。

今後、保育所から幼保連携型をはじめとする認定こども園への移行を促進し、これまで目標として掲げてきた2000ヶ所をまずは早急に達成したいと考えています。

その上で、具体的な目標については、各市町村の事業計画を策定する際に、それぞれの地域の状況を考慮して将来の教育・保育の提供体制のあり方を地方版子ども・子育て会議等の場で検討いただき、地域のニーズに応えられる体制を構築していただきたいと思います。

> Q2-3）既存の幼稚園型・保育所型・地方裁量型認定こども園について、幼保連携型への移行をどのように進めていくのでしょうか。

「今後の認定こども園制度の在り方について」（平成21年3月31日認定こども園制度の在り方に関する検討会報告書）では、認定こども園の4類型については将来的には幼保連携型に集約していく方向で進めていくことが望ましいとの考え方が示されています。

これまで、現行の幼保連携型認定こども園については、幼稚園と保育所の双方の認可が必要であるとともに、認可には行政庁の裁量が働くため、施設が基準を満たしていても認可がされないような場合もありました。

新たな幼保連携型認定こども園については、認可基準に適合すれば、欠格事由に該当する場合や供給過剰による需給調整が必要な場合を除き、認可するものとされていることから、現行制度で指摘されている課題は解消されると考えています。

これに加えて、学校及び児童福祉施設としての法的位置付けを併せ持つ施設としての給付単価の設定等により、幼保連携型認定こども園への移行を促進していきたいと考えています。

> Q2-4）新制度では、地方裁量型認定こども園に対して、しっかり支援がなされるのでしょうか。

現在、地方裁量型認定こども園については、特別交付税措置がなされているのみで、国からの補助はありません。

新制度では、地方裁量型認定こども園についても、「施設型給付」の対象となり、現行制度に比べて財政支援が充実することになります。

また、地方裁量型認定こども園が、基準を満たし、幼保連携型認定こども園に移行できるよう、職員の資格の併有促進などの支援をしていく必要があると考えています。

> Q2-5）既存の幼稚園型・保育所型・地方裁量型と、幼保連携型で、給付に差を設けるのでしょうか。

「施設型給付」の額については、今後、制度の施行までに、子ども・子育て会議で議論した上で、定めていくことになります。

その際、学校であり、児童福祉施設である幼保連携型認定こども園と、それ以外の3類型の認定こど

Ⅱ 資料編 ③ その他（通達など）

も園での給付額については，必要とされる職員の人数や資格をはじめとするそれぞれの認可・認定の基準を定めた上で，その基準との関係に留意しながら，関係者で御議論いただきながら検討してまいります。

> Q2－6）幼保連携型認定こども園への株式会社の参入が見送られたことにより，設置が進まず，待機児童対策につながらないのではないでしょうか。

幼保連携型認定こども園の設置主体は，国，地方公共団体，学校法人，社会福祉法人とされましたが，「二重行政」「財政支援が不十分」といった認定こども園制度の課題が解決されたことにより，その設置が促進されると考えています。

また，保育所，保育所型認定こども園，地方裁量型認定こども園については，従来と同様，株式会社を含む多様な主体が設置することができ，それに加えて，保育所の認可制度の改正を行い，大都市部の保育需要の増大に機動的に対応できるような仕組みを設けました。

また，小規模保育，家庭的保育等の多様な保育についても，多様な主体が参入できる認可制度の下で安定的な財政支援を行うことにしました。こうした取組により，それぞれの市町村で，地域の保育需要を把握した上で，多様な施設・事業を組み合わせて計画的に学校教育・保育の整備を行えるようにしています。

> Q2－7）現行制度では設置者が異なり，複数の施設が連携して運営する幼保連携型認定こども園が存在しますが，新制度で単一施設としての新たな幼保連携型認定こども園に移行できるのでしょうか。

現在の幼保連携型認定こども園は，幼稚園と保育所のそれぞれの設置認可を基盤として，双方の機能を併せ持つものについて認定を行うものであり，異なる法人が設置する両施設が連携し，一体となって運営することで，全体として一つの認定こども園として認定を受けているものもあります。

しかし，新たな幼保連携型認定こども園については，認定こども園制度の二重行政の課題に対応するため，学校教育と保育を一体的に行う単一の施設として制度化するものであり，単一の設置主体によって運営されることが必要になります。

このため，現に複数の法人が設置する両施設が一体的に運営されている旧幼保連携型認定こども園については，改正後の制度施行までに単一の設置主体により設置することができるよう，設置主体を一本化した上で，新たな幼保連携型認定こども園に移行していただくことが原則となります。（公布通知の20頁もご参照下さい。）

円滑に準備，移行が進むよう，法人間の財産の継承等の取扱い等について整理し，別途通知することにしています。各都道府県においてもその内容を踏まえ設置者からの相談に適切に応じていただくよう協力をお願いいたします。

> Q2－8）新たな幼保連携型認定こども園の認可等の権限については大都市に権限移譲していますが，幼保連携型以外の3つの類型の認定等の権限については大都市に権限移譲はしないのでしょうか。

今回の改正により，新たな幼保連携型認定こども園については，単一の施設として認可・指導監督等を一本化します。この幼保連携型認定こども園は，地方公共団体と調整のうえで提案した，政府案における総合こども園の取扱いにならったものであり，認可・指導監督等の主体については，都道府県を基

(2) 地方自治体職員向けQ＆A

礎としつつ政令指定都市及び中核市についてはその権限を移譲することにしています。
　一方，幼保連携型以外の認定こども園の類型については，国会での法案修正で存続が決まったものであり，従前どおり，権限移譲はせず都道府県が認定を行うこととされています。

Q2－9）幼稚園教諭免許と保育士資格の一本化を行う予定はあるのでしょうか。

　新制度でも，学校教育のみを行う幼稚園と保育のみを行う保育所は残るほか，保育士が児童養護施設等の児童福祉施設一般で必要となることは変わらないことから，幼稚園教諭免許制度と保育士資格制度も引き続き存続させることとします。
　これまで政府では幼稚園教諭免許と保育士資格の併有を促進してきており，既に8割近くの職員が両方の免許・資格を保有しています。
　一方で，
① 幼稚園教諭と保育士では，制度や所管官庁に違いがあり，現場の方々に負担が生じる可能性があること
② 両者の資格を併有しない者は，将来的に（※），「保育教諭」として幼保連携型認定こども園で働けなくなる見込みであることなどの課題があります。
　両制度の一本化を含む保育教諭の資格の在り方については，こうした課題や，教員免許・養成制度の見直し，保育士資格制度の見直しの検討状況等を考慮しつつ，認定こども園法改正法附則第2条第1項の規定に基づき，内閣府・文部科学省・厚生労働省で検討体制を整備し，今後検討してまいります。
※改正法では，片方の免許・資格でも保育教諭となれる5年間の経過措置を設定

Q2－10）新制度では，幼保連携型の認定こども園への財政措置を拡充することとされていますが，保育所型の認定こども園についても同様の拡充となりますか。

　新制度では，認定こども園，幼稚園，保育所を通じた共通の給付である「施設型給付」を創設することにしています。幼稚園型，保育所型の認可外機能部分及び地方裁量型の認定こども園についても，市町村の確認を受けた上で，「施設型給付」の対象となります。
　給付の具体的な単価設定等の詳細は，今後検討していくこととなりますが，幼保連携型認定こども園と同様に，保育所型認定こども園においても，利用者に対し，その利用に応じた給付費が支給されます。
※「施設型給付」は利用者への個人給付であるが，施設が法定代理受領する仕組みとなっている。

Q2－11）現行の認定こども園制度では，幼保連携型と違い，幼稚園の認可を受けていない保育所型では，幼稚園就園奨励費や私学助成が受けることができませんが，改正後はどうなりますか。

　新制度では，現在の私学助成の一般補助と，幼稚園就園奨励費補助については，原則として，「施設型給付」に統合され，認定こども園，幼稚園，保育所を通じた共通の給付として支給されます。
　また，保育所型認定こども園の認可外機能部分についても，「施設型給付」の対象になります。

Q2－12）現行の公立の保育所並びに認定こども園の運営費は一般財源化により国・県からの保育所運営負担金が受けられませんが，改正後の公立保育所や公立認定こども園では，どうなるのでしょうか。

　公立施設における「施設型給付」の財源については，現行どおり，市町村が10/10負担（都道府県立は，

207

Ⅱ　資料編　③　その他（通達など）

都道府県が10/10負担）することとなります。

> Q2－13）改正後の認定こども園では，幼稚園と保育園の利用に対する負担のバランスがとれるようにする基準を示す予定はありますか。

　利用者負担の額は，私立保育所，他の施設を問わず，公定価格が基本となります。利用者負担の額については，現在の保育制度と同様に保護者の負担能力に応じた応能負担とすることにしています。その定め方については，国が定める額を基に，市町村が定めることにしています。
　国が定める利用者負担に関する具体的な水準については，現在の利用者負担の水準を基本に所得階層ごと，認定時間（利用時間）の長短の区分ごとに，今後検討することにしていますが，幼児期の学校教育に係る利用者負担と，保育に係る利用者負担の関係についても，整合性を図る必要があると考えています。
　これを基にした保育料の水準について，各市町村で検討が行われることになります。
　※公立・社会福祉法人立以外の施設については，一定の要件の下で上乗せ徴収が可能な制度としている。
　※その際，各市町村が単独事業として利用者負担を軽減する措置については，現行と同様に，各市町村の判断により行うことを妨げるものではない。

> Q2－14）新たな幼保連携型認定こども園については，既存の幼稚園及び保育所からの移行は義務づけないとした上で，給付については，「施設型給付」として認定こども園，幼稚園，保育所を通じた共通の給付を創設するとされています。この「施設型給付」の制度設計における，具体的な内容はどのようになりますか。
> 　（ex.①現在の幼稚園・保育所の運営費補助制度を踏襲，②全く新たな制度設計，その場合の給付体系，など）

　「施設型給付」につきましては，従来の幼稚園に対する私学助成や保育所に対する保育所運営費国庫負担金制度とは異なり，保育の必要性の認定等を受けた子どもが市町村の確認を受けた特定教育・保育施設（認定こども園，幼稚園，保育所）を利用した際に，保護者に対して個人給付として支給する（実際には施設が代理受領する）ものとなります。
　なお，私立保育所については，児童福祉法第24条に則って市町村が保育の実施義務を引き続き担うこととしたことに基づく措置として，現在の制度と同じく，市町村が保育所に委託費を支払い，利用者負担の徴収も市町村が行うこととしています。

> Q2－15）子ども・子育て支援法では，幼稚園は同法第19条第2号に該当する子どもを預かることができないということになっています。仕事をしている保護者の子どもを預かっている幼稚園が，基準を満たすことができず，認定こども園になれない場合，どうすればよろしいのでしょうか。

　新制度では，幼稚園としての運営の場合，標準時間の教育に限っての利用が前提とはなりますが，幼稚園から幼稚園型認定こども園や幼保連携型認定こども園に移行した場合は，通常の施設型給付を受けて，同法第19条第1項第2号に規定する子ども（保育を必要とする満3歳以上の子ども）を受け入れることができるようになります。そのため，調理室の設置の支援や保育教諭の資格の経過措置等を講じること，保育単価設定等によるインセンティブの付与により，幼稚園からの移行を促進していきたいと

(2) 地方自治体職員向けQ＆A

考えています。
　なお，支援法第19条第1項第2号に規定する子どもは，同法第28条第1項第3号の規定に基づき，市町村の判断により幼稚園において特例施設型給付費の支給を受けて標準時間の教育を受けることもできます。

> Q2－16）既存の幼稚園が，当該幼稚園を廃止して幼保連携型認定こども園を設置した場合には，「幼稚園」という名称を引き続き使用できるとの規定が改正後の認定こども園法にありますが，既存の保育所が，同様に幼保連携型認定こども園を設置する場合は「保育園」という名称を使用することができますか。

「保育所」，「保育園」という名称についての名称使用制限は，現行の法律の下でも新たな法律の下でもかかっておりませんので，引き続き使用することは差し支えありません。
　なお，改正後の認定こども園法の附則第7条の規定は，「幼稚園」という名称について，学校教育法第135条第1項の規定により名称使用制限がかけられているため，幼稚園から幼保連携型認定こども園への円滑な移行を促進する観点から，経過措置として設けているものです。

3．地域子ども・子育て支援事業について

> Q3－1）子ども・子育て支援法第65条において地域子ども・子育て支援事業に要する費用は市町村の支弁とされています。民間の事業者が，放課後児童健全育成事業を実施する場合に必要となる経費については，この規定に基づき市町村が義務負担することになるのでしょうか。そうなるとした場合，事業者に対して市町村が支弁する金額は，国が定めることになるでしょうか。

市町村が放課後児童健全育成事業について，民間の事業者に支弁する金額は，現行制度と同様に市町村が設定することになります。
　なお，地域子ども・子育て支援事業は，「施設型給付」等と異なり，義務的経費ではなく，裁量的経費になります。

> Q3－2）厚生労働省令で示される基準の水準は，放課後児童クラブガイドラインにおいて示されている基準と同じ程度の水準と考えてよいでしょうか。

基準の設定にあたっては，
① 現在の放課後児童クラブの実施状況が，多様な形態で地域の実情に応じて実施されていることを踏まえること
② 必要に応じて経過措置を設けることなど，現行の運営実態を把握のうえ，その運営が直ちに困難になることがないよう配慮していきたいと考えています。

> Q3－3）放課後児童健全育成事業について，子ども・子育て支援法，児童福祉法には，利用者負担に関する規定が定められていませんが，利用者負担の考え方，金額等については，各自治体の判断に委ねられることになるのでしょうか。国において，示されるということであれば，どの程度の利用者負担を想定しているのでしょうか。

また，民間の事業者が放課後児童健全育成事業を実施する場合の利用者負担は，事業者が直接保護者

Ⅱ　資料編　③　その他（通達など）

から徴収することになるのでしょうか。

　市町村（または国，都道府県，市町村以外の者であって，市町村長に届け出を行った者）は，放課後児童健全育成事業の実施主体として，利用者負担（金額・徴収方法）について適切に定めることとなります（現行制度と同様）。

> Q3-4）子ども・子育て新システムに関する基本制度（平成24年3月2日少子化社会対策会議決定）によると，放課後児童健全育成事業に係る利用手続きは市町村が定めることとされていますが，利用できる世帯の要件（就労時間，就労日数，保護者が不在となる事由等）については，自治体の裁量により定めることになるのでしょうか。

　市町村（または国，都道府県，市町村以外の者であって，市町村長に届け出を行った者）は，放課後児童健全育成事業の実施主体として，利用要件について適切に定めることとなります（現行制度と同様）。
　なお，衆議院における附帯決議では，『放課後児童健全育成事業の対象として，保護者の就労だけでなく，保護者の疾病や介護なども該当することを地方自治体をはじめ関係者に周知すること』とされており，この取扱いについて，子ども・子育て関連3法の公布に係る通知文書に記載して，周知を図っています。

> Q3-5）市町村は，放課後児童健全育成事業について，確実な利用を確保するため，利用状況を随時把握し，利用についてのあっせん，調整を行うとされていますが，利用の申し込みとそれに対する決定は，民間事業者分の含め，すべて市町村が行うことになるのでしょうか。また，決定行為は，行政処分ではなく，利用者と市町村との契約と解してよいでしょうか。

　市町村（または国，都道府県，市町村以外の者であって，市町村長に届け出を行った者）は，放課後児童健全育成事業の実施主体として，利用申し込みに対する決定を行うこととなります（現行制度と同様）。
　なお，本事業は，個人に着目した利用認定については法定しておらず，利用の申し込みに対する決定行為は，現行制度と同様に，行政処分には当たらないものと解しています（市町村（または民間事業者）と利用者との契約行為）。

> Q3-6）地域子ども・子育て支援事業に係る交付金について，子ども・子育て支援法第67条第2項に規定により，都道府県は市町村に交付金を交付することができるとされているが，政令市・中核市も都道府県の交付金を受けることができるのでしょうか。

　政令市・中核市であっても，一般市町村と同様，都道府県から地域子ども・子育て支援事業に係る交付金を受けることができます。（大都市特例なし。）

4．その他

> Q4-1）0.7兆円で処遇改善などの質改善は具体的にどこまで実現できるのでしょうか。

　子ども・子育て分野については，今回の社会保障・税一体改革の中で「全世代対応」として優先的取組をしていく分野と位置づけ，「0.7兆円程度」を充てることにしています。
　このうち，「0.4兆円程度」は，最優先課題である待機児童解消等のため，保育等の量の拡充に要する費用です。

(2) 地方自治体職員向けQ&A

保育等の質の改善のための費用として予定している「0.3兆円程度」の内容は，地域の実情や関係者のご意見等に応じ，優先順位をつけながら，実施段階までに確定したいと考えています。
※量の拡充は「子ども・子育てビジョン」（平成22年1月閣議決定）ベースで算定し，量のピークとなる2017年度末に必要な費用を試算
※「子ども・子育てビジョン」は，市町村のニーズ調査を基に，国として必要な量を見込んだもの
※民主党・自由民主党・公明党の三党で合意された「社会保障・税一体改革に関する確認書（社会保障部分）」では，「幼児教育・保育・子育て支援の質・量の充実を図るため，今回の消費税率の引き上げによる財源を含めて1兆円超程度の財源が必要であり，政府はその確保に最大限努力する」旨が盛り込まれた
※子ども・子育て支援法の附則に「幼児教育・保育・子育て支援の質・量の充実を図るため，安定財源確保に努める」との規定が追加された

> Q4-2）保育士と幼稚園教諭等の人材の確保策（処遇の改善，復職支援など）についての今後の取組はどうなっているのでしょうか。

教育・保育の質を確保し，保育の量的拡充を行うためには，保育士と幼稚園教諭の人材確保が重要な課題と考えています。
このため，新たな制度の導入前から，
① 保育士資格を持ちながら保育現場で従事していない，いわゆる潜在保育士の再就職支援による就労促進
② 認可外保育施設での勤務経験を保育士試験の受験資格として認めることなどによる受験機会の増加
といった取組を推進していくこととしています。
さらに，人材の確保とともに，職場への定着を図るため，職員配置基準の改善のほか，職員のキャリアアップや処遇の改善を含めた教育・保育の質の一層の改善についても，恒久的な財源を確保しつつ，優先順位をつけながら，その実施を図っていきます。
政府においては，今回の法律で盛り込まれた検討規定を受け止め，教育・保育の人材確保策や処遇の改善について更に検討し，取組を進めてまいります。

> Q4-3）幼稚園の預かり保育に対する財政支援はどうなるのでしょうか。

新制度において，幼稚園における預かり保育については，
「保護者の就労」を理由とし，毎日利用されるような形態は，①幼稚園が認定こども園に移行し，②利用者が市町村から「保育の必要性」の認定を受ける場合には，「施設型給付」の支給対象となります。
一方，それ以外の場合（たとえば，専業主婦の一時的ニーズに対応した預かり等）は，市町村の委託を受けて実施する「一時預かり（地域子ども・子育て支援事業の一類型）」に位置づけることにしています。
なお，施設型給付を受けない幼稚園については，これまで同様，預かり保育を含め，私学助成による財政措置を継続することとしています。一方，市町村から「一時預かり」の委託を受けて実施することも可能です。ただし，預かり保育について，私学助成と市町村からの委託を同時に受けることは想定していません。

Ⅱ 資料編　③ その他（通達など）

(3) 子ども・子育て支援新制度に関する Q&A

内閣府ウェブサイト
www8.cao.go.jp/shoushi/10motto/08kosodate/h240918/pdf/s7....

> Q．新制度によって何が変わりますか？新制度によって何がよくなるのでしょうか？

A　新制度は，幼児期の学校教育・保育，地域の子ども・子育て支援を総合的に進める仕組みを導入し，消費税率の引き上げによる財源によって，幼児教育・保育・子育て支援の質・量を充実させるものです。
　幼保連携型認定こども園について，単一の施設として認可・指導監督等を一本化することなどにより，認定こども園制度における二重行政の解消を行い，認定こども園・幼稚園・保育所を通じた共通の給付を創設することにより，財政措置の充実を行います。また，自治体の裁量によって需要があるのに認可しないということがないよう，一定の基準を満たせば認可する仕組みとすることにより，質を確保しながら，保育等の量を増やし，待機児童問題の解消を目指します。

> Q．新制度になると，学校教育の質も，保育の質も，低下するのではないでしょうか。

A　学校教育・保育の質を低下させることはしません（今の基準は維持し，職員配置基準等について引き上げを検討します。）
　質を確保するために，認可基準を満たして認可を受けた施設・事業者のみが，市町村の確認を受けることで公費を受けられる仕組みとし，きちんとした施設や事業であることを，行政がしっかりチェックします。
　また，保護者もチェックできるよう，情報を開示していく仕組みを作ります。

> Q．そもそも新制度にせず，現在の仕組みのままでも公費負担を増やせば待機児童問題は解消できるのではないでしょうか。

A　現在の認可制度は，認可権者に広範な裁量権があるため，基準を満たす施設であっても認可されないことがあります。新制度では，需要があるのに認可しないということがないよう，認可基準や欠格事由を明示し，これらを満たす場合は原則として認可するものとして，認可制度の透明化を行うことで，保育所等が大都市部での保育需要の増大に機動的に対応できるようにします。
　また，小規模保育などの多様な保育も市町村が認可する事業とし，財政支援を拡充（地域型保育給付を創設）します。その上で，市町村が潜在ニーズも含めた需要を確実に把握し，それに対応した学校教育・保育の計画的整備に取り組むなど，速やかに待機児童を解消できる仕組みにすることにしています。

> Q．新制度は，待機児童問題の解消が目的と聞きます。それならば，大都市部だけ導入すればいいのではないでしょうか。

A　新制度では，都市部の待機児童問題に対応するとともに，人口減少が見込まれる地域において，幼児期の学校教育・保育の基盤を維持することも目指しています。
　そのため，すべての市町村に計画を策定してもらい，地域の実情に応じた学校教育・保育の整備を行うとともに，小規模な保育，放課後児童クラブ，地域子育て支援の実施体制を整え，公費による支援を

(3) 子ども・子育て支援新制度に関するQ&A

> Q．新制度では，子どもの健全な育成にとって必要な「最低基準」が自治体任せとなり，保育士の配置や部屋の面積などが今の認可基準よりも低い水準に設定され，資格を持つ保育士が減ったり，子どもの詰め込みが生じたりするのではないでしょうか？

A　新制度では，市町村がニーズを踏まえ，地域の実情に応じた給付・事業を組み合わせて計画的に提供していく仕組みを検討しています。
　もちろん，学校教育・保育の質の確保は，子どもが育つ環境を保障していく上で重要であり，人員配置や面積などについては，子どもが健やかに成長するために必要とされる全国的な水準（ナショナルミニマム）を担保するため国が基礎となる基準を作りますので，今よりも低い基準に設定されることはありません。

> Q．新制度では，児童福祉法第24条の市町村が保育を実施する義務はどうなりますか。市町村の責任が後退することはないでしょうか。

A　児童福祉法第24条第1項に規定する保育所での保育に関しては，新制度の下でも，引き続き，現在の制度と同様に市町村が保育の実施義務を担います。
　民間保育所に関しては，現在と同様，保護者が市町村と契約し，費用は市町村から委託費として支払われ，保育料の徴収も市町村が行うことになります。
　また，市町村は認定こども園や小規模保育などについても，必要な保育を確保するための措置を講じなければならないなど，市町村の責任が後退することはなく，保護者が安心して保育を利用できる仕組みになります。

> Q．どのような働き方の親の子どもでも，子どもの健やかな成長に必要な学校教育が受けられるのでしょうか。

A　従来から，保育所保育指針と幼稚園教育要領の整合性の確保を進めてきており，3歳以上の子どもに関する教育内容は，既に相当程度，共通のものになってきています。新制度では，保育所でも，一定の要件を満たすことにより，幼保連携型認定こども園の認可を受けて，学校と児童福祉施設としての法的位置づけを持つことができますので，今後，保育所等から幼保連携型認定こども園への移行を促進し，より多くの保育所が学校教育としての位置付けの下で教育を行うことが出来るよう努め，どのような働き方の親の子どもについても，学校教育が受けられる環境を目指していきます。

> Q．新制度では，保育の必要性を客観的に認定する仕組みを導入するとしていますが，今の制度と何が違いますか。

A　これまでは「保育に欠ける」判定と，保育所への入所の可否の決定を同時に行う仕組みでした。
　新制度では，保育所への入所判定から独立した手続きとして，教育・保育を受けたいすべての保護者の申請に基づいて，市町村が，子ども1人1人について，保育の必要性の認定を，客観的基準に基づいて行うことになります。
　認定を受けることで，保育の必要性の有無，保育の必要量など，子どもの状況に応じた認定内容が記載された認定証が交付されるため，原則として，保護者の方が，その認定証を持って，ニーズに応じた

Ⅱ 資料編　3 その他（通達など）

施設等の利用を申し込むことになります。

> Q．待機児童が多い中で，今は市町村との契約となっている仕組みを，事業者と利用者との直接契約としたら，園が決まるまでいくつも申込みをしたり，今よりももっと大変になるのではないでしょうか。また，立場の弱い子供にしわ寄せが生じるのではないでしょうか。

A　認定こども園をはじめ，家庭的保育，小規模保育といった多様な保育など，保育のメニューや量を増やします。保育を利用するときには，市町村が広く情報提供し，相談に対応するなど，きちんと支援します。

　また，すべての市町村で，園をいくつも回らなくてもいいよう，市町村が，これまでと同様に調整を行う仕組みを設けます。

　ひとり親家庭や虐待のおそれのあるケースの子どもについては，保育の必要性の認定を行う際に「優先利用」の認定を行い，優先的に施設と契約を結んでいただけるようにします。

　「優先利用」の認定を受けた子どもや障害児等の特別な支援が必要な子どもについては，市町村が利用可能な施設・事業者のあっせん，利用の要請を行います。

> Q．新制度では，利用者負担が定率・応益負担となり，負担が増えませんか。また，保育の必要量を認定する仕組みになるそうですが，短時間利用，長時間利用などが設けられると，細切れ保育となって，保護者の負担増や低所得者の排除につながるのではないでしょうか。

A　新制度の利用者負担については，①現行制度の水準を基本として，②所得階層区分ごと，利用時間の長短の区分ごとに定額・応能の負担を設定することを基本としていますので，定率・応益負担にはなりません。

　また，利用時間の区分も細切れではなく長時間・短時間の大括りなものとし，延長保育事業も従来と同様に実施されることになります。

> Q．新制度では，株式会社の参入を促進して，福祉である保育を産業化しようとしているのではないでしょうか。また，株式会社の参入により，保育の質が低下するのではないでしょうか。

A　新制度でも，保育について，児童福祉としての位置付けをきちんと残します。

　現在も株式会社による認可保育所の経営は可能ですが，新制度では，社会福祉法人と学校法人以外の者には，客観的な認可基準への適合に加えて，経済的基礎，社会的信望，社会福祉事業の知識経験に関する要件を満たすことを求めます。

　また，施設の職員の常勤・非常勤，経験年数などの情報開示を徹底し，保護者の皆さんにとっても，どのように施設が運営されているのか，見える仕組みにします。

　なお，教育・保育に関する給付額は公定価格によって決められ，保護者負担の額も国が定める基準を踏まえ，各市町村が定めるので，価格競争による質の切り下げは発生しない仕組みとなっています。さらに，事業計画において定めた需要見込み量を超える場合，保育所の設置認可を行わないことにより，需給調整をすることが可能な仕組みとなっており，過当競争は生じません。

> Q．幼稚園はこれまで，各園の建学の精神を生かした多様な教育を行ってきていましたが，幼保一体化によって各園の特色はなくなってしまうのでしょうか。

(3) 子ども・子育て支援新制度に関するQ&A

A 新制度は，幼児期の学校教育・保育，地域の子ども・子育て支援を総合的に推進するものですが，教育内容についての創意工夫を妨げるものではありません。むしろ，長年培ってきたノウハウを活かしていただくことが重要と考えています。

> Q. 厳しい労働環境にある現場の教員・保育者等の処遇改善や，最低基準の改善は図られるのでしょうか。

A 認定こども園等でより良い学校教育・保育を行うためには，職員配置基準の改善や教員・保育者等を確保することなどが重要であり，質の向上について，恒久的な財源とあわせてしっかりと仕組みを検討していきます。

> Q. 必要な財源はどうやって確保するのでしょうか。

A 先般，国会で法案が成立した社会保障・税一体改革において，医療・介護や年金とともに，子ども・子育ては必要な経費と位置づけられており，今回の消費税率引き上げにより0.7兆円の財源を確保することとしています。今回の消費税率引き上げによる財源を含めて1兆円超程度の財源を確保できるよう，政府として最大限努力します。

【編者紹介】

田村 和之（たむら・かずゆき）
1942年生まれ
大阪市立大学大学院法学研究科修士課程修了
広島大学名誉教授

〈主著〉『保育法則の課題』（1986年，勁草書房），『Ｑ＆Ａ市立保育園経営の法律問題』（1988年，全国市立保育園連盟），『保育所行政の法律問題［新版］』（1992年，勁草書房），『実務注釈　児童福祉法』（共編，1998年，信山社），『保育所の民営化』（2004年，信山社），『保育所の廃止』（2007年，信山社）

古畑　淳（ふるはた・じゅん）
1971年長野県生まれ
神奈川大学大学院法学研究科博士後期課程単位取得満期退学
桜花学園大学保育学部保育学科准教授（社会保障法，児童家庭福祉）

〈主要業績〉「家庭裁判所の承認と児童相談所の措置決定——児童福祉法28条・親権者等の同意が得られない場合の措置の決定をめぐって——」日本社会保障法学会編『社会保障法』第18号（法律文化社，2003年），「市町村立保育所の廃止・民営化——確定した『大東市立三箇保育所廃止・民営化事件』控訴審判決の検討」賃金と社会保障第1501号（2009年），「改正児童福祉法及び子ども・子育て支援法が定める新しい保育所の利用手続について」桜花学園大学保育学部研究紀要第11号（2013年）

子ども・子育て支援ハンドブック

2013（平成25）年７月25日　第１版第１刷発行
3181-6:P224 ¥2000E-012:015-003

編　者　田村和之　古畑　淳
発行者　今井 貴　稲葉文子
発行所　株式会社　信山社

〒113-0033 東京都文京区本郷6-2-9-102
Tel 03-3818-1019　Fax 03-3818-0344
info@shinzansha.co.jp
笠間才木支店 〒309-1611 茨城県笠間市笠間515-3
Tel 0296-71-9081　Fax 0296-71-9082
笠間来栖支店 〒309-1625 茨城県笠間市来栖2345-1
Tel 0296-71-0215　Fax 0296-72-5410
出版契約2013-3181-6-01011 Printed in Japan

©編者, 2013　印刷・製本／東洋印刷・渋谷文泉閣
ISBN978-4-7972-3181-6 C3332 分類328.800-d015

JCOPY 〈(社)出版者著作権管理機構 委託出版物〉
本書の無断複写は著作権法上での例外を除き禁じられています。複写される場合は，そのつど事前に，(社)出版者著作権管理機構（電話03-3513-6969，FAX 03-3513-6979，e-mail: info@jcopy.or.jp）の許諾を得てください。

◆保育六法〔第3版〕

収録数 230件, 全 800頁
定価：本体 2,600円（税別）

田村 和之 編集代表

浅井春夫・奥野隆一・倉田賀世・小泉広子・近藤正春・古畑 淳・吉田恒雄

◆トピック社会保障法〔第7版〕

定価：2,400円（税別）

本沢巳代子・新田秀樹 編　小西啓文・田中秀一郎・根岸 忠
橋爪幸代・原田啓一郎・増田幸弘・三輪まどか・脇野幸太郎

岩村正彦・菊池馨実 責任編集

◆社会保障法研究　創刊第1号

荒木誠之	1	社会保障の形成期

● 第1部 社会保障法学の草創

稲森公嘉	2	社会保障法理論研究史の一里塚
尾形 健	3	権利のための理念と実践
中野妙子	4	色あせない社会保障法の「青写真」
小西啓文	5	社会保険料拠出の意義と社会的調整の限界

● 第2部 社会保障法学の現在

水島郁子	6	原理・規範的視点からみる社会保障法学の現在
菊池馨実	7	社会保障法学における社会保険研究の歩みと現状
丸谷浩介	8	生活保護法研究における解釈論と政策論

● 第3部 社会保障法学の未来

太田匡彦	9	対象としての社会保障
岩村正彦	10	経済学と社会保障法学
秋元美世	11	社会保障法学と社会福祉学

信山社